beck'sche reihe

b^{sr}

Krieg als letztes Mittel der Politik ist wieder salonfähig geworden. Wer den schlimmen Ausnahmefall internationaler Politik, den Krieg, verstehen will, muss sich vor allem mit der Schwelle zwischen Krieg und Frieden befassen. Genau dieser Aspekt steht im Zentrum des vorliegenden Bandes. Er beschreibt den Kriegsbeginn an einer Auswahl von 165 Fällen von 1792 bis heute und zwar nicht chronologisch, sondern gemäß der Form des Kriegsbeginns: dem *begrenzten Krieg,* der *Eskalation,* dem *katalytischen Krieg,* dem *Duellkrieg,* der *Risikopolitik,* dem *Überfall,* der *Ausweitung zum Weltkrieg* und dem *Krieg durch Zufall.*

»Wie Kriege beginnen« – 1985 in erster Auflage erschienen – wurde angesichts des politischen, wirtschaftlichen und kulturellen Wandels der Weltpolitik völlig neu geschrieben.

Dieter Ruloff ist Professor für Internationale Beziehungen an der Universität Zürich, Geschäftsführer des Schweizerischen Instituts für Auslandsforschung.

Dieter Ruloff

Wie Kriege beginnen

Ursachen und Folgen

Verlag C.H.Beck

1. Auflage 1985
2. Auflage 1987

Originalausgabe
3., völlig neu bearbeitete Auflage, 2004

© Verlag C. H. Beck oHG, München 1985
Gesamtherstellung: Druckerei C. H. Beck, Nördlingen
Umschlagentwurf: + malsy, Bremen
Printed in Germany
ISBN 3 406 51084 1

www.beck.de

Vorwort

Zu Ende 1983 bat mich der Verlag Beck, ein Buch zum Thema «Wie Kriege beginnen» für die damalige «Schwarze Reihe» zu verfassen. Es war die Zeit der NATO-Nachrüstung mit Marschflugkörpern und Pershing II (als Antwort auf die sowjetischen SS-20-Raketen), mit Demonstrationen und der weit verbreiteten Angst, die neue Eiszeit in den Ost-West-Beziehungen könne womöglich zu einem Nuklearkrieg führen. Diese Ängste waren nicht unbegründet, wie wir heute wissen. Einigungsversuche mit der Sowjetunion waren gescheitert. Im Juli 1982 hatten die Unterhändler Paul Nitze und Julij Kwizinski auf ihrem berühmten Waldspaziergang zwar einen Kompromiss ausgehandelt; aber die Moskauer Führung wies diesen zurück. Eine Verfassungsbeschwerde deutscher Nachrüstungsgegner wies explizit auf die Gefahr eines sowjetischen Präventivschlages gegen die neuen Waffen der NATO hin; sie hatte vor dem Bundesverfassungsgericht zwar keinen Erfolg (Beschluss des Zweiten Senats vom 16. Dezember 1983), lag rückblickend betrachtet aber nicht weit daneben. In den späten 1960er Jahren hatte die Sowjetunion Präventivkriegspläne wegen der damit verbundenen enormen Risiken zwar verworfen, aber 1983 wurde die Moskauer Führung offensichtlich sehr nervös, wie wir von einem damaligen *Insider*, dem späteren Generalsekretär und Präsidenten der Sowjetunion, Michail Gorbatschow, wissen.

Eine Phänomenologie des Kriegsbeginns, die Antworten auf die Frage liefert, «wie Kriege beginnen», schien eine geeignete Art, auf das Bedürfnis nach Information in dieser Situation zu reagieren. Die 1985 erschienene Erstauflage war bald vergriffen, eine zweite musste 1987 gedruckt werden. Diese reichte bis ins Jahr 1991, als nach dem ersten Golfkrieg in wenigen Wochen auch der Rest dieser Auflage seine Interessenten fand. Danach ebbte das allgemein Interesse an Fragen des Krieges rasch ab, und zwar wohl in der Meinung, nach dem so glücklichen «Ende der Geschichte» im friedlichen Umbruch des vormaligen Ostblocks sei auch das Ende des Krieges gekommen. Die nächsten Jahre brachten dann jedoch den Krieg zurück nach Europa und ein Umdenken setzte ein. Angesichts des Golfkrieges 2003 wurde

Krieg auch in der breiten Öffentlichkeit wieder ein heiß diskutiertes Thema.

«Wie Kriege beginnen» musste angesichts des Wandels neu geschrieben werden. Auf der Basis meiner Vorlesungsskripte der letzten Jahre geschah dies im heißen Sommer 2003. Max Mader hat das Manuskript sorgfältig gelesen und korrigiert, wofür ihm gedankt sei. Ziel ist es, dem Leser klar zu machen, dass Krieg keine Art Naturereignis ist, sondern von Menschen erdacht und dann gemacht wird. Krieg ist im gesamten Kontext internationaler Beziehungen gesehen zwar ein Ereignis vom Typ «geringe Wahrscheinlichkeit/große Wirkung» (*low probability/high impact*). Wenn es zum Krieg kommt, sind jene Sicherungen durchgebrannt, die im Normalfall eine friedliche Konfliktlösung bewirken. Wer den schlimmen Ausnahmefall, den Krieg also, verstehen will, muss sich vor allem mit der Schwelle zwischen Krieg und Frieden befassen. Genau dieser Aspekt steht im Zentrum des vorliegenden Buches. Es beschreibt den Kriegsbeginn an einer Auswahl von 165 Fällen von 1792 bis 2003, und zwar nicht chronologisch, sondern gemäß der Form des Kriegsbeginns: begrenzter Krieg, Eskalation, katalytischer Kriegsbeginn, Überfall, Duellkrieg, Risikopolitik, Ausweitung zum Weltkrieg, Krieg durch Zufall. Dem Leser soll mit einer repräsentativen Auswahl von Fällen Material geliefert werden, und zwar zum eigenen Nachdenken, denn darauf kommt es an.

Zürich, Ende August 2003
D. Ruloff

Inhalt

I. Einleitung: Problemstellung und Anlage der Untersuchung

I.I. Die Rückkehr des Krieges

Kalter Krieg – prekärer Frieden: Die entwickelten Staaten sind Inseln von Wohlstand und Sicherheit in einer Welt von Armut und Gewalt. Man hatte sich in der zweiten Hälfte des 20. Jahrhunderts daran gewöhnt, dass Krieg nicht in der entwickelten, sondern in der Dritten Welt stattfindet. Wohl war Europa Hauptschauplatz des Ost-West-Konflikts, der sich mehrmals gefährlich zuspitzte, zuletzt in der Zeit der NATO-Nachrüstung in den frühen 1980er Jahren. Mit Recht sprach man von «kaltem» Krieg, denn der zweite Teil des «kurzen» zwanzigsten Jahrhunderts (Hobsbawm 1995) war eine Zeit sehr prekären Friedens in Europa. Dieser Friede beruhte auf dem Gleichgewicht des Schreckens, also der Androhung von Vergeltung, bis hin zum Nuklearkrieg für den Fall des Angriffs durch die jeweilige Gegenseite. Die US-Strategie der massiven nuklearen Vergeltung der 1950er Jahre wurde bereits in den frühen 1960er Jahren durch das glaubwürdigere und weniger risikoreiche Konzept der flexiblen Antwort (*flexible response*) ersetzt (vgl. Gaddis 1982). Wären die «Sicherungen» aber auch dieses Systems durchgebrannt, dann hätten beide Militärblöcke, NATO und Warschauer Pakt, die zur Abschreckung beschafften Waffen wohl auch gegeneinander eingesetzt (vgl. 8.6). Die Europäer hatten jedoch gelernt, diese Risiken als unvermeidlichen Preis ihres Friedens und ihrer Freiheit zu akzeptieren.

Hoffnungen: Die enormen Risiken ost-westlicher Rivalität beherrschten vor dem Fall der Mauer 1989 so sehr das Denken der Zeitgenossen, dass mit dem Ende des Supermachtkonflikts eine Art *happy end* der Menschheitsgeschichte (Fukuyama 1989 und 1992) gekommen schien: Man sah sich den Gefahren der nuklearen Apokalypse endgültig entronnen; der Dauerkampf der Völker und Weltanschauungen war anscheinend vorüber; ewiger Friede, Wunschtraum der Menschheit und Quadratur des Zirkels philosophischen Denkens seit den Friedensplänen und Friedensrufen der Aufklärung (v. Raumer 1953), schien in greifbarer Nähe. Präsident Bush propagierte am 11. September 1990 in einer Rede vor beiden Häusern des amerikanischen Kongresses eine «Neue Weltordnung»: Frieden, Sicherheit und Wohlstand für alle durch Demokratie, Markt und gemeinsame Strafaktionen gegen jede Aggression. Die Allianz gegen Saddam Hussein schien der erste Tatbeweis und letzter Krieg seiner Art, ein (wie man dachte) Anachronismus mit wochenlangen Bombardements aus der Luft, dem Aufmarsch großer Armeen, Panzerschlachten in der Wüste und Kapitulationsverhandlungen zwischen den Generälen beider Seiten auf dem Schlachtfeld. Auch in der Dritten Welt, bislang ebenfalls ideologisch in Ost und West geteilt, schien Besserung in Sicht: Stabilisierung in Lateinamerika, Hoffnung für Afrika, phänomenales Wirtschaftswachstum in Asien, eine «dritte Welle» der Demokratisierung (Huntington 1991).

Krieg in Europa: Umso mehr schockierte dann die Realität der kommenden Jahre. Die Auflösung der Sowjetunion 1990/91 verlief nicht ohne schwere Krisen; Angst entstand in den abtrünnigen baltischen Staat, die Moskauer Zentrale könne womöglich dem Streben nach Selbstständigkeit ein militärisches Ende setzen. Russland, der Rechtsnachfolger der Sowjetunion, geschrumpft um die baltischen und zentralasiatischen Republiken, Weißrussland und die Ukraine, ging 1994 mit brutaler Gewalt gegen das abtrünnige Tschetschenien vor, um dem weiteren Zerfall des Reiches einen Riegel vorzuschieben, zum Preis der Verstrickung in einen langwierigen Bürgerkrieg. Südlich des Kaukasus entstanden Kriege innerhalb und zwischen den gerade in die Unabhängigkeit entlassenen vormaligen Teilrepubliken der untergegangenen Sowjetunion. Der Zerfall Jugoslawiens steigerte sich zu einer wahren Orgie der Gewalt. Slowenien erkämpfte im Sommer 1991 seine Selbstständigkeit gegen die überraschten Bundestruppen Jugoslawiens noch in etwa vier Wochen. Im nachfolgenden, jahrelangen Kriege zwischen Kroatien und Serbien trafen dann hoch gerüstete, große Armeen aufeinander und lieferten sich in Ostslawonien einen erbitterten Stellungskrieg. Im ethnisch heterogenen Bosnien und der Herzegowina wütete ein jahrelanger Bürgerkrieg mit schlimmsten Gräueltaten, angefacht durch die Einmischung Serbiens und Kroatiens auf der jeweils gegnerischen Seite (und gegen die moslemische Bevölkerungsgruppe). Zu Ende des Jahrzehnts 1999 führte die NATO, das atlantisch-europäischen Militärbündnis, zum ersten Mal in seiner Geschichte einen großen konventionellen Krieg, und zwar gegen das Rest-Jugoslawien Miloševićs. Das Undenkbare war geschehen, die Rückkehr des Krieges nach Europa.

Neue Kriege: Nicht besser verlief die Entwicklung in der Dritten Welt: Statt Aufbruch zu Wohlstand und Demokratie vielfach Stagnation und Absturz in Anarchie und Bürgerkriege. Bereits zu Beginn der 1990er Jahre prophezeite der israelische Militärhistoriker Martin van Creveld (1991) der Welt eine neue Form des Krieges. Dieser neue Krieg heiße Somalia, Angola, Kurdistan, Libanon, Sri Lanka und auch Rio de Janeiro. Der herkömmliche, zwischenstaatliche Krieg sei ein Auslaufmodell. Die Metropole Brasiliens wird bei van Creveld in einem Atemzug mit anderen Kriegsschauplätzen in der Dritten Welt genannt, weil die brasilianische Regierung zeitweise die Armee in die Favelas schicken musste, um diese von kriminellen Elementen buchstäblich zurückzuerobern, die eine Art Parallelstaat errichtet hatten. Allerdings teile die Regierung von Brasilien ihre Machtlosigkeit mit anderen Regierungen der Dritten Welt, z. B. jener von Zaire, Kenia, Mexiko usw. Nicht schwere, moderne Waffen kommen im Krieg des 21. Jahrhunderts zum Einsatz, so van Creveld, sondern leichte, primitive und vor allem billige Kampfmittel. Nuklearwaffen spielten im 21. Jahrhundert keine Rolle mehr. Gerade darin hat sich van Creveld aber wohl getäuscht. Der nukleare Nervenkrieg zwischen Indien und Pakistan vom Frühjahr 1998, der seit Mitte der 1980er Jahre andauernde Konflikt um das nordkoreanische Nuklearprogramm (Bernauer und Ruloff 1999) und schließlich die neuen nuklearen Ambitionen Irans erinnern daran, dass Nuklearwaffen weiterhin ein Problem sind. Auch hat der «neue» Krieg, zu dem man wohl auch den 11. September 2001 hinzuzählen muss (Münkler 2001 b), den «alten» nicht abgelöst, wie der zweite Golfkrieg vom Frühjahr 2003 zeigt.

1.2. Kriegsursachen: Zum Stand unseres Wissens

Kriegsursachen – ein Rätsel? Die Kriegsberichterstattung der Presse liefert dem interessieren Leser üblicherweise fertige Antworten auf die Frage nach den Motiven: Schwere Konflikte über Territorien, Grenzen, Sicherheitsfragen, Waffen, Machtverteilung, Fremdherrschaft, aktuelles und historisches Unrecht, offene Rechnungen bis hin zu Missverständnissen, Fehlkalkulationen und wahnsinnigen Ambitionen (z. B. der Hintermänner des 11. Septembers 2001). Wozu also Kriegsursachenforschung, was ist überhaupt rätselhaft am Krieg (Vasquez 1993)? Dazu nur der folgende Hinweis: Die Forschung hat herausgefunden, dass zwei Drittel aller zwischenstaatlichen Nicht-Routine-Interaktion kooperativer und nur ein Drittel konfliktiver Natur ist (letztere kommen in die Medien – *bad news is good news*). Wiederum nur ein sehr kleiner Teil davon wächst sich zu handfesten Krisen aus, und von diesen enden erneut nur etwa 10 % im Krieg (Gochman und Maoz 1984). Ähnliches gilt auch für den innerstaatlichen Bereich: Weltweit gibt es mehrere tausend ethnische Minderheiten und es werden durch Migration immer mehr; aber nur etwa 90 gelten als akut gefährdet (*«minorities at risk»*, vgl. Gurr 2000). Das eigentlich Interessante ist also, dass es nicht weit mehr sind (vgl. Kaufmann 2001). Fazit: Die Menschheit hat es offenbar gelernt, den allergrößten Teil ihrer Konflikte auf friedliche Weise beizulegen. Krieg ist selten, aber leider ein Ereignis vom Typus «geringe Wahrscheinlichkeit, große Wirkung» (*low probability, high impact*), d. h. Krieg hat meist schwerwiegende Folgen. Der Verweis auf die Motive klärt generell nur wenig, kratzt sozusagen an der Oberfläche. Man muss tiefer graben, will man die tieferen Gründe wissen, also «was insgeheim das Getriebe zusammen hält», wie es Theodor W. Adorno einmal in Anspielung auf ein Zitat aus Goethes «Faust» formuliert hat (Adorno 1969:81). Wenn es doch zum Krieg kommt, sind offenbar wichtige Dinge schief gelaufen. Genau diese eruiert die Kriegsursachenforschung.

Zwei Perspektiven: Krieg einfach als von Menschen gemachte und verschuldete «Naturkatastrophe» abzubuchen (Sabin 1983:272), befriedigt nicht. Die Wissenschaft hat inzwischen mehr zutage gefördert (vgl. Bremer/Cusack 1996, Vasquez 2000). Traditionell wird politologische Kriegsursachenforschung in zwei verschiedene Schulen oder Richtungen eingeteilt (Rapoport 1966b). Die eine Schule bevorzugt einen *systemischen Ansatz;* Kriege sind aus dieser Sicht das Nebenprodukt sozialer, wirtschaftlicher und politischer Umwälzungen. Die andere Schule propagiert einen *strategischen (oder entscheidungstheoretischen) Ansatz,* wobei dieser nicht mit jenem Forschungsfeld verwechselt werden sollte, das im angelsächsischen Sprachgebrauch «*strategic studies*» heißt und am besten mit Militärwissenschaft übersetzt wird. Diese befasst sich mit Sicherheitspolitik, was hier nicht interessiert.

Strategisch-entscheidungstheoretische Sicht: Kriege sind aus stategischer Perspektive die Folge von Kalkülen, in denen sich Einzelpersonen, Stäbe, Gruppen oder Behörden für den Griff zur Waffe entschließen. Drei Richtungen der Forschung lassen sich hier unterscheiden: 1. Der *Ansatz der rationalen Entscheidung* (*rational choice*): Wenn die Prämissen der Handelnden als gegeben unterstellt werden, lässt sich die Rationalität des Entscheides, zu den Waffen zu greifen, in einigen Fällen rein logisch nachvollziehen (Fearon 1995), in anderen Fällen werden dabei auch die Defizite dieser Entscheide (Irrtümer, Illusionen usw.) sichtbar (Bueno De Mesquita/Lalman 1992, Bueno de Mesquita 1981). 2. *Spieltheoretische Ansätze* modellieren jene Dilemma-Situationen, die dem Entscheid zwischen Krieg und Frieden zugrunde liegen (vgl. Aumann/Hart 1994, Kap. 29) und machen damit das Kalkül der Verantwortlichen transparent. Ein prominenter Forschungsgegenstand waren hierbei die Machtspiele der Supermächte (*superpower games*) im Kalten Krieg (Brams 1981). 3. *Organisationssoziologische und -psychologische Ansätze*, die außenpolitische Entscheide im Kontext bürokratischer und organisatorischer Strukturen erforschen (Maoz 1990), wobei rigide Strukturen, Glaubenssätze, Feindbilder, gruppendynamische Phänomene (*group think*) und ähnliche Vorgänge die Qualität der Entscheidungen stark negativ beeinflussen (Janis 1982, Lebow 1981).

Schwächen der strategischen Sicht: Tatsächlich war die Erforschung internationaler Konflikte jenes empirische Exerzierfeld, auf dessen Boden Klassiker der Entscheidungstheorie entstanden sind wie z. B. Schellings «*Strategy of Conflict*» (Schelling 1990). Die Schwäche dieser Ansätze, die in der amerikanischen Politikwissenschaft bis heute große Bedeutung besitzen, ist nicht in erster Linie ihre Fixierung auf bloß zwischenstaatliche Kriege, wie Kritiker meinen (Schliche 2002:120). Tatsächlich lassen sich Modelle rationalen Handelns ohne größere Schwierigkeiten auch auf das Kalkül von Terroristen übertragen, wie dies Todd Sandler seit den achtziger Jahren in verschiedenen Arbeiten vorgeführt hat (zitiert in Sandler und Arce M. 2003). Problematisch am entscheidungstheoretischen Ansatz scheint vielmehr, dass gerade jene Umstände, die Akteuren eine Wahl zwischen Krieg und Frieden aufnötigen, sie in Dilemma-Situationen stürzen und dabei scheitern lassen, als unabhängige (d. h. gegebene) Variablen behandelt werden. Sollten nicht vielmehr just diese Prozesse im Mittelpunkt der Forschung stehen?

Systemische Sicht: In seinem monumentalen Epos «Krieg und Frieden» schreib Tolstoi: *«Krieg ist ein Phänomen der Geschichte und deren Gesetzen unterworfen. Diese Gesetze können durch die Laune von Despoten und die Phantasien von Pedanten nicht beeinflusst werden»* (zitiert in Rapoport 1966 a). Dies ist die systemische Sicht, wobei man heute nicht mehr von Geschichtsgesetzen zu sprechen wagt, sondern von wirtschaftlichen, sozialen und politischen Prozessen, die kriegsträchtige Situationen erzeugen. Die politikwissenschaftliche Forschung hat auch hier einige interessante Resultate vorzuweisen. Am Anfang standen die klassischen Studien von Sorokin (1937), Wright (1942) und Richardson (1960 a und b). Pitirim Sorokin, russischer Emigrant und einer der Begründer der amerikanischen Soziologie, war der erste, der systematisch Daten zu Krieg und Revolution sammelte und Krieg und Kultur in Zusammenhang brachte. Quincy Wright trug nicht nur eine enorme Fülle von empirischem Material über den Krieg zusammen; er entwickelte auch eine allgemeine Theorie des Krieges, die (sehr vereinfacht) den Zusammenbruch des Gleichgewichts zwischen technologischer Entwicklung, Recht, sozialer Organisation und Werten bzw. Einstellungen für die Entstehung von Kriegen verantwortlich macht. Lewis Richardson, von der Ausbildung her Meteorologe und deshalb in der Entwicklung mathematischer Modelle versiert, war überzeugt davon, dass die Entstehung von Kriegen festen Gesetzen folgt. Dies zu beweisen gelang ihm nicht; allerdings konnte er zeigen, dass Rüstungswettläufe über lange Phasen hinweg mit geradezu mathematischer Präzision ablaufen, als ob nicht Menschen sondern blinde Mechanismen am Werk wären.

Correlates of War: Der moderne Pionier der vergleichenden Kriegsursachenforschung ist zweifellos David Singer. Er war in den 1960er Jahren zur Überzeugung gekommen, dass sich die Forschung zur internationalen Politik nicht nur von den Theorien des klassischen Realismus der Tradition Morgenthaus (1948) emanzipieren müsse, die internationale Beziehungen als Machtpolitik deutet und die Eventualität von Krieg als die quasi natürliche Kehrseite der Medaille. Singer waren vor allem die traditionellen (historischen) Methoden der Realisten suspekt; er forderte einen modernen, empirisch-analytischen Zugriff. Die 1960er Jahre hatten große Fortschritte in der Computertechnik gebracht; die statistische Analyse riesiger Datenmassen wurde möglich. So initiierten Singer und seine Mitarbeiter das «*Correlates of War*»-Projekt (COW) an der Universität von Michigan in Ann Arbor. Zunächst sollte soviel Information wie möglich über die Kriege des 19. und 20. Jahrhundert zusammentragen werden, um diese Information dann mit statistischen Verfahren auf Regelmäßigkeiten hin zu untersuchen. Die ersten Früchte der monumentalen Anstrengung wurden in zwei Büchern publiziert (Singer und Small 1972 und 1982), die im Wesentlichen das Datenmaterial präsentieren. Inzwischen sind Dutzende von Monographien und mehrere hundert wissenschaftliche Artikel erschienen, die über Forschungsprojekte auf der Basis der Daten von Singer und Small berichten (vgl. Geller/Singer 1998).

Demokratischer Friede: An den ursprünglichen Hoffnungen Singers und den eingesetzten großen Ressourcen gemessen enttäuschten die Resultate zunächst. Vor allem erfüllten sich nicht die Erwartungen, durch eifriges «Korrelieren» der Daten quasi automatisch jene Merkmale herauszufiltern, die Staaten kriegsanfällig (*war-prone*) machen. Demokratien und Diktaturen, große und kleine Länder, arme und reiche: alle können in Kriege verwickelt werden. Eine Ausnahme von diesem Befund verdient jedoch Beachtung: die These vom demokratischen Frieden, die zum Gegenstand von inzwischen etwa 100 wissenschaftlichen Artikeln und Konferenzpapieren avancierte und der einzige Befund der Forschung zu den internationalen Beziehungen ist, der von seiner Qualität her überhaupt in die Nähe einer historischen Gesetzmäßigkeit kommt (Levy 1988:662): Demokratien ziehen nicht gegen andere Demokratien in den Krieg (Maoz/Russett 1992 und 1993, Thompson und Tucker 1997), was weniger mit der Friedensliebe von Demokratien zu tun hat und mehr mit der demokratischen Kontrolle des Militärs und wichtiger Entscheidungsprozesse (Russett 1990) sowie der faktischen Verflechtung zwischen Demokratien durch Handel und Kapitalbeziehungen (Szayna u.a. 2001; Russett/Oneal 2001). Statistisch robust sind die Belege zur These vom demokratischen Frieden nur für das 20. Jahrhundert; im 19. Jahrhundert «stören» die Rivalitäten zwischen Großbritannien und den USA bzw. Großbritannien und Frankreich das Bild.

Struktur des internationalen Systems: Von einer allgemeinen Theorie des Krieges, wie sie Quincy Wright anvisierte (vgl. oben), ist die Wissenschaft noch weit entfernt. Hingegen zeichnen sich interessante Einsichten zur Beziehung zwischen Strukturmerkmalen des internationalen Systems und seiner Gewaltanfälligkeit ab, die zu einer Theorie von Machtverteilung und staatlicher Mobilität führen könnten. Am Anfang steht hier der Befund, dass im 19. und 20. Jahrhundert einige Staaten immer wieder mit denselben Gegnern Krieg geführt haben (*enduring rivalries*, vgl. Thompson 2001), dann jedoch auch mit jeweils «neuen» (Gochman/Maoz 1984, Geller/Singer 1998:150–154). Ursachen scheinen im ersten Fall relativ dauerhafte strategische Rivalität zu sein, im zweiten Fall Machtverschiebungen zwischen Staaten mit nachfolgender gewaltsamer Revision der internationalen Rangordnung (East 1977; Organski/Kugler 1980, Kugler/Lemke 1996). Im Gegensatz zur Meinung des Realismus in den internationalen Beziehungen (Morgenthau 1948, Waltz 1979) senkt eine Politik des Mächtegleichgewichts die Kriegsanfälligkeit des internationalen Systems nicht (Geller/Singer 1998:68–76). Allianzbildungen sind ebenfalls keine Friedensgarantie (Vasquez 1996). Unsicher ist bis heute, ob bipolare Konstellationen kriegsanfälliger sind als multipolare; generelle Aussagen sind offenbar nicht möglich, zumal die Erfahrungen des 19. Jahrhunderts andere waren als die des 20. Jahrhunderts. Offenbar muss man neben der Zahl der Pole oder *cluster* auch die Machtverteilung im internationalen System berücksichtigen (East 1977, Mansfield 1992, Wayman 1984), wobei eine gleichmäßigere Machtvereilung (Macht-Multipolarität) eher militärische Auseinandersetzungen zu begünstigen scheint.

Unipolarer Friede? Während noch Levy (1985:58) unipolaren Konstellationen die geringste Stabilität zubilligen wollte, sprechen aktuelle Resultate für das genaue Gegenteil: Die Konzentration von Macht (*power preponderance*) und stabile Asymmetrie scheint die Neigung zur Gewaltanwendung merklich zu senken (Kugler/Lemke 2000): Der Stärkere setzt Grenzen, der Schwächere erspart sich kostspielige Konflikte. Rechtzeitig zum Ende des Kalten Krieges 1989–91 entstand die Vorstellung, die USA als letzte Supermacht müssten den

Glücksfall eines «unipolaren Momentes» nun rasch dazu nutzen, ihre Vorstellungen internationaler Ordnung zu definieren und dann – wenn nötig auch unilateral – durchzusetzen: Charles Krauthammer, konservativer Kommentator und Pulitzer-Preisträger, bemerkte dazu kurz und bündig: «*Now is the unipolar moment*» (1991:24); Amerika sei das einzige Land, das die militärischen, diplomatischen, politischen und wirtschaftlichen Mittel besitze, in jedem Konflikt und wo immer auf der Welt sich einzumischen. Gut 10 Jahre später ist Krauthammer (2002) noch optimistischer: Eine unipolare Ära stehe bevor, und durch den weisen Einsatz ihrer überwältigenden militärischen Macht könnten die USA sehr vieles in der Welt bewegen und zum Besseren wenden.

Kosten des nation-building: Hierbei wird vermutlich jedoch unterschätzt, dass die globalisierte Welt des 21. Jahrhundert komplizierter geworden ist (vgl. Kap. 10). Nur eine Problematik sei an dieser Stelle kurz aufgegriffen, weil sie in den Kontext dieser *tour d'horizon* zur Kriegursachenforschung gehört: der Krieg innerhalb von Staaten, in einigen Fällen als Folge des Scheiterns von Staatlichkeit, in anderen mit genau dieser Folge, dem Scheitern des Staates (Holsti 1996). Die Anschläge vom 11. September 2001 haben die Bedeutung genau dieser Probleme auch für den Rest der Welt allen vor Augen geführt. Im *global village*, zu dem die Welt geschrumpft ist, kommt der Krieg zu uns, auch wenn wir selbst nicht hingehen (vgl. 9.3). Die USA können heute nach Aussage ihres Verteidigungsministers nicht nur an einem, sondern – wenn dies nötig sein sollte – auch wieder in zwei Gegenden der Welt einen großen Krieg führen. Interessanter wäre die Frage, in wie vielen Ländern gleichzeitig die USA *peacekeeping* und *nation-building* betreiben können, welche Kosten und Opfer die amerikanische Öffentlichkeit hierbei zu tolerieren bereit wäre und welche Hilfe von verbündeten und befreundeten Staaten benötigt würde. Amerika hat nach dem Zweiten Weltkrieg Europa und Ostasien mit Marshall-Plan und Militärpräsenz wieder auf die Beine geholfen. Dies war aber nicht *nation-building*, allenfalls *nation-rebuilding*. Bosnien, Kosovo, Afghanistan und der Irak (und allenfalls auch weitere, zukünftige Schauplätze) stellen die USA und ihre Verbündeten vor ganz neuartige Probleme.

Ursachen innerstaatlicher Kriege: Gewalt innerhalb von Staaten, ein etabliertes, eigenständiges Forschungsfeld (zur Übersicht:

Zimmermann 1997), ist also mit gutem Grund zu einem Thema der internationalen Beziehungen geworden. «Schnittstellen» zum innerstaatlichen Krieg sind der Kriegsursachenforschung bekannt, etwa die Tatsache, dass innere Unruhen Interventionen anziehen, die leicht zu internationalen Verwicklungen größerer Art führen können. Je länger je mehr wird nun aber deutlich, dass eine Trennung von internationalem und innerstaatlichem Krieg heute (wie vordem bis in die frühe Neuzeit hinein, vgl. 6.1.) keinen Sinn mehr hat. Das Kriegsgeschehen nach Ende des Zweiten Weltkrieges, das sich vornehmlich in der Dritten Welt abspielte, kann ohne ein Verständnis der inneren politischen, sozialen und wirtschaftlichen Probleme eben dieser Länder nicht erklärt werden (Holsti 1966). Die Staaten der Dritten Welt sind meist wenig robust, ihre Politik ist kompliziert und krisenanfällig (Huntington 1968). Der Weg in den Krieg kennt viele Pfade: Der «schwache Staat» (Migdal 1988), in Afrika oft kaum mehr als die hauptstädtische Fassade einer Verwaltung, gerät mit der «starken Gesellschaft» in Konflikt, etwa über den Zugang zu bzw. die Verteilung bedeutsamer Ressourcen. Hierbei scheint statistisch gesehen die Gier (*greed*) eine größere Rolle als die Not (*grievance*) zu spielen (Berdal/ Malone 2000, Collier/Sambanis 2002, Collier/Hoeffler 2002 a und b). Oder: Die Erosion staatlicher Strukturen oder gar ihr Zusammenbruch (*failed states*) lässt Freiräume entstehen, die private Akteure zur Ausbildung parastaatlicher Herrschaft nutzen; eskaliert der Konflikt dieser Akteure mit den Resten staatlicher Gewalt oder auch zwischen ihnen, entstehen jene Formen des «neuen» privatisierten Krieges (Münkler 2001 a und 2002 b), auf die van Creveld bereits vor 10 Jahren verwiesen hatte (siehe oben).

1.3. Analytisches Konzept

Rekonstruktion des Kriegsbeginns: Systemische Erklärungen des Krieges reichen also beträchtlich weit, haben aber einen Makel: Für individuelles Handeln und Entscheiden bleibt kaum Spielraum: Politiker, Militärs, Kombattanten aller Art und *last but not least* die Not leidende Zivilbevölkerung füllen jene Rollen aus, die ihnen die Umstände zuweisen. Sie sind bloße Statisten im Drama von Krieg und Frieden. Diese Sicht befriedigt aus zwei Gründen nicht. Erstens weil sie die Verantwortlichen tendenziell exkulpiert, denn diese spielen bloß ihren Part; und zweitens, weil sie dem Fatalismus Vorschub leistet, denn politische, wirtschaftliche und soziale Bedingungen sind «langsame», d. h. schwer zu beeinflussende Variablen; was könnten wir also ändern? Die «strategische» Sicht verteilt klar die Verantwortung, verkürzt die Perspektive jedoch auf den Entscheidungsvorgang und hinterfragt nicht in ausreichendem Masse (siehe oben) die Umstände.

Phänomenologie und Vergleich: Es ist wie im Gericht: Die unglückliche Jugend erklärt nicht die Untat, entschuldigt sie meist auch nicht. Aber wer Tathergang und Fehlentscheid verstehen will, darf die Umstände, auch die weiter zurückliegenden, nicht ausblenden. Was hier alleine hilft, ist die Rekonstruktion des Ablaufs und seines Kontextes. Genau dieser Devise folgt die vorliegende Untersuchung. Sie fokussiert auf die Schwelle zwischen Krieg und Frieden und stellt in jedem der untersuchten Fälle von neuem die Frage: Wie beginnen Kriege? An ausgewählten Fallbeispielen wird so eine Phänomenologie des Kriegsbeginns sichtbar, die nach den jeweiligen Entscheidungsvorgängen fragt, dabei aber Hintergründe und Umstände, Ursachen und Anlässe, kurz- und längerfristige Folgen nicht ignoriert. Der Leser soll Anschauungsmaterial erhalten, das Stoff zum eigenen Nachdenken liefert: Keine Erklärungen ohne theoretischen Kontext, kein tieferes Verständnis ohne Beispiele.

Was sind Kriege? Eine Phänomenologie verlangt den Vergleich einer hinreichend großen Zahl von Fällen. Diese sind aus dem «Universum» aller Fälle, der Grundgesamtheit, auszuwählen, wobei zunächst die Frage der Definition des Falles und des Umfanges der Grundgesamtheit zu klären wäre. Was sind also Kriege? Clausewitz spricht von der «wunderlichen Dreifaltigkeit» des Krieges: seiner «ursprünglichen Gewaltsamkeit», dem «Spiel der Wahrscheinlichkeiten und des Zufalls» und seinem instrumentellen Charakter eines «politischen Werkzeuges». Diese drei «Tendenzen» seien «tief in der Natur des Gegenstandes begründet und zugleich von veränderlicher Größe» (Clausewitz 1966:111). Die erste dieser «Tendenzen» meint den organisierten und kontinuierlichen Einsatz beträchtlicher militärischer Gewaltmittel und die dadurch verursachten Schäden; die zweite (die «dem Feldherrn und seinem Heer … zugewendet» sei) die Probleme der Kontrolle der entfesselten Kräfte; die dritte die zu erreichenden

Zwecke, die Clausewitz auf rein politische eingrenzen möchte, getreu seiner Devise, dass «Krieg nichts anderen als die Fortsetzung des politischen Verkehrs mit Einmischung anderer Mittel» sei (Clausewitz 1966:888). Die Realität war und ist natürlich eine andere, wie auch Clausewitz wusste, «unserer Theorie zum Trotz» (Clausewitz 1966: 852). Kriege wurden und werden neben den politischen zu mancherlei Zwecken geführt: von Religion und Ideologie bis hin zu Geschäft und persönlicher Profilierung. Und schließlich wird Krieg nicht nur von Regierungen geführt, sondern von Akteuren der verschiedensten Art: Aufständischen, Rebellen, Kriegsherren, Drogenbaronen, ja sogar Wirtschaftsunternehmen (wie z. B. der britischen Ostindien-Gesellschaft, die in der Folge des siebenjährigen Krieges 1756–73 von einer Handelsorganisation zu einer militärischen Territorialmacht mutierte).

Chamäleon: Man kann somit von Akteuren und Zielen abstrahieren und «Krieg» vom *Begriff* her auf den organisierten und zeitlich andauernden Einsatz beträchtlicher militärischer Gewalt reduzieren. In seiner *Erscheinung* wird Krieg damit ein «wahres Chamäleon», wie es Clausewitz formulierte (Clausewitz 1966:110) «weil er in jedem konkreten Fall seine Natur etwas ändert.» Dies gilt bereits für den zwischenstaatlichen Krieg, erst recht jedoch für Aufstände, Bürgerkriege, Revolutionen und Interventionen bis hin zum Terrorismus. All dies ist «Krieg», wenn es den organisierten und andauernden Einsatz militärischer Gewalt impliziert (also nicht nur die Drohung mit dieser).

Grundgesamtheit: Damit ist der Umfang der Grundgesamtheit gegeben. Ihre einzelnen Fälle zu bestimmen, ist für die Zeit des sog. Informationszeitalters mit flächendeckender Medienpräsenz, d. h. etwa seit Gründung des Nachrichtenkanals CNN am 1. Juni 1980, kein prinzipielles Problem. Schwieriger ist dies für die Zeit davor. Für das 20. Jahrhundert kann man sich auf Printmedien und Geschichtsschreibung stützen, für das 19. Jahrhundert dann nur noch auf die historische Forschung, die allerdings bis weit in das 20. Jahrhundert hinein unter dem Eindruck des Historismus Geschichte als Haupt- und Staatsaktion verstand und Krieg im Wesentlichen als zwischenstaatlichen Krieg begriff. Die historische Forschung zum Phänomen der kollektiven innerstaatlichen Gewalt hat bewundernswerte Beispiele einer Aufarbeitung dieses Themas hervorgebracht (z. B. Tilly 1995 und 2003), ergibt aber kein «flächendeckendes» Bild, schon gar nicht für außereuropäische Gegenden. Aus diesem Grund stützt sich die vorliegende Untersuchung trotz aller Einschränkungen, die dies bedeutet, auf die verfügbaren Datensammlungen zum Phänomen des Krieges, und zwar Richardsons *Statistics of Deadly Quarrels* (1960 a), Wrights *Study of War* (1942); den dritten Band von Sorokins *Social and Cultural Dynamics* (1937); Singer und Smalls *Wages of War* (1972) und *Resort to Arms* (1982); Kendes *Kriege seit 1945* (1982) und die Kriegslisten der Arbeitsgemeinschaft für Konflikt- und Friedensforschung (AKUF) an der Universität Hamburg.

Auswahl der Fälle: Diese Datensammlungen bieten natürlich selbst bereits nur eine Auswahl und bestimmen damit, was überhaupt an Fällen zur Verfügung steht und welche Auswahlkriterien unter diesen Bedingungen sinnvoll sind. Hier werden die Kriterien von Singer/ Small (1972:30–39) übernommen. Ausgewählt werden demnach militärische Auseinandersetzungen, an der mindestens auf einer Seite ein Mitglied des Staatensystems der entsprechenden Zeit beteiligt war und die Schwelle von eintausend Opfern unter den Kombattanten pro Jahr (d.h. in mindestens einem Jahr) erreicht oder überschritten wurde. Als Mitglieder des Staatensystems gelten nationale Einheiten mit einer Bevölkerung von einer halben Million Menschen oder mehr, die ihre Außenpolitik selbst zu gestalten in der Lage und diplomatisch anerkannt waren. Diplomatische Anerkennung bedeutet: a.) für den Zeitraum von der französischen Revolution bis zum Ende des Ersten Weltkrieges die Anerkennung durch Großbritannien und/oder Frankreich, die bis zu diesem Zeitpunkt weltweit maßgebenden Großmächte; b.) für die Zeit danach entweder Mitgliedschaft in den Weltorganisationen (Völkerbund bzw. UNO) oder diplomatische Anerkennung durch mindestens zwei Großmächte. Zeitlich wird der Rahmen von der französischen Revolution 1789 bis in das Jahr 2003 gespannt. Die französische Revolution eignet sich zu Periodisierungszwecken, weil sie in der Entwicklung des Krieges einen bedeutenden Wendepunkt markiert (vgl. 6.1). Dies ergibt 165 Fälle. Der Zweite Weltkrieg wird angesichts seines Umfanges in acht Fälle unterteilt (Nr. 104–Nr. 111).

Tabelle 1: Kriege der Untersuchung

Nr.	Bezeichnung	Dauer	Beginn	Typ	Quelle	Kapitel
1	Erster Koalitionskrieg	1792–1798	R,W	ZS	W,S	6.2.; 7.6.; 8.2.
2	Russisch-persischer Krieg	1795–1796	B	ZS	W,S	2.2.
3	Französisch-amerikanischer Krieg	1798–1800	B	ZS	W,S	2.2.
4	Vierter mysorischer Krieg	1799	B	IV	W,S	2.5.
5	Zweiter Koalitionskrieg	1799–1802	D,W	ZS	W,S	6.2.; 8.2.
6	Zweiter Marathen-Krieg	1802–1804	B	B,IV	W,S	2.5.
7	Russisch-persischer Krieg	1804–1813	B	ZS	W,S	2.2.
8	Dritter Koalitionskrieg	1805	D,U,W	ZS	W,S	5.2.; 6.2.; 8.2.
9	Vierter Koalitionskrieg	1806–1807	R,D,U,W	ZS	W, S	5.2.; 6.2.; 7.4.; 8.2.
10	Russisch-türkischer Krieg	1806–1812	B	ZS	W,S	2.2.
11	Krieg auf der iberischen Halbinsel	1807–1814	E,W	IV,ZS	W,S	3.5.
12	Englisch-dänischer Krieg	1807–1814	U,W	ZS	W,S	5.2.
13	Russisch-schwedischer Krieg	1808–1809	D,W	ZS	W,S	6.2.
14	Fünfter Koalitionskrieg	1809	D,W	ZS	W,S	6.2.; 8.2.
15	Rußlandfeldzug Napoleons	1812–1813	D,W	ZS	W,S	6.2.
16	Englisch-amerikanischer Krieg	1812–1814	D	ZS	W,S	6.2.; 9.2.
17	Befreiungskriege	1813–1815	E,D,W	ZS	W,S	3.2.; 6.2.; 8.2.
18	Hunderttägiger Krieg	1815	D,W	ZS	W,S	6.2.; 8.2.
19	Dritter Marathen-Krieg	1817–1818	E	B	W,S,SS	3.4.
20	Spanischer Bürgerkrieg	1821–1823	E	B,IV	R,W,S,SS	3.5.
21	Griechischer Freiheitskrieg	1821–1832	E,U	U,IV,ZS	R,W,S	3.3.; 5.2.
22	Erster Krieg England-Burma	1823–1826	D	ZS	R,W,S,SS	6.5.
23	Großer Java-Krieg	1825–1830	E	B	R,SS	3.4.
24	Russisch-persischer Krieg	1826–1828	B	ZS	R,W,S,SS	2.2.
25	Russisch-türkischer Krieg	1828–1829	B	ZS	R,W,S,SS	2.2.
26	Erster polnischer Aufstand	1830–1831	E	A,ZS	R,W,S,SS	3.4.
27	Erster Syrienkrieg	1831–1832	D	ZS,IV	R,W,SS	6.4.
28	Mexikanisch-texanischer Krieg	1835–1836	E	U	R,W,SS	3.3.
29	Erster britisch-afghanischer Krieg	1838–1842	B	IV	R,W,SS	2.3.
30	Zweiter Syrienkrieg	1839–1840	D	ZS,IV	R,W,SS	6.4.
31	Französ. Eroberung Algeriens	1839–1847	K,E	IV,ZS	R,SS	3.4.; 4.3.
32	Krieg Peru-Bolivien	1841	B	ZS	SS	2.6.
33	Erster Krieg England-Sikhs	1845–1846	D	B	R,S,SS	3.4.; 6.5.
34	Mexikanisch-amerikan. Krieg	1846–1848	D	ZS	R,W,SS	6.5.
35	Guerra Santa (ital.-österr. Krieg)	1848–1849	K,E	A,ZS	W,S,SS	2.3.; 3.4.; 4.6.
36	Schleswig-holsteinischer Krieg	1848–1849	K,D	A,ZS	R,W,S,SS	4.6.; 6.3.
37	Ungarnaufstand	1848–1849	E	A,SZ,ZS	W,S,SS	3.4.
38	Zweiter Krieg England-Sikhs	1848–1849	K,E	T,A	SS	3.4.; 4.3.
39	Krieg um die Römische Republik	1849	B	IV	SS	2.3.
40	La Plata-Krieg	1851–1852	E	IV,ZS	R,W,S,SS	3.2.
41	Erster türkisch-montenegr. Krieg	1852–1853	B	ZS	R,W,SS	2.2.
42	Krimkrieg	1853–1856	R,K,U,W	ZS	R,W,S,SS	4.7.; 5.2.; 7.5.; 8.3.; 9.2.
43	Englisch-persischer Krieg	1856–1857	K,B	IV,ZS	R,S,SS	2.3.; 4.4.
44	Großer indischer Aufstand	1857–1859	K,E	A,B	R,W,S,SS	3.4.; 4.3.
45	Zweiter türkisch-montenegr. Krieg	1858–1859	B	ZS	R,SS	2.2.
46	Italienische Einigung	1859	R,D	U	R,W,S,SS	6.3.; 7.2.
47	Spanisch-marokkanischer Krieg	1859–1860	B	ZS	R,W,S,SS	2.5.
48	Aufstand Garibaldis	1860	E	A,U	R,W,SS	3.3.
49	Italienisch-römischer Krieg	1860–1861	B	IV	R,W,S,SS	2.3.
50	Französisch-mexikanischer Krieg	1862–1867	E	B,IV	R,W,S,SS	3.5.
51	Zweiter polnischer Aufstand	1863–1864	B	A,IV	R,W,S,SS	2.4.

Nr.	Bezeichnung	Dauer	Beginn	Typ	Quelle	Kapitel
52	Spanien-Dominikan. Republik	1863–1865	E		U	S,SS	3.3.
53	Ecuadorianisch-kolumb. Krieg	1863	B		ZS	R,W,SS	2.6.
54	Deutsch-dänischer Krieg	1864	K,D		A,ZS	R,W,S,SS	4.6.; 6.3.
55	López-Krieg	1864–1870	E		IV,ZS	R,W,SS	3.2.
56	Spanisch-chilenischer Krieg	1865–1866	B		ZS	R,W,SS	2.6.
57	Preußisch-österreichischer Krieg	1866	D		ZS	R,W,S,SS	6.3.; 9.2.
58	Zehnjähriger Krieg Spanien-Kuba	1868–1878	E		B	R,W,SS	3.4.
59	Deutsch-französischer Krieg	1870–1871	R,D		ZS	R,W,S,SS	6.3.; 7.3.
60	Aufstand der Atje (Aceh, Achin)	1873–1878	E		B	R, SS	3.4.
61	Krieg auf dem Balkan	1875–1876	K		A,ZS	SS	4.6.
62	Russisch-türkischer Krieg	1877–1878	K		ZS	R,W,S,SS	4.4.
63	Bosnischer Krieg	1878	B		A	R,SS	2.4.
64	Zweiter britisch-afghanischer Krieg	1878–1880	B		IV	R,W,S,SS	2.3.
65	Krieg Englands gegen die Zulu	1879	B		ZS	R,W,S,SS	2.5.
66	Salpeterkrieg	1879–1883	E		ZS	R,W,SS	3.2.
67	Französisch-vietnamesischer Krieg	1882–1883	B		ZS	R,W,S,SS	2.5.
68	Mahdisten-Krieg	1882–1885	E		B	R,S,SS	3.4.
69	Chinesisch-französischer Krieg	1884–1885	B		ZS	S,SS	2.2.
70	Krieg in Zentralamerika	1885	B		ZS	W,SS	2.6.
71	Serbisch-bulgarischer Krieg	1885–1886	D		ZS,IV	R,W,SS	6.3.
72	Chinesisch-japanischer Krieg	1894–1895	E		IV,ZS	R,W,SS	3.2.
73	Französisch-madagassischer Krieg	1894–1896	B		ZS	R,W,S,SS	2.5.
74	Italienisch-abessinischer Krieg	1895–1896	B		IV,ZS	R,W,S,SS	2.5.
75	Spanisch-kubanischer Krieg	1895–1898	E		B	SS	3.4.
76	Erster philippinischer Krieg	1896	B		A	SS	2.4.
77	Griechisch-türkischer Krieg	1897	K		A,ZS	R,W,SS	3.3.; 4.6.
78	Spanisch-amerikanischer Krieg	1898	K		T,IV	R,W,S,SS	4.3.
79	Zweiter philippinischer Krieg	1899–1902	B		A	R,SS	2.4.
80	Burenkrieg	1899–1902	D		ZS	R,W,S,SS	6.5.
81	Boxeraufstand	1900	K,E		IV	R,W,S,SS	3.4.; 4.3.
82	Aufstand in Makedonien	1903	B		A	SS	2.4.
83	Russisch-japanischer Krieg	1904–1905	U		ZS	R, W, S, SS	5.3.
84	Krieg in Zentralamerika	1906	B		ZS	W,SS	2.6.
85	Krieg in Zentralamerika	1907	B		ZS	W,SS	2.6.
86	Aufstand in spanisch-Marokko	1909–1910	E		A	R,S,SS	3.4.
87	Italienisch-türkischer Krieg	1911–1912	B		ZS	R,W,S,SS	2.2.
88	Erster Balkankrieg	1912–1913	D		ZS	R,W,SS	2.2.; 6.3.
89	Zweiter Balkankrieg	1913	D		ZS	R,W,SS	6.3.
90	Erster Weltkrieg	1914–1918	R,K,W		T,IV,ZS	R,W,S,SS	4.4.; 4.8; 7.2.; 8.4.
91	Alliierte Rußland-Intervention	1917–1921	B,W		B,IV	R,W,SS	2.3.
92	Russisch-polnischer Krieg	1919–1920	B		ZS,IV	R,W,SS	2.2.
93	Krieg Ungarn-Nachbarstaaten	1919	B		B,IV	R,SS	2.6.
94	Griechisch-türkischer Krieg	1919–1922	E		IV,B	R,W,SS	3.3.
95	Riffkrieg in Spanisch-Marokko	1921–1926	E		A	R,W,S,SS	3.4.
96	Drusenkrieg	1925–1927	E		A	R,SS	3.4.
97	Sov.-Chines. Krieg (Mandschurei)	1929	B		IV	SS	2.5.
98	Mandschurischer Krieg	1931–1933	K,B		IV,ZS	R,W,SS	2.5.; 4.2.
99	Chaco-Krieg	1932–1935	E		ZS	R,W,SS	3.2.
100	Italienisch-äthiopischer Krieg	1935–1936	U		ZS	R,W,SS	5.4.
101	Chinesisch-japanischer Krieg	1937–1945	K,E		IV,ZS	R,W,SS	3.2.; 4.2.
102	Changkufeng-Zwischenfall	1938	B		ZS	SS	2.2.
103	Russisch-Japanischer Krieg	1939	D		ZS	SS	2.2.
104	2. WK: Überfall auf Polen	1939	R,K,U,W		ZS	R,W,SS	4.2.; 4.4.; 5.4.; 7.5.; 8.5.

Nr.	Bezeichnung	Dauer	Beginn	Typ	Quelle	Kapitel
105	2. WK: Norwegen/Dänemark	1940	U,W	ZS	R,W,SS	5.4.; 8.5.
106	2. WK: Atlantikschlacht	1940–1941	B,W	ZS	R,W,SS	2.2.; 8.5.
107	2. WK: Westfeldzug	1940	U,W	ZS	R,W,SS	5.4.; 8.5.
108	2. WK: Balkanfeldzug	1941	U,W	ZS	R,W,SS	5.4.; 8.5.
109	2. WK: Russlandfeldzug	1941–1945	U,W	ZS	R,W,SS	5.4.; 8.5.
110	2. WK: Pearl Harbor	1941–1945	U,W	ZS	R,W,SS	5.4.; 8.5.
111	2. WK: Russisch-finnischer Krieg	1939–1940	U,W	ZS	R,W,SS	5.4.; 8.5.
112	Französ.-thailändischer Grenzkrieg	1940–1941	B	ZS	R,W,SS	2.2.
113	Indonesische Unabhängigkeit	1945–1949	E	U	R,W,SS,K	3.3.
114	Indochinakrieg	1946–1954	E	U	W,SS,K	3.3.
115	Aufstand in Madagaskar	1947–1948	E	A	R,W,SS,K	3.4.
116	Erster indisch-pakistanischer Krieg	1947–1948	K	A,IV,ZS	R,W,SS,K	4.6.
117	Krieg Indien-Haiderabad	1948	B	A,IV	R,W,SS	2.6.
118	Erster Nahostkrieg	1948–1949	K	T,ZS	R,W,SS,K	4.3.
119	Koreakrieg	1950–1953	U	ZS	W,SS,K	5.5.
120	Algerienkrieg	1954–1962	E	U	W,SS,K	3.3.
121	Sowjetische Intervention in Ungarn	1956	E	A,IV	W,SS,K	3.5.
122	Suezkrieg/Zweiter Nahostkrieg	1956	R,U	ZS	W,SS,K	5.5.; 7.6.
123	Tibetischer Aufstand	1956–1959	E	A	W,SS,K J	3.4.
124	Jemenitischer Krieg	1959–1998	B	B,ZS	W,SS,K,P	2.6.
125	Vietnamkrieg	1961–1975	E	B,IV,ZS	W,SS,K	3.5.
126	Krieg Portugal-Angola	1961–1974	E	U	W,K	3.3.
127	Chinesisch-indischer Krieg	1962	U	ZS	W,SS,K	5.5.
128	Zweiter indisch-pakistan. Krieg	1965	E	ZS	SS,K	3.2.
129	Sechstagekrieg Israel/arab. Staaten	1967	R,U	ZS	SS,K	5.5.; 7.6.
130	Fußballkrieg (Honduras-Salvador)	1969	K	B,IV,ZS	SS,K	4.3
131	Abnützungskrieg Israel-Ägypten	1969–1970	E	ZS	SS	3.2.
132	Kambodschanischer Krieg	1970–1975	E	B,IV	K	3.5.
133	Dritter pakistan.-indisch. Krieg	1971	K	B,IV,ZS	SS,K	4.5.
134	Konflikt Philippinen-MNLF	1972	B	A	SS	2.4.
135	Israelisch-ägyptisch-syrischer Krieg	1973	U	ZS	SS,K	5.5.
136	Zypernkrieg	1974	K	B,IV	SS,K	4.5.
137	Krieg Äthiopien-Eritrea	1974–1993	K	B,SZ	SS	4.5.
138	Libanonkrieg	1975–1984	E	B,IV	K	3.5.
139	Ost-Timor-Konflikt	1975–1999	K	B,IV,ZS,SZ	SS,K,AKUF	4.5.
140	Angolanischer Bürgerkrieg	1975–	E	B	K	3.5.
141	Westsahara-Konflikt	1975–	E	A	SS,K	3.4.
142	Kambodscha-Krieg	1975–1998	E	ZS,IV	SS,K	3.2.
143	Ogaden-Krieg	1976–1980	E	IV,ZS	SS,K	3.2.
144	Krieg in Afghanistan	1978–1996	R,U	B,IV	SS,K	5.5.
145	Tansanisch-ugandischer Krieg	1978–1979	D	ZS	SS,K	6.6.
146	Chinesisch-vietnames. Krieg	1979	D	ZS	SS,K	6.6.
147	Irakisch-iranischer Krieg	1980–1988	E	ZS	SS,K	3.2.
148	Falklandkrieg	1982	R,D	IV,ZS	K	6.6.; 7.2.
149	Tschadkrieg	1983–1996	B	B,IV	AKUF	2.3.
150	Intervention der USA in Panama	1989	U	IV	AKUF	5.5.
151	Bürgerkrieg in Liberia	1989–	B	B,IV	AKUF	2.7.
152	Kuwait-Krieg	1990	U	ZS	AKUF	5.5.
153	Krieg Aserbaidschan-Armenien	1990–1994	B	B,IV	AKUF	2.6.
154	Erster Golfkrieg	1991	B	ZS	AKUF	7.7.
155	Bürgerkrieg in Sierra Leone	1991–2002	B	B,IV	AKUF	2.7.
156	Kroatisch-serbischer Krieg	1991–1995	E	SZ,B,ZS	AKUF	3.3.
157	Bosnischer Krieg	1992–1995	E	SZ,B,ZS	AKUF	3.5.
158	Bürgerkrieg Ruandas	1994–	K,B	B	AKUF,P	2.8.; 4.3.

Nr.	Bezeichnung	Dauer	Beginn	Typ	Quelle	Kapitel
159	Tschetschenien-Krieg	1994–	E	B,IV	AKUF,P	3.4.
160	Bürgerkrieg im Kongo	1997–2003	E	B,IV	AKUF,P	3.6.
161	Eritrea-Äthiopien	1998–2000	K,E	ZS	AKUF,P	3.2.; 4.3.; 4.5.
162	Krieg der NATO gegen Serbien	1999	R	B,ZS	AKUF,P	7.3.
163	11. Sep 01	2001	U	T	P	5.6.
164	Afghanistan-Krieg	2001–2002	E	B,ZS	P	3.5.; 7.5.
165	Zweiter Golfkrieg	2003	R	ZS	P	7.7.

Quellen	Zeitraum	Kriegsbeginn	Kriegstyp
Richardson (R)	1819–1949	B = begrenzter Krieg	ZS = zwischenstaatlich
Wright (W)	1480–1964	E = eskalatorischer Beginn	IV = Intervention
Sorokin (S)	bis 1925	K = katalytischer Beginn	U = Unabhäng.-Krieg
Singer/Small (SS)	1816–1980	U = Überfall/Blitzkrieg	B = Bürgerkrieg
Kende (K)	1945–1982	D = Duellkrieg/milit. Machtprobe	A = Aufstand
AKUF	1945–aktuell	R = Risikopolitik	SZ = Sezession
Presse (P)	aktuell	W = Bestandteil von Weltkriegen	T = Terrorismus

Neue und alte Kriege: Es sei angesichts vereinzelter Kritik an den Kriterien von Singer und Small (1972), die quasi der Standard der quantitativen Kriegsursachenforschung geworden sind, noch einmal betont: Diese Kriterien *definieren* in keiner Weise, was Krieg begrifflich ausmacht, sie lenken die *Auswahl* der Fälle. Sie reduzieren zudem die Auswahl in keiner Weise auf den zwischenstaatlichen Krieg, sondern bringen auch die sog. «neuen» Kriege in die Auswahl, wenn an diesen zumindest ein Mitglied der Staatengemeinschaft (als Konfliktpartei oder durch Intervention) beteiligt war (vgl. Tabelle 2), d.h. wenn sie *internationalisiert* und damit besonders gewaltsam geworden waren. «Neu» im buchstäblichen Sinne sind diese Kriege ohnehin nicht; Krieg als Folge der Erosion staatlicher Kontrolle ist kein exklusives Phänomen der Gegenwart. Der allmähliche Niedergang des osmanischen Reiches, das Ende Österreich-Ungarns und die Dekolonisierung produzierten ähnliche Kriege wie der Zerfall der Sowjetunion und Jugoslawiens. Erosion von Staatlichkeit und den Aufstieg von *warlords* gab es in vielen Weltgegenden im 19. und 20. Jahrhundert und einige davon (z. B. die chinesischen Kriegsherren) gerieten mit Nachbarstaaten in Konflikte. Auch derartige Fälle sind in der vorliegenden Auswahl vertreten. Sie bietet insgesamt einen wohl repräsentativen Querschnitt des Kriegsgeschehens der letzten zwei Jahrhunderte.

Tabelle 2: Formen von Krieg

Code	Typ	Anzahl	Prozent
ZS	Zwischenstaatlicher Krieg	105	63,64%
IV	Interventionen	51	30,91%
U	Unabhängigkeitskriege	9	5,45%
B	Bürgerkriege	35	21,21%
A	Aufstände	25	15,15%
SZ	Sezessionen	5	3,03%
T	Terrorismus	5	3,03%

Gut sechzig Prozent der ausgewählten 165 Kriege sind zwischenstaatliche Auseinandersetzungen, wobei die meisten davon wiederum im Kontext innerstaatlicher Konflikte entstanden und deshalb doppelt kodiert wurden (aus diesem Grunde summieren sich die absoluten Zahlen und die entsprechenden Prozentzahlen in Tabelle 2 nicht auf 165 bzw. 100%). Stark vertreten sind Interventionen, also der militärische Eingriff von außen in einen laufenden Konflikt. In sechzig Fällen handelte es sich um Bürgerkriege und Aufstände, in neun Fällen um Unabhängigkeitskriege, in fünf Fällen um Sezession, und in weiteren fünf Fällen war Terrorismus im Spiel. Dies sind insgesamt 128 Fälle oder fast 78%. Nur eine Minderheit, nämlich 74 von 165 Fällen (d.h. etwa 45%) sind «reine» zwischenstaatliche Kriege. Davon entfallen 45, also weit mehr als die Hälfte, auf die Zeit bis zum Ersten Weltkrieg. Aus den oben genannten Gründen sind reine zwischenstaatliche Kriege in dieser Zeit vermutlich stark überrepräsentiert (weil sich die Geschichtsschreibung um außereuropäische innerstaatliche Kriege nur dann kümmerte, wenn europäische Mächte involviert waren). Wenn man den Ersten und Zweiten Weltkrieg abzieht, bleiben noch 20 rein zwischenstaatliche Kriege von insgesamt 65 Kriegen für die Zeit seit 1918 übrig, also weniger als ein Drittel. Die sog. «neuen» Kriege sind also in der vorliegenden Untersuchung stark vertreten.

Geographische Verteilung: Die geographische Verteilung der hier untersuchten Kriege zeigt, dass kein Schwergewicht auf Europa vorliegt, auch nicht im 19. Jahrhundert: 47 Kriege fanden in Asien statt, 36 in Kerneuropa, 20 auf dem Balkan und im Nordkaukasus, 22 im Nahen Osten und in Nordafrika, 16 in Lateinamerika, 17 in Afrika und 7 in Nordamerika (was Mexiko einschließt). Nach 1945 verlagerte sich der Krieg in die Dritte Welt, vor allem den Nahen Osten (14 Fälle), Asien (17 Fälle) und Afrika (12 Fälle). Nur ein Krieg in Kerneuropa schaffte es in diese Auswahl (der Ungarn-Aufstand 1956), die übrigen europäischen Kriege sind jene auf dem Balkan und im Kaukasus (5 Fälle), wobei diese exklusiv in die Zeit nach 1989 fallen. Afrika und der Nahe Osten bleiben Krisengebiete (zusammen 8 Fälle seit 1989).

Grundlagen: Die historische Literatur zu den hier untersuchten Kriegen (vgl. Singer/Small 1982:297ff.), aber auch kriegsgeschichtliche Literatur (z.B. Montgomery 2003) und enzyklopädische Werke (z.B. Dupuy/Dupuy 1970) liefern für diese Untersuchung die notwendigen Informationen und sind in den weitaus meisten Fällen, zumindest was den Hergang der Ereignisse betrifft, nicht kontrovers. Wie Krieg beginnt, kann ohne große Probleme eruiert werden. Zu aktuelleren Kriegen wurde die Medienberichterstattung herangezogen.

Kriegsbeginn: Acht Formen des Kriegsbeginns haben sich nach Sichtung des Materials und der entsprechenden Literatur ergeben. Es sind dies 1. der *begrenzte Krieg*: Die Konfliktparteien sind entweder zu schwach, um den Krieg auf andere Weise zu beginnen (z.B. durch einen Überfall), oder sie beabsichtigen von Beginn an nur eine begrenzte militärische Operation und vermeiden eine nachfolgende Eskalation. 2. der *eskalatorische Beginn* von Kriegen: Die Konfliktparteien überschreiten im Konfliktaustrag die Grenze militärischer Gewalt und steigern die Gewaltsamkeit in beträchtlichem Umfange weiter oder sie ziehen zusätzliche Parteien in den Konflikt hinein (horizontale Eskalation). 3. Der Kriegsbeginn durch *Überraschung bzw. Überfall*. 4. Kriegsbeginn auf *katalytische Weise*: Vorgänge jenseits der Einflussmöglichkeit der Konfliktparteien lösen den Krieg in einer quasi chemischen Reaktion aus; in einigen Fällen wurden entsprechende Vorgänge jedoch auch manipuliert, um einen Vorwand für den Kriegsbeginn zu haben. 5. *Duellkrieg*: Krieg auf Verabredung, d.h. nach Art der Fehde des Mittelalters oder des Duells des 18. und 19. Jahrhunderts. 6. Krieg durch *Risikopolitik* oder *brinkmanship*: Der Krieg wird bewusst zur Einschüchterung der Gegenseite riskiert; mitunter geht dabei das Kalkül nicht auf und es kommt tatsächlich zum Krieg. 7. Krieg als Teil von *Weltkriegen*: Der Krieg beginn auf eine der vorher genannten Arten, entfesselt dann jedoch durch horizontale Eskalation einen Weltkrieg. 8. *Krieg durch Zufall*: Der Krieg entsteht gegen den ausdrücklichen Willen der Beteiligten. Diese Form des Kriegsbeginns wird immer wieder diskutiert; es stellt sich jedoch heraus, dass in strengem Sinne keiner der untersuchten Kriege als zufällig gelten kann. Die Verteilung der Häufigkeiten der hier untersuchten Fälle findet sich in Tabelle 3. Wiederum gilt, dass sich die Summe nicht auf 165 bzw. 100 % addieren, und zwar wegen Mehrfachkodierungen (z. B. Risikopolitik, die in einen Duellkrieg mündet [R,D]).

Tabelle 3: Formen des Kriegsbeginns und Häufigkeiten

Code	Form des Kriegsbeginns	Anzahl	Prozent	Kapitel
B	Begrenzter Krieg	50	30,30 %	2
E	Eskalation	54	32,73 %	3
U	Überraschungsangriff	23	13,94 %	4
K	Katalytischer Kriegsbeginn	26	15,76 %	5
D	Duellkrieg	26	15,76 %	6
R	Risikopolitik	14	8,48 %	7
W	Krieg als Teil von Weltkriegen	22	13,33 %	8
Z	Krieg durch Zufall	0	0,00 %	9

Zwischen Krieg und Frieden: Die nachfolgende Beschreibung der Fälle ist in acht Kapiteln gemäß dieser Typologie organisiert. Kapitel 6 enthält einen Exkurs zur Geschichte des Krieges, Kapitel 9 einen Exkurs zur Zähmung des Krieges und zur Einstellung zum Krieg. Die Beschreibungen sind jeweils kurz und kompakt gehalten und beschränken sich auf das Wichtigste. Sie konzentrieren sich auf die Schwelle zwischen Krieg und Frieden, ignorieren dabei aber nicht die Hintergründe, Umstände und tieferen Ursachen. Der Leser enthält Anschauungsmaterial, das Stoff zum eigenen Nachdenken liefert: Wie beginnen Kriege?

2. Begrenzter Krieg

2.1. Übersicht und Logik

Begrenzung des Krieges: Von den 165 hier untersuchten Kriegen waren 50 (30 %) begrenzte Kriege. Sie lassen sich in zwei große Gruppen aufteilen: symmetrische (konventionelle) Kriege, in denen auf beiden Seiten Staaten mit regulären Truppen engagiert waren; und asymmetrische (oft unkonventionelle) Kriege, bei denen auf mindestens einer Seite irreguläre Kräfte (Aufständische, Rebellen usw.) engagiert waren. Ob ein Krieg begrenzt bleibt, hängt mindestens von zwei Faktoren ab: Der Stärke der beteiligten Parteien und der Art der Ziele. Sind beide Parteien schwach, wird ein Konflikt begrenzt bleiben, auch wenn die Ziele weitgesteckt sind; allerdings tendieren solche Kriege dazu, sich lange hinzuziehen: Die Mittel reichen in vielen Fällen zwar dazu, aus, um den Konflikt in Gang zu halten, der Sieg rückt dabei aber für keine Partei näher. Ist nur eine Partei schwach, wird die stärkere die Ziele begrenzt halten und ihre Ziele bald erreichen, oder aber der Krieg eskaliert. Wenn beide Parteien stark und die Ziele begrenzt sind, besteht eine gute Chance, den Konflikt begrenzt zu halten; aber die Situation ist in jedem Falle prekär, weil sich Kriegsziele im Verlauf einer Auseinandersetzung meist ändern (vgl. 3.1.). Wenn beide Parteien stark und die Ziele weitgesteckt sind, tendiert ein Krieg zur Eskalation. Diese Kriege werden im nachfolgenden Kapitel behandelt.

	Eine Partei schwach	Beide Parteien schwach	Beide Parteien stark
Begrenzte Ziele	Begrenzter Krieg	Begrenzter Krieg	Prekärer begrenzter Krieg
Weit gesteckte Ziele	Kürzerer begrenzter Krieg	Längerer begrenzter Krieg	Meist: Eskalierender Krieg

Wenig spektakulärer Beginn: Selbstverständlich charakterisiert allein der Verlauf eines Krieges diesen als begrenzt; charakteristisch ist jedoch auch die Entstehung der in diesem Kapitel behandelten

Kriege, denn alle begannen auf wenig spektakuläre Weise. 15 der 50 nachfolgend beschriebenen begrenzten Kriege waren symmetrische Konflikte, d. h. Auseinandersetzungen zwischen mehr oder weniger gleichrangigen staatlichen Gegnern, bei denen auf beiden Seiten reguläre Truppen zum Einsatz kamen. In 13 Fällen waren territoriale Streitigkeiten die Ursache des Konflikts; zwei Konflikte entstanden um Zwischenfälle auf hoher See. Alle 15 symmetrischen Konflikte zeichneten sich dabei durch bewusste Vorsicht und Zurückhaltung der Beteiligten aus: Probleme entstanden oder wurden akut, und die Verantwortlichen entschlossen sich zum begrenzten Einsatz militärischer Mittel. Die Entscheidung dazu fiel in der Regel leicht, weil erstens Krieg im großen Stil nicht intendiert und zweitens der vorbereitende Aufwand meist relativ gering war; nur eine begrenzte Anzahl von Truppen kam zum Einsatz, und deren Aufgaben waren sehr klar umrissen.

Innere Schwäche und mangelnde Schlagkraft: Bei sieben der übrigen 35 asymmetrischen, begrenzten Kriege handelte es sich um Interventionen. Hier verhinderte entweder die Übermacht der Interventionstruppen oder deren Zurückhaltung und Rückzug eine Eskalation des Konflikts. Sechs Fälle von Aufständen fallen ebenfalls in die Kategorie der begrenzten Kriege: Irregulären Gruppen (Insurgenten, Freiheitskämpfern, Revolutionären usw.) blieb meist keine andere Wahl, als den Versuch zu wagen, ihre Ziele mit Gewalt durchzusetzen und bei erstbester Gelegenheit zu den Waffen zu greifen. Dass die weit reichenden Absichten dabei mit einem wenig spektakulären Beginn und Verlauf der Auseinandersetzungen kontrastierten, lag weniger an bewusster Zurückhaltung, sondern an mangelnder Schlagkraft, geringem Nachschub und der Unfähigkeit, die Bevölkerung zu mobilisieren oder potente ausländische Freunde zu gewinnen. Weitere neun Konflikte waren Kolonialkriege; in 8 Fällen verhinderte die Schlagkraft der Kolonialmächte oder die Schwäche ihrer afrikanischen bzw. ostasiatischen Gegner eine Eskalation der Konflikte; in einem Fall zog sich die Kolonialmacht wegen unerwartet großen Widerstands zurück.

Problematische Selbstständigkeit: 10 Kriege entstanden aus Schwierigkeiten bei der Festigung der nationalen Unabhängigkeit junger Staaten (Sezession, Irredentismus, Intervention von Nachbarn); auch diese Konflikte eskalierten wegen der Schwäche der Beteiligten nicht zum großen Krieg, erfüllten aber hinsichtlich der Zahl der Opfer des Konflikts die Voraussetzungen, um in die Auswahl dieser Untersuchung zu kommen. In drei weiteren Fällen führte der Staatszerfall in Afrika zu begrenzten, allerdings sehr lang anhaltenden Kriegen mit einer riesigen Zahl von Opfern.

2.2. Territoriale Streitigkeiten und Machtproben

Russisch-persische Streitigkeiten: Zentralasien war seit Peter dem Großen ein bevorzugtes Ziel zaristischer Expansionsbestrebungen. Seit dem Beginn des 19. Jahrhunderts entstanden deshalb Reibungen mit Persien und führten zu andauernden Grenzkonflikten und gelegentlichen Kriegen, von denen drei nach Definition dieser Untersuchung ausgewählt wurden. Das von den Zentren beider Länder weit entfernte, halbautonome Georgien war dabei das Streitobjekt. Wegen der peripheren Lage Georgiens und des Desinteresses dritter Staaten entwickelte sich der russisch-persische Dauerkonflikt aber nie zu einem großen Krieg. Seit 1779 tobte in Persien ein Bürgerkrieg, in dessen Verlauf der fähige General Agha Mohammed an die Macht kam. Georgien war nach dem Tod Nadir Schahs (1747) von Persien abgefallen und eine Allianz mit Katharina der Großen eingegangen. Als sich Agha Mohammed nun 1795 gegen Georgien wandte, um die persische Herrschaft über das Land wiederherzustellen, blieben die Georgier zunächst ohne wirksame russische Hilfe (Nr. 2). Zar Alexander nutzte jedoch unter günstigeren Voraussetzungen 1801 die Möglichkeit, Georgien mit Mitteln der Diplomatie wieder stärker an Russland zu binden. Persische Einmischungen in innergeorgische Angelegenheiten lieferten Russland schließlich 1804 den Vorwand für ein offenes militärisches Vorgehen (Nr. 7), das mit wechselndem Geschick beider Seiten bis 1813 andauerte. Über Grenzstreitigkeiten kam es 1826 wiederum zu einer größeren, wenn auch begrenzten militärischen Auseinandersetzung zwischen Persien und Russland (Nr. 24).

Russisch-türkische Grenzprobleme: Der russisch-türkische Dauerkonflikt über Einfluss und Grenzen im Balkanraum steigerte sich im Krimkrieg 1853–56 (Nr. 42) zur umfassenden Machtprobe Russlands mit den damaligen Großmächten und türkischen Alliierten England, Frankreich und Österreich; die Grenzstreitigkeiten beider Staaten verblieben aber auf der Ebene des begrenzten militärischen

Konflikts, solange sich dritte Staaten nicht einmischten. Zwei Beispiele sind in diese Untersuchung eingegangen: Der russisch-türkische Krieg von 1806–1812 (Nr. 10) entstand aus einem bereits lange schwelenden Grenzkonflikt, der durch den französischen Botschafter bei der Hohen Pforte angefacht wurde. Diese ließ sich dazu verleiten, die vermeintlich günstige Gelegenheit des vierten Koalitionskrieges für militärische Operationen gegen Russland zu nutzen, um die im Frieden von 1792 verlorenen Gebiete am Donaudelta zurückgewinnen. Im Gegenzug ließ Zar Alexander russische Truppen in die Donaufürstentümer einmarschieren. Nach Abschluss des Friedens von Tilsit 1807, in dem der Zar auf die Seite Frankreichs umschwenkte, gewann Russland vollkommen freie Hand für seine Operationen gegen das Osmanische Reich. Eine ähnliche Gelegenheit bot sich in der Folge des griechischen Freiheitskrieges 1821–32 (Nr. 20) für Russland; im Herbst 1827 war die türkische Flotte bei Navarino durch ein vereintes britisch-französisch-russisches Geschwader vernichtet worden. Am 26. April 1828 erklärte Russland dem Osmanischen Reich den Krieg und begann mit Operationen im Gebiet der Donaumündung (Nr. 25).

Türkischer Griff nach Montenegro: Montenegro blieb seit dem Spätmittelalter eine der wenigen Regionen des Balkans, die von den Türken nicht vollständig überrannt und dem Osmanischen Reich einverleibt wurden. Als *de iure* tributpflichtiges autonomes Fürstentum konnte es sich *de facto* seine Unabhängigkeit aber bewahren. Einerseits war der arme Kleinstaat für die Türken von nur mehr geringem wirtschaftlichen und geopolitischen Interesse und große militärische Anstrengungen nicht wert, andererseits wegen seiner kämpferischen Bewohner und des schwierigen Terrains ein außerordentlich schwieriger Gegner. Dennoch unternahm das Osmanische Reich wiederholte, wenn auch begrenzte Versuche, das Land unter seine Kontrolle zu bekommen, scheiterte aber mit z. T. hohen Verlusten. 1852–53 und 1858–59 unternahmen die Türken die beiden letzten erfolglosen Versuche, das zudem mit Russland eng verbundene Montenegro ihrem Reich einzuverleiben (Nr. 41 und Nr. 45).

Chinesisch-französischer Krieg: Der Einspruch Chinas gegen die französische *de-facto*-Besetzung des ehemalig chinesischen Vasallenstaates Tongking (Nordvietnam) 1882–83 führte im folgenden Jahr zu einem unerklärten Kleinkrieg, in dessen Verlauf chinesische Streitkräfte in die Region gesandt wurden und im Golf Operationen gegen die Franzosen durchführten (Nr. 69). Zu einer großen Auseinandersetzung zwischen Frankreich und China eskalierte der Krieg aber wegen der inneren Probleme Chinas nicht.

Annexion Libyens: Die innere Schwäche und das militärische Unvermögen des Osmanischen Reiches sorgten dafür, dass sich die Annexion Libyens durch Italien 1911–12 (Nr. 87) nicht zur großen Machtprobe mit dem Osmanischen Reich ausweitete; die Türken hätten diese vermutlich ohne Hilfe durch Dritte auch nicht durchstehen können. Vor allem aber bewogen absehbare Probleme auf dem Balkan das Osmanische Reich dazu, den Konflikt mit Italien so rasch wie für türkische Verhältnisse möglich zu beenden und keinesfalls eskalieren zu lassen. Militärischen Widerstand leisteten die türkischen Truppen in Libyen zwar kaum; die arabische Bevölkerung hingegen war durch die türkische Propaganda gegen die «ungläubigen» Invasoren derart aufgebracht, dass die italienischen Operationen zunächst auf die Küstenbereiche begrenzt werden mussten. Im Vertrag von Ouchy bei Lausanne lenkte das Osmanische Reich nach zweimonatigen Verhandlungen schließlich aber ein (Libyen wurde *rechtlich* autonom, faktisch aber italienisch), weil auf türkischer Seite neue Schwierigkeiten absehbar waren. «Pünktlich» zwei Tage nach Vertragsabschluß begann der erste Balkankrieg (Nr. 88, vgl. 6.3.).

Polnisch-sowjetischer Krieg: Zwischen der 1918 gegründeten jungen polnischen Republik und der Sowjetunion kam es sofort um die Fragen der polnischen Ostgrenze zu Spannungen. Der russische Bürgerkrieg schien für Polen eine günstige Gelegenheit, die Frage mit Waffengewalt zu lösen (Nr. 92). Polen verbündete sich mit der antikommunistischen ukrainischen Regierung und ließ seine Truppen in völliger Verkennung der eigenen Möglichkeiten gegen Kiew marschieren. Im Gegenzug sandte Lenin die Rote Armee in Richtung Warschau und gab ihr gleich eine kommunistische polnische Exilregierung mit auf den Weg. Nur die Rückendeckung durch Frankreich («Wunder an der Weichsel») verhinderte eine Ausweitung des Konflikts und womöglich den Zusammenbruch der polnischen Republik. Das militärische Abenteuer zahlte sich dennoch für Polen mit Gebietsgewinnen östlich der so genannten Curzon-Linie aus, freilich zum hohen Preis andauernder gespannter Beziehungen mit der Sowjetunion.

Sowjetisch-japanische Konflikte: 1938 und 1939 kam es zu unerklärten Kriegen zwischen der Sowjetunion und Japan, die begrenzt
und von kurzer Dauer waren, aber erstaunlich hohe Verluste auf
beiden Seiten forderten. Der sog. Changkufeng-Zwischenfall im Juli/
August 1938 war der japanische Versuch, sowjetische Truppen aus
ihren befestigten Stellungen an der Tumen-Mündung im Grenzgebiet
von Sibirien, Korea und der Mandschurei zu vertreiben (Nr. 102). Von
Mai bis August des folgenden Jahres entstand ein ähnlicher Konflikt
über Grenzregionen in der äußeren Mongolei (Nr. 103). Beide Seiten
waren bereit, zur Durchsetzung ihrer Ansprüche Waffengewalt an-
zuwenden, an einem großen Krieg war dennoch keine der beiden
Parteien interessiert: Die Sowjetunion verfolgte mit Spannung die Entwicklungen in Europa, während Japan bereits mit China im Dauer-
krieg lag und unter wachsenden amerikanischen Druck geriet. Der
Hitler-Stalin-Pakt vom 23. August 1939 bewog schließlich Japan, ganz
auf eine weitere Provokation der Sowjetunion zu verzichten.

Thailand im Zweiten Weltkrieg: Thailand hatte sich als einzi-
ges Land Südostasiens durch eine geschickte Diplomatie dem kolonialen Zugriff der europäischen Mächte entziehen können; es trat Gebiete
an England und Frankreich ab, akzeptierte, wie auch China, einen
«ungleichen» Vertrag mit den europäischen Kolonialmächten, be-
wahrte sich damit aber seine Unabhängigkeit. Ebenso geschickt tak-
tierte Thailand im Zweiten Weltkrieg. Zu Beginn schlug es sich (nach
Niederlagen der Briten) auf die Seite Japans, in dessen Aufmarschgebiet es mit der japanischen Offensive gegen Britisch-Burma geraten
war. Hoffnungen auf eine Rückgewinnung seiner zu Ende des 19. Jahrhunderts an Frankreich und England verlorenen Gebiete im Fahrwas-
ser Japans erfüllten sich nicht, zumal sich Thailand selbst zurückhielt.
Mit Frankreich kam es in der Grenzregion zu Französisch-Indochina
zwar 1940/41 zu bewaffneten Auseinandersetzungen (Nr. 112), doch
wechselte Thailand schließlich die Fronten, als sich die Niederlage
Japans abzuzeichnen begann.

Amerikanisch-französischer Seekrieg: Bei zwei Fällen sym-
metrischer, begrenzter Konflikte handelte es sich um Machtproben auf
hoher See, an denen die USA beteiligt waren. Fast zwangsläufig gerieten die USA in den Koalitionskriegen (vgl. 8.2.) zwischen die Fronten,
obschon Präsident Washington 1793 die Neutralität der Vereinigten

Staaten proklamiert hatte. Beide, England und Frankreich, sahen im amerikanischen Handel einerseits eine Quelle dringend benötigten eigenen Nachschubs, andererseits aber fürchteten sie im Falle amerikanischen Handels mit der Gegenseite deren Kollaboration. Übergriffe von Kriegsschiffen beider Länder auf die amerikanische Handelsschifffahrt häuften sich. Für die USA galt es vor allem, einen Krieg mit der Seemacht England zu vermeiden. Der von John Jay 1794 mit England ausgehandelte und nach ihm benannte Vertrag (*Jay's Treaty*) sorgte zunächst für eine Entspannung der Beziehungen mit England, indem es britischen Schiffen erlaubt wurde, Konterbande auf amerikanischen Schiffen bei Bezahlung zu beschlagnahmen. Damit aber verschlechterten sich die Beziehungen zu Frankreich. In der Folge zahlreicher Zwischenfälle entstand 1798–1800 ein regelrechter, wenn auch begrenzter und streng am Zweck orientierter Seekrieg mit Frankreich (Nr. 3). Französische Kriegsschiffe machten Jagd auf amerikanische Handelsschiffe, zu deren Schutz die amerikanische Marine antrat. Zum großen Krieg der USA mit Frankreich eskalierte der Konflikt jedoch nicht: Die USA waren an einem solchen Krieg nicht interessiert, und Frankreich war mit der Kriegführung in Europa voll ausgelastet.

Atlantikschlacht: Die später so genannte Schlacht im Atlantik von 1940/41 bestand – soweit die USA betroffen waren – aus Serien von Zwischenfällen, bei denen deutsche U-Boote bei der Jagd auf britische Handelsschiffe durch amerikanische Kriegsschiffe behindert und verfolgt wurden (Nr. 106). Deutschland schob die Kriegszone immer weiter in den Atlantik vor, während die USA mit der von ihnen proklamierten Sicherheitszone (*safety belt*) dagegen hielten; nach der Besetzung Islands durch die USA (mit Erlaubnis der dänischen Exilregierung) erstreckte sich diese Sicherheitszone über den halben Atlantik. Der Konflikt eskalierte aber aus zwei Gründen nicht zum großen Krieg zwischen Deutschland und den USA: Präsident Roosevelt hatte zwar das Feuer auf deutsche U-Boote für den Fall freigegeben, dass diese sich amerikanischen Schiffen näherten, hätte aber für eine Kriegserklärung gegen Deutschland den Kongress gewinnen müssen, was angesichts der 1940/41 noch stark isolationistischen Tendenzen im amerikanischen Parlament nicht möglich war. Hitler hingegen hatte kein Interesse daran, die USA in den Krieg hineinzuziehen.

2.3. Interventionen

Britische Afghanistan-Expeditionen: In Afghanistan war zu Mitte des 19. Jahrhunderts die Kontrolle des Emirs über das Land so gut wie zusammengebrochen, was die Nachbarn auf den Plan rief. Von inneren Unruhen erschüttert, durch Persien im Westen und die Sikhs des Pandschabs im Osten bedrängt, vermochte Afghanistan dank seiner Topographie und der wilden Entschlossenheit seiner Stammeskrieger auch dann noch seine Unabhängigkeit zu bewahren, als es Opfer britisch-russischer Rivalitäten wurde. Die russische Expansion in Zentralasien nährte englische Befürchtungen, das Zarenreich könnte sich über das instabile Afghanistan einen Weg nach Indien bahnen und dort als Rivale auftreten. Zwei Afghanistan-Expeditionen wurden unternommen, 1838 und nochmals 40 Jahre später 1878, um den britischen Einfluss durch militärische Präsenz zu markieren, bevor Russland die Gelegenheit zur Expansion nutzen konnte.

Erster Afghanistan-Krieg: Im November 1838 begann die Indus-Armee unter Sir John Keane mit grossem Tross ihren Marsch in Richtung Afghanistan, wobei man den Umweg über den Bolan-Pass nahm, um den schwierigen Khaiber-Pass zu umgehen. Die Truppen, ein zusammengewürfelter Haufen von etwa 9500 indischen Soldaten unter britischem Kommando und etwa 6000 Mann in den afghanischen Truppen des Exil-Emirs Shah Shujah sowie ein begleitender Tross von gut 40 000 Einheimischen, erreichten nach mühsamem und verlustreichem Vormarsch im Frühjahr 1839 Kandahar, eroberte im Juli die Festung Ghazni und hatten damit freien Zugang nach Kabul. Nach einigem Hin und Her wurde der den Briten genehme Shah Shujah anstelle des amtierenden Emirs Dost Mohammed Khan als Herrscher eingesetzt (Nr. 29) und Garnisonen in Kabul und anderen Städten eingerichtet. In England kam das Unternehmen wegen seiner immensen Kosten rasch in Misskredit. Im Winter 1841/1842 fand ein Aufstand des abgesetzten Emirs zudem rasch Zulauf und die Situation der Briten und ihrer Truppen wurde prekär. Der Rückzug der Truppen über den Khaiber-Pass endete in einem Desaster: 4500 Soldaten und fast 12 000 Mann Tross gerieten am 13. Januar 1842 in einen Hinterhalt und wurden fast vollkommen aufgerieben. Im Herbst 1842 unternahmen die Briten daraufhin eine Strafexpedition bis nach Kabul, brannten Teile der Stadt nieder und zogen dann wieder ab.

Krieg mit Persien: Da Großbritannien Afghanistan selbst nicht unter eigene Kontrolle bekam, sollte mindestens seine Unabhängigkeit gewährleistet sein. Der persische Schah Nasr ed-Din war 1855 in Afghanistan eingefallen und hatte trotz britischer Warnungen Herat besetzt. Daraufhin erklärte Großbritannien Persien am 1. November 1856 den Krieg (Nr. 43) und nahm den Hafen Bushir am Golf ein. Zwei indische Divisionen reichten aus, den Schah zu Friedensverhandlungen und zum Rückzug aus Afghanistan zu bewegen. Die russisch-afghanische Annäherung und innerafghanische Streitereien führten gut zwanzig Jahre später zur zweiten britischen Afghanistan-Expedition 1878–80 (Nr. 64), die demselben Zweck wie die erste dienen sollte und nach blutigen Auseinandersetzungen das pro-britische Regime Abdur Rahmans etablierte.

Kirchenstaat gerettet: Die Intervention Frankreichs in Italien gegen die gerade gegründete römische Republik 1849 war eine Spätfolge der Revolution von 1848. Die Revolution in Wien 1848 war das Signal für einen Aufstand gegen die österreichischen Besatzer Mailands und Venedigs. Aufstände gab es auch in Parma und Modena gegen die alte Ordnung. Während sich Karl Albert, König von Sardinien-Piemont, auf die Seite der Nationalisten stellte und in die Lombardei Truppen entsandte, wo man ihn als Befreier Italiens feierte (vgl. 3.4. zum sog. Heiligen Krieg, *guerra santa*, Nr. 35), verhielt sich der Papst passiv und flüchtete vor dem Aufruhr in seiner Stadt nach Gaëta. Während in anderen Gegenden Italiens die Revolution zusammenbrach und die Truppen Sardinien-Piemonts von den Österreichern bei Novara im März 1849 verheerenden geschlagen wurden, hatten die Nationalisten im Februar 1849 im Beisein Garibaldis in Rom die Republik ausgerufen. Der Papst wandte sich daraufhin an die europäischen Mächte um Hilfe. Diese traf mit einer französischen Streitmacht ein, die Rom belagerte und schließlich einnahm (Nr. 39). Garibaldi und seinen Truppen gelang auf abenteuerliche Weise die Flucht, zunächst nach San Marino und weiter nach Venedig. Mit ihrer Kapitulation vor den österreichischen Truppen im August 1849 endete die Revolution in Italien, die Hoffnung der Italiener auf einen eigenen Staat blieb jedoch bestehen. Gut 10 Jahre später entstand die nächste Chance zur Einigung (siehe unten, vgl. auch 3.3., 6.3. und 7.2.).

Intervention Sardinien-Piemonts: Der Siegeszug der «Rothemden» Garibaldis durch Unteritalien brachte im Frühjahr 1860 das bourbonische Königreich Neapel, vor allem aber den Kirchenstaat, in arge Bedrängnis (vgl. 3.3). Internationale Verwicklungen und damit Gefahren für die Einigung Italiens unter sardinisch-piemontesischer Führung schienen absehbar, zumal es in Rom selbst zu Unruhen kam. Sardinien-Piemont sandte daraufhin seine Truppen nach Süden und führte Gefechte mit päpstlichen Streitkräften. Das Ziel der Intervention, ob gegen Garibaldi oder zu dessen Unterstützung, blieb zunächst unklar (Nr. 49). Garibaldi optierte schließlich (nach Volksbefragung in den befreiten Gebieten) für den Anschluss an Piemont und stellte sich unter das Oberkommando Viktor Emanuels II. Die vereinigten italienischen Streitkräfte stürzten die Bourbonen in Neapel, Franz II. entkam in die Festung Gaëta, der Kirchenstaat wurde Teil des Königreichs Italien, nur Rom blieb unter der Herrschaft des Papstes.

Alliierte Russland-Intervention: Der Friede von Brest-Litowsk (3. März 1918) beendete zwar den Ersten Weltkrieg im Osten zwischen dem nun sowjetischen Russland und den Mittelmächten, schuf aber gleichzeitig Spannungen der Sowjetunion zu den Alliierten, die eine Intervention mit Landungen in Wladiwostok, Murmansk, Archangelsk und den Schwarzmeerhäfen unternahmen (Nr. 91). Ursprünglich war dies nur der Versuch, den Krieg gegen die Mittelmächte an der Ostfront in Gang zu halten und der befürchteten Verlegung deutsch-österreichischer Truppen und Kriegsmaterialien an die Westfront vorzubeugen. Nach Abschluss des Waffenstillstands vom 11. November 1918 wechselte freilich der ganze Charakter des Unternehmens. Nach und nach wurden die alliierten Expeditionstruppen auf der weißrussischen Seite in den Bürgerkrieg hineingezogen. Franzosen und Amerikaner beschlossen darum, die Intervention zu beenden. Andere Befürchtungen hatte Großbritannien. Man sah im entstehenden Sowjetrussland eine große Gefahr – nicht für Europa, sondern für Indien, das Kernstück des britischen Empire. Zur Weiterführung der Intervention auf eigene Faust war Großbritannien aber infolge des gerade beendeten Weltkrieges zu schwach.

Tschad-Krieg: Ein Kernstück der Afrika-Politik Frankreichs war die (vage definierte) Sicherheitsgarantie für die ehemaligen französischen Kolonien West- und Zentralafrikas. Innere Unruhen im Tschad gedachte Libyen 1983 für seine eigenen expansiven Ambitionen zu nutzen und sandte eigene Truppen und unter den Rebellen rekrutierte, von Libyen aber kontrollierte Einheiten in den Tschad. Nach deren Sieg hätte der Anschluss des Tschad an Libyen erfolgen sollen. Als der so entstandene Krieg (Nr. 149) sich auszuweiten drohte, griff Frankreich mit eigenen Truppen ein, stellte das Gleichgewicht wieder her und demonstrierte so dem verunsicherten Westafrika seine Verlässlichkeit. Der fortdauernde «Toyota-Krieg» (er wurde vornehmlich mit japanischen Geländefahrzeugen und auf diese montierten Kanonen geführt) ebbte schließlich fast vollkommen ab.

2.4. Aufstände

Zweiter polnischer Aufstand: Als Folge des ersten polnischen Aufstands (1830–31) verlor Polen seinen auf dem Wiener Kongress von 1815 bestätigten Autonomiestatus, und eine rücksichtslose Russifizierung setzte ein. Die kluge Politik des Grafen Wielopolski und das Wohlwollen des Zaren Alexander II. führten immerhin zur Restauration des sog. Kongresspolen, das aber weiterhin über die Personalunion von Zar und König dem russischen Reich eng verbunden blieb. Den Maximalisten der patriotischen Bewegung war dies nicht genug. Anlässlich russischer Rekrutenaushebungen in Polen zettelten sie den zweiten polnischen Aufstand 1863–64, an (Nr. 51), der jedoch nicht die breite Unterstützung der Bevölkerung fand und sich weitgehend auf sporadische, wenn auch heftige Gefechte beschränkte. Untereinander zerstritten, von Westeuropa zwar mit Sympathie bedacht, aber politisch im Stich gelassen, wurden die Polen abermals niedergeworfen.

Balkan-Aufstände: Um die Wende vom 19. zum 20. Jahrhundert herum waren Aufstände im Balkanraum eine fast übliche Erscheinung. Die souveränen Kleinstaaten des Balkans unterstützten nicht selten die Insurgenten, sodass mit einer Ausweitung der Aufstände immer gerechnet werden musste. Zwei dieser Aufstände, die für diese Untersuchung ausgewählt wurden, weiteten sich aber trotz internationaler Beteiligung nicht aus, weil der Zeitpunkt jeweils schlecht gewählt war. Durch die «Maklerdienste» Bismarcks hatte Österreich-Ungarn auf dem Berliner Kongress 1878 Bosnien-Herzegowina zur Verwaltung erhalten. Die serbische Bevölkerung wünschte jedoch einen Anschluss an das gerade selbständig gewordene Serbien und empfand die ausgehandelte Lösung als herben Rückschlag, während die Muslime durch die Lösung aus dem osmanischen Reich in die Diaspora gerieten; nur die (katholischen) Kroaten waren mit der Entwicklung einverstanden. Als Österreich nun seinen Anspruch in die Tat umsetze und Besatzungstruppen schickte, trafen diese auf heftigen Widerstand (Nr. 63); aber nach der Berliner Regelung hatte niemand ein Interesse, die latenten Spannungen auf dem Balkan sofort wieder anzuheizen. Ähnlich verlief ein Aufstand in Makedonien (1903), das auf dem Berliner Kongress 1878 (einschließlich Bulgarisch-Makedoniens) als türkischer Besitz bestätigt worden war, aufgrund der ethnischen Vielfalt seiner Bewohner aber eine unruhige Region blieb und zum Zankapfel der umliegenden Staaten wurde (Nr. 82).

Philippinische Aufstände: Unter der Führung Emilio Aguinaldos begann 1896 auf den Philippinen ein Aufstand, dessen Ziel die Unabhängigkeit von Spanien war (Nr. 76). Nach längeren Kämpfen und mit dem Zugeständnis sozialer Reformen und politischer Autonomie gelang es Spanien, einen Frieden zu erkaufen. Aguinaldo ging ins Exil, kehrte aber im spanisch-amerikanischen Krieg von 1898 (Nr. 78) mit den amerikanischen Truppen wieder zurück. Nachdem die USA den Philippinen nicht wie erhofft die Unabhängigkeit gewährten, kam es 1899 zum Aufstand gegen die neuen Herren (Nr. 79). In langwierigen Strafexpeditionen über die Inseln des Archipels hinweg wurde dieser niedergeschlagen und ebbte in einem sporadischen Guerillakrieg ab. Unruhen der verschiedensten Art dauerten auf den Philippinen auch nach deren Unabhängigkeit an. Seit 1972 befindet sich die Zentralregierung der Philippinen im Kleinkrieg mit Rebellen der separatistisch-moslemischen MNLF (*Moro National Liberation Front*) auf den südlichen Inseln des Archipels (Nr. 134). Vermittlungsversuche islamischer Staaten scheiterten. Spärlicher Nachschub für die Rebellen sowie die Unzugänglichkeit ihrer Schlupfwinkel haben bisher eine Eskalation des Konflikts in einen größeren, offenen Krieg verhindert; der Zentralregierung ist es hingegen auch mit amerikanischer Unterstützung nicht gelungen, den Aufstand vollkommen niederzuschlagen.

2.5. Koloniale Expansion

Britisch-Indien: Der indische Subkontinent war zu Beginn des 18. Jahrhunderts das Ziel kolonialer Ambitionen von vier europäischen Staaten. Die Niederlande gaben bereits 1759 ihr indisches Unternehmen auf, während Portugals und Frankreichs indischer Kolonialbesitz auf wenige Stützpunkte an den Küsten des Subkontinents beschränkt blieb. Vom Niedergang des Mogulreiches profitierten neben der Kolonialmacht England auch indische Staaten (Radschputen, Marathen, Mysore, Haiderabad) mit beträchtlichem Gebiets- und Machtzuwachs. England und Frankreich versuchten, aus den häufigen inneren Wirren dieser Staaten und den Rivalitäten zwischen ihnen Nutzen zu ziehen, auch für die eigenen Streitigkeiten im weit entfernten Europa. Französische Intrigen führten im Verlauf der europäischen Koalitionskriege zu beträchtlichen Spannungen Englands mit Nachfolgestaaten des Mogulreiches, vor allem Mysore und dem Marathenbund. Die Indienpläne Napoleons bestärkten England in seiner Absicht, der Gefahr für seine indischen Besitzungen entschlossen entgegenzutreten. Der Marathenbund folgte zwar der ultimativen Forderung nach Auflösung seiner französisch ausgebildeten und kommandierten Truppen, doch Mysore verhielt sich weniger kooperativ. Die 1799 daraufhin angeordnete Präventiv- und Strafaktion war der vierte britische Krieg gegen Mysore (Nr. 4). Ein Bürgerkrieg der Marathen-Staaten und der Zerfall des Bundes bot schließlich 1802 die Gelegenheit zu weiteren britischen Gebietsgewinnen im zweiten Marathenkrieg (Krieg Nr. 6).

Annexion Marokkos: Spanien besaß zu Mitte des 19. Jahrhunderts bereits mit Melilla und Ceuta feste Stützpunkte in Marokko. Nach dem Verlust fast seiner gesamten südamerikanischen Besitzungen wurde 1859 nun mit einer Militärexpedition ins Innere Nord-Marokkos der Versuch unternommen, zumindest in nächster Nähe den kolonialen Besitzstand auszubauen (Nr. 47). Das Königreich Marokko war bei den europäischen Handelsnationen nicht sonderlich beliebt, weil es, wie damals in ganz Nordafrika üblich, an seinen Küsten Piraterie und Lösegelderpressung betreiben ließ oder zumindest duldete – heute würde man von Terrorismus sprechen. Zudem war das Land durch Auseinandersetzungen mit Frankreich im Zuge dessen Vorgehens gegen Algerien bereits geschwächt. Die Spanier trafen aus diesem

Grund zunächst weder auf europäischen Widerspruch noch großen militärischen Widerstand des Königs Sidi Mohammed und nahmen 1860 Tetuan ein. Ein weiteres Vordringen Spaniens wurde nur durch britischen Druck verhindert.

Zulu-Krieg: Durch die Annexion der Südafrikanischen Republik (Transvaal), die zunächst kaum Widerstand provozierte, erbte Großbritannien 1877 auch den Grenzkonflikt der Buren mit dem Kriegerstaat der Zulu. Die Kolonialmacht ging das Problem aber im Dezember 1878 sofort forsch mit einem Ultimatum an die Zulu an, die sich zum britischen Protektorat hätten erklären sollen. Sie ignorierten dies, worauf England im Januar 1879 eine Invasionsarmee nach Zululand in Marsch setzte (Nr. 65), die auf heftigen Widerstand traf. Nur unter Anstrengungen wurde das Unternehmen im Juli desselben Jahres zu Ende gebracht. Die Buren nutzten 1880/81 die Gelegenheit für einen Aufstand gegen die Briten, die nach der Niederlage am Majuba Hill im Februar 1881 das Land wieder verlassen mussten.

Annexion Vietnams: In der zweiten Hälfte des 19. Jahrhunderts übernahm Frankreich nach und nach den größten Teil der heutigen Staaten Vietnam, Kambodscha und Laos. Zunächst von den Vietnamesen gegen China zu Hilfe gerufen (gegen Gebietsabtretungen für die Errichtung von Stützpunkten und Missionen), wurde Vietnam beim ersten Streit mit den Franzosen nun selbst das Opfer des französischen Kolonialismus. Die Verfolgung und sporadische Misshandlung von Missionaren gaben den Anlass zur Einnahme von Tourane (das heutige Da Nang) und Saigon (1858/59) und ein paar Jahre später ganz Südvietnams ab. Die Südvietnamesen wehrten sich erfolglos in zahllosen Aufständen. Ein Bürgerkrieg war 1873 der Anlass für den ersten Griff Frankreichs nach Tongking und Annam (Nordvietnam), der aber scheiterte. Die Spannungen dauerten jedoch an. Eine neuerliche Expedition in den Jahren 1882–83, in deren Folge Rest-Vietnam französisches Protektorat wurde, erscheint auch in der Liste dieser Untersuchung (Nr. 67).

Annexion Madagaskars: Frankreich begann 1859 nach und nach Küstengebiete Madagaskars zu besetzen und erklärte schließlich zum Ärger und gegen den Willen der einheimischen Regierung sein Protektorat über die Insel. 1883–85 unternahm Frankreich verschiedene militärische Expeditionen, die den einheimischen Widerstand z. T. brutal brachen (Artilleriebeschuss von Majunga und Tamatava). Die Unruhen dauerten aber an. Nach weiteren französischen Forderungen an die einheimische Regierung und deren Zurückweisung wurde Madagaskar 1894–96 durch eine französische *Task Force* von nur 15 000 Mann unter Einsatz moderner Kriegstechniken erobert (Nr. 73).

Italiens Abessinien-Abenteuer: In Italien förderte seit 1887 Ministerpräsident Crispi die kolonialen Ambitionen seines Landes – der Mode der Zeit folgend und zur Ablenkung von Wünschen nach Angliederung österreichischer Gebiete (Irredenta), die wegen der Anlehnung Italiens an den Zweibund von Deutschland und Österreich-Ungarn (was diesen zum sog. Dreibund machte) keine Chance auf Realisierung besaßen. Am Horn von Afrika bot sich für Italien eine der letzten Gelegenheiten, auf dem schwarzen Kontinent noch Fuß zu fassen. Zunächst wurde ein Stützpunkt in Massaua errichtet und dann in Salamitaktik gegen den Widerstand Abessiniens zur Kolonie Eritrea erweitert. Dann bot sich mit Thronstreitigkeiten die Gelegenheit zum Griff nach ganz Abessinien. Mit italienischer Hilfe ließ sich 1889 Menelik II. zum Kaiser (*Negus Negesti*, König der Könige) ausrufen und machte dafür im Tausch Abessinien zum italienischen Protektorat – zumindest interpretierte Italien den Vertrag von Uccialli aus demselben Jahr in dieser Weise. Nachdem sich Menelik gegen seine inneren Feinde behauptet hatte, kündigte er den Protektoratsvertrag mit Italien und wandte sich gegen seine vormaligen europäischen Gönner. Italien sandte nun eine Expeditionsarmee an das Horn von Afrika, zog sich aber nach anfänglichen Misserfolgen aus dem Krieg zurück (Nr. 74).

Sowjetisch-mandschurischer Konflikt: Zwischen der Sowjetunion und dem halbunabhängigen Militärgouverneur und Kriegsherren der drei mandschurischen Provinzen entstand 1929–30 ein Konflikt über Rechte an der ostchinesischen Eisenbahn, die Wladiwostok über mandschurisches Gebiet mit der transsibirischen Linie verband. 1896 hatten Russland und China ein Geheimabkommen gegen Japan geschlossen, das u. a. Russland den Bau dieser Eisenbahn erlaubte. Nach dem Ende des Ersten Weltkriegs übernahm eine alliierte Kommission (mit einem Amerikaner an ihrer Spitze) den Betrieb der Eisenbahn. 1924 schließlich erhielt die Sowjetunion nach Abstimmung mit Japan als Rechtsnachfolger Russlands wieder die alten Rechte an der Eisenbahn zugesprochen, geriet darüber aber mit dem Kriegsherren Chang Hsüeh-liang in Konflikt, der diesen Handel sabotierte. Sowjetische Truppen besetzten Teile des Eisenbahngeländes (Nr. 97), wurden nach der Beilegung des Streits aber wieder abgezogen. Im chinesischen Bürgerkrieg unterstützte Chang einmal die eine, dann die andere Seite. Er starb 2001 in seinem Exil in Hawaii und wird sowohl von der Volksrepublik China wie auch der Republik China (Taiwan) heute als großer Patriot verehrt.

Annexion der Mandschurei: Die Wirren in China beim Machtkampf zwischen Kuomintang und Kommunisten zu Ende der 1920er Jahre boten der Sowjetunion und Japan die Gelegenheit, nach Absprache ihrer Einflusszonen die Mandschurei *de facto* zu kontrollieren, ohne sie besetzen zu müssen. Beide Mächte besaßen Rechte an den Eisenbahnen des Landes und benutzten diesen Hebel, ihren Einfluss geltend zu machen. Mit den Erfolgen der Kuomintang bei der Errichtung einer starken zentralen Führung war aber auch in der Mandschurei mit einem selbstbewussten Auftreten Chinas zu rechnen. Die Sowjetunion war bereits 1929 gegen den chinesischen Militärgouverneur und Kriegsherren der drei mandschurischen Provinzen vorgegangen, hatte sich aber nach Beilegung des Streits wieder zurückgezogen (siehe oben). In Japan beschloss man nun, die Entwicklung der Dinge nicht abzuwarten, sondern selbst in die Hand zu nehmen. Ein Zwischenfall wurde inszeniert (vgl. 6.2.) und am 18./19. September zur «Sicherung» zunächst das Eisenbahngelände von Mukden und die angrenzende Stadt besetzt. Die nachfolgende Eroberung der gesamten Mandschurei 1931–33 (Nr. 98) verlief in ähnlicher Weise. Der Widerstand in der Mandschurei selbst war nicht groß. Schmerzhafter für Japan war ein Boykott seiner Waren durch China. Von Januar bis März 1932 versuchten japanische Truppen, diese Blockade durch eine Landung in Schanghai zu brechen, wurden dabei aber von chinesischen Truppen über zwei Monate aufgehalten. Die chinesische Regierung erklärte sich schließlich bereit, den Boykott aufzuheben.

2.6. Schwierige Unabhängigkeit

Lateinamerikanische Föderationsversuche: Peru und Bolivien waren 1836 eine Konföderation eingegangen, die jedoch auf militärischen Druck Argentiniens und Chiles rückgängig gemacht wurde (1839). Ersatzweise versuchte daraufhin Präsident Agustín Gamarra von Peru, Teile Boliviens zu annektieren. Sofort entstand ein Krieg zwischen den beiden Ländern. Nach dem Tod Gamarras in der Schlacht von Ingavi (20. November 1841) endete der Konflikt so rasch, wie er begonnen hatte (Nr. 32). Nach ihrer Unabhängigkeit hatten die mittelamerikanischen Staaten 1823 eine Konföderation gebildet, die aber bereits 1839/40 wieder zerbrach. Verschiedene Versuche, sie wiederherzustellen, scheiterten. So unternahm 1885 der damalige Präsident Guatemalas, Justo Rufino Barrios, einen Anlauf, die mittelamerikanischen Staaten unter seiner Führung zu einigen. Was auf friedliche Weise nicht gelang, versuchte Barrios dann mit Gewalt durchzusetzen und begann, unterstützt durch Honduras, einen Krieg gegen Costa Rica, Nicaragua und El Salvador (Nr. 70). Mit dem Tod von Barrios während der Invasion El Salvadors (2. April 1885) war das Projekt gescheitert. 1906 und 1907 führten dieselben Staaten um die Frage der Bildung einer Konföderation wiederum Krieg gegeneinander (Nr. 84 und Nr. 85).

Ecuadorianisch-kolumbianischer Krieg: Simón Bolívar, der Held der lateinamerikanischen Unabhängigkeit, hatte Neugranada und Venezuela zum Freistaat Kolumbien vereinigt, dem sich 1821 auch Panama und 1822 Ecuador anschlossen. Heftige Auseinandersetzungen zwischen Zentralisten und Föderalisten, antiklerikalen Liberalen und Konservativen bewirkten keine zehn Jahre später wieder den Zerfall Groß-Kolumbiens in seine Teilstaaten. Die Rivalitäten zwischen den Parteien gingen jedoch auch über die Grenzen hinweg weiter. So gerieten Rest-Kolumbien (Freistaat Neu-Granada) unter dem liberalen Regime Francisco de Paula Santanders, dem ehemaligen Stellvertreter Bolívars, und Ecuador unter seinem konservativen Diktator Moreno in einen ideologisch-parteipolitisch motivierten Konflikt, der 1863 in bewaffnete Auseinandersetzungen umschlug (Nr. 53).

Spanische Einmischung: Wiederholt wurde von Spanien der Versuch unternommen, in den ehemaligen Kolonien an der Pazifikküste wieder Einfluss zu gewinnen. Ziel der Operationen spanischer Flotten waren namentlich Chile und Peru, dessen Unabhängigkeit Spanien auch 1864 noch nicht anerkannt hatte. Über eine Reihe von Anlässen (Ausschreitungen gegen baskische Arbeiter, Differenzen über unbezahlte Rechnungen des Vizekönigs aus dem Jahr 1826) kam es zur spanischen Besetzung einiger unbedeutender peruanischer Inseln bei Pisco (14. April 1864) und zu (durch innere Wirren verzögerten) peruanischen Gegenmaßnahmen mit einer Kriegserklärung an Spanien (14. Januar 1866). Dies hatte zunächst nur für in Peru ansässige Spanier Bedeutung, denn man wies diese in großer Zahl aus. Opfer des Konflikts war schließlich Chile, mit dem Peru ein Verteidigungsbündnis eingegangen war. Am 31. März 1866 wurde Valparaiso durch spanische Kriegsschiffe beschossen, am 2. Mai der Hafen von Callao bei Lima. Unter Vermittlung der USA wurde im Mai 1866 Frieden geschlossen (Nr. 56).

Ungarische Unabhängigkeit: Ungarn hatte als Teil der Donaumonarchie am Ersten Weltkrieg teilgenommen, löste sich nach dem Umsturz vom 16. November 1918 von dem vollkommen geschwächten Österreich und wurde Republik. An den schwierigen wirtschaftlichen Folgeproblemen der Kriegsniederlage änderte dieser Schritt aber nichts. Am 21. März 1919 fand ein Putsch statt, der nun ein kommunistisches Regime unter dem Lenin-Freund Béla Kun an die Macht brachte. Zeit für die vorgesehene Umgestaltung der ungarischen Gesellschaft war ihm nicht vergönnt, vielmehr entstanden bereits ein paar Tage später Schwierigkeiten mit den Nachbarn (Nr. 93). Die Tschechoslowakei und das Königreich Jugoslawien sandten Truppen in jene Gebiete Ungarns, die von Slowaken bzw. Serben bewohnt waren, anlässlich der Gründung beider Staaten im Vorjahr aber bei Ungarn verblieben waren. Auch Rumänien nutzte die Gelegenheit zu militärischem Vorgehen gegen Ungarn, weil es mit Streit bezüglich Siebenbürgens rechnete. Der ungarische Widerstand beschränkte sich zwangsläufig auf einzelne, sehr begrenzte Aktionen, da das Regime Béla Kuns sich auch seiner inneren Gegner zu erwehren hatte. So rückten Anfang August 1919 rumänische Truppen bis nach Budapest vor und vertrieben das kommunistische Regime.

Indische Union: Der Konflikt der Indischen Union mit Haiderabad 1948 ging direkt auf die Teilung des Subkontinents im Vorjahr zurück und glich dabei jenem mit Kaschmir, allerdings mit umgekehrten Verhältnissen. Während Kaschmir mit überwiegend moslemischer Bevölkerung durch seinen Radschah, einen Hindu, der indischen Union zugeschlagen wurde, weigerte sich der Nizam von Heiderabad, ein Moslem, mit seinem überwiegend von Hindus bewohnten Land der Union beizutreten. Für mehr als ein Jahr gelang es dem Nizam, einem der persönlich reichsten Männer Indiens und Herr über den ärmsten Staat der Union, das Problem in der Schwebe zu halten. Gleichzeitig begann jedoch ein von Kommunisten angefachter Aufstand unter der Landbevölkerung an Zulauf zu gewinnen. Mitte September 1948 besetzten indische Truppen schließlich gegen geringen Widerstand Haiderabad (Nr. 117) und schlugen gleichzeitig den Aufstand nieder.

Jemenitischer Konflikt: Mit britischer Rückendeckung schlossen sich 1959 einige der Kleinstaaten des Protektorats Südarabien am Golf von Aden zu einer Föderation zusammen; 1963 stieß auch Aden selbst hinzu. Dieser Prozess war von Beginn an mit Dauerstreitigkeiten verbunden, die ab und an zu bewaffneten Auseinandersetzungen führten. Der Konflikt nahm an Heftigkeit zu, als sich die größeren Sultanate im östlichen Teil des Protektorats gegen den Anschluss ihrer Gebiete an die Föderation zu wehren begannen und 1967 die radikal-nationalistische Befreiungsfront mehrere der alten Herrscher des Protektorats stürzte und die Macht an sich riss (Nr. 124). Die Briten verließen das Land, das in einen (konservativen) nördlichen und einen sozialistischen südlichen Teil auseinander fiel. Grenzkonflikte zwischen beiden Jemen waren weiterhin an der Tagesordnung, ebenso innere Unruhen und Machtkämpfe in beiden Staaten. Im Jahre 1986 steigerten sich diese im Süden zu einem offenen Bürgerkrieg, den die Gemäßigten für sich entscheiden konnten. Wie versprochen machten sie sich nach ihrem Sieg daran, die Verhandlungen mit dem Norden in Richtung Wiedervereinigung des Landes aufzunehmen. Diese erfolgte nach langen Verhandlungen am 22. Mai 1990. Rivalitäten zwischen nördlichen und südlichen Gruppierungen in der Folge der Wahlen von 1993 führten 1994 zum nochmaligen Ausbruch eines Bürgerkriegs und der Sezession des Südens. Der starke Mann des Nordens, Ali Abdullah Saleh, konnte dabei aber die Oberhand gewinnen und die Einheit des Landes bewahren. 1999 wurde er in einer allgemeinen Wahl zum Präsidenten des Landes bestimmen.

Armenien gegen Aserbeidschan: Ursache der Auseinandersetzungen zwischen beiden Ländern waren ethnische Konflikte, die sich angesichts des sukzessiven Zusammenbruchs der Moskauer Kontrolle über die Teilrepubliken 1988 zum gewaltsamen Konflikt mit eigentlichen Pogromen steigerten. Der Konflikt kostete etwa 30000 Menschen das Leben und setzte riesige Flüchtlingswellen in Gang. Streitgegenstand war in erster Linie das Gebiet des sog. Berg-Karabach, einem traditionell armenisch besiedelten Gebiet auf aserbaidschanischem Territorium, dessen Bewohner den Anschluss an Armenien suchten. Die Regierung Aserbeidschans setzte Berg-Karabach unter immer stärkeren Druck, was zur Solidarisierung Armeniens führte. Ein letztes Mal griff die Sowjetunion noch durch: Im Januar 1990 wurde der Ausnahmezustand über die Region verhängt, und Truppen Moskaus besetzten strategisch wichtige Punkte. In Baku kam es zu blutigen Kämpfen mit 130 Todesopfern. Zwischenfälle an den Grenzen dauerten jedoch an. Mit der Unabhängigkeit beider Länder 1991 und dem Ende der Sowjetunion nahm die Gewalt wieder zu und steigerte sich zu einem eigentlichen Krieg zwischen den armenischen Milizen Berg-Karabachs und der Regierung in Baku (Nr. 153). Im Mai 1992 gelang es den Milizen, einen Korridor zur armenischen Grenze freizukämpfen. Weitere militärische Erfolge der Armenier im Sommer 1993 riefen nun die Nachbarstaaten Iran und Türkei auf den Plan, deren Druck eine Niederlage Aserbeidschans verhinderte. Eine Gegenoffensive Aserbeidschans im Frühjahr 1994 scheiterte kläglich. Daraufhin vermittelte Russland einen Waffenstillstand. Der wenig stabile Status quo mit einer faktischen Selbständigkeit Berg-Karabachs ohne formellen Anschluss an Armenien dauert bis heute an.

2.7. Staatszerfall und Bürgerkrieg: Liberia und Sierra Leone

Gier und Not: Die Bürgerkriege der 1990er Jahre in Liberia und Sierra Leone gehörten zu jener Kategorie «neuer» Kriege, in denen die Gier der Beteiligten (*greed*) als Erklärung eine noch größere Rolle spielte als die Not (*grievance*) der Bevölkerung (vgl. 1.2.) Der Staat war schwach oder zusammengebrochen, die politische Macht lag förmlich auf der Straße, wo sie von Kriegsherren ergriffen wurde, die nicht das Allgemeinwohl, sondern die persönliche Bereicherung im Sinne hatten. Es handelte sich um begrenzte Kriege, weil keine der

Konfliktparteien in der Lage war, den Konflikt auf höheres militärisches Niveau zu heben, schon gar nicht die andere Seite entscheidend zu schlagen und zu besiegen. Es waren Auseinandersetzungen, die mit Machete und Gewehr, üblicherweise der allgegenwärtigen AK-47 (Kalaschnikow), ausgetragen wurden, was angesichts der Tausenden von Opfern zeigt, dass dies die eigentlichen Massenvernichtungswaffen der Moderne in der Dritten Welt sind. Alle Parteien der Bürgerkriege in Liberia und Sierra Leone waren in der Lage, durch Plünderung, Hilfe aus dem Ausland und die Nutzung der Ressourcen in den jeweils kontrollierten Gebieten genügend Mittel für immer neue Rebellionen zusammenzuraffen, sodass der Krieg zwar nicht eskalierte, aber auch nicht endete. Die Vorgänge in Liberia und Sierra Leone verdienen als aktuelle Form des afrikanischen Krieges sicher ein eigenes Unterkapitel.

Geburtsfehler: Liberia gehört zu den ältesten Staaten Afrikas. Unter dem Schutz und mit Hilfe der USA gründeten hier ehemalige amerikanische Sklaven bereits 1847 ihren eigenen Staat, und zwar auf einem Gebiet der damals britischen Kolonie Sierra Leone, das die *American Colonization Society* gekauft hatte. Von Beginn an entstanden Spannungen zwischen der einheimischen Bevölkerung und den Neuankömmlingen, die zeitweise zu bürgerkriegsähnlichen Auseinandersetzungen führten. Wirtschaftlich wurde Liberia seit Beginn des 20. Jahrhunderts von US-Konzernen und ihren Plantagenbetrieben und Minen kontrolliert. Eine Phase relativer Ruhe endete 1979 mit einem Aufruhr, nachdem die Regierung das Grundnahrungsmittel Reis verteuern musste. 1980 zettelte der Unteroffizier Samuel K. Doe einen Putsch an und stürzte den Präsidenten, William R. Tolbert, der zusammen mit seinen Beratern bei den Kämpfen den Tod fand. Doe regierte mit harter Hand, zunächst mit einem «Volksbefreiungsrat», wechselte dann aber aus der Uniform in Zivil und ließ sich 1985 zum Präsidenten wählen. Der rasante wirtschaftliche Niedergang des Landes in der zweiten Hälfte der 1980er Jahre aufgrund des Preiszerfalls für Rohgummi und Eisenerz – Hauptexportgüter Liberias – sowie Misswirtschaft und Überschuldung, ließen die Widerstände wachsen.

Bürgerkrieg in Permanenz: Unter Charles Taylor, einem vormaligen Mitstreiter Does mit amerikanischem Pass (sein Vater war US-Bürger, seine Mutter eine Einheimische), formierte sich als Hauptwidersacher der Regierung die Nationale Patriotische Front Liberias (NPFL), neben zahlreichen anderen Bewegungen, Milizen und Splittergruppen. 1989 begann nun ein Bürgerkrieg mit rasch wechselnden Fronten, der an Brutalität nur vom Konflikt im benachbarten Sierra Leone übertroffen wurde (Nr. 151). Alle Seiten rekrutierten jeden Willigen, darunter Kriminelle und Kindersoldaten, meist Waisen dieses Krieges. Die Bevölkerung wurde in brutalster Weise drangsaliert, was riesige Flüchtlingswellen in die Nachbarstaaten auslöste. Aus diesem Grunde entschloss sich die Westafrikanische Wirtschaftsgemeinschaft (ECOWAS) 1990, eine Friedenstruppe zu entsenden (ECOMOG, *Economic Community of West African States Cease-fire Monitoring Group*), um zwischen den Parteien zu vermitteln. Aber ihre schlecht ausgebildeten Truppen gerieten zwischen die Fronten und beteiligten sich zunehmend selbst an Plünderungen. Seit 1991 verhandelten alle Parteien über die Bildung einer Übergangsregierung, aber erst 1995 wurde man sich einig. 1996 begannen die ECOMOG-Truppen mit der vorgesehenen Entwaffnung der Konfliktparteien; 1997 fanden Wahlen statt, die Taylor und seine NPFL trotz denkbar schlechten Rufes für sich entschieden. Statt dem Land eine Perspektive zu geben, heizte Taylor nun den Bürgerkrieg des Nachbarlandes Sierra Leone an (siehe unten), wo er die Aufständischen der Vereinigten Revolutionsfront RUF und ihren Chef Foday Sankoh unterstütze, einen Weggefährten aus dem Bürgerkrieg. Dieser bezahlte Taylors Dienste mit Diamanten aus den von ihm besetzten Minen. Der Bürgerkrieg in Liberia, kaum beendet, kam 1999 bereits wieder in Gang und zieht sich weiter hin. Taylor selbst wurde für seine Rolle im Krieg des Nachbarlandes, der Hunderttausende von Opfern forderte, zum ersten Angeklagten des UNO-Tribunals für Sierra Leone. Im August 2003 trat Taylor auf massiven Druck der USA zurück und machte damit den Weg für ein neuerliches Engagement von UNO-Friedenstruppen frei.

Sierra Leone: Das benachbarte Sierra Leone erhielt 1961 seine Unabhängigkeit von Großbritannien, wurde zunächst von Sir Milton Margai und seiner Volkspartei (SLPP, *Sierra Leone People's Party*) regiert, nach dessen Tode von seinem Halbbruder Sir Albert Margai. Das Militär übernahm 1967 die Macht, nachdem allgemeine Wahlen in Tumulten geendet hatten. Eine Gruppe rivalisierender Offiziere stürzte jedoch wenig später das Militärregime und übergab die Macht Siaka Stephens, der mit seiner Sammlungsbewegung APC (*All People's*

Congress), einer Splittergruppe der SLPP, die Wahlen von 1967 für sich entschieden hatte. Stephens verstand es, seine Herrschaft durch Intrigen, Gewalt und Korruption zu festigen. 1978 wurde seine APC Einheitspartei, alle anderen politischen Gruppierungen erhielten ein Verbot. Für fast ein Vierteljahrhundert herrschte zwar relative Ruhe in Sierra Leone, aber wirtschaftlich ging es ständig bergab. 1985 übergab Stephens, nun 80 Jahre alt, die Herrschaft über das vollkommen heruntergewirtschaftete Land dem Chef des Militärs, Joseph Momoh, der eine Politik der vorsichtigen Lockerung und Liberalisierung einleitete. 1991 geriet das Land jedoch in den Sog des Bürgerkrieges im benachbarten Liberia (vgl. oben) mit riesigen Flüchtlingsströmen und Angriffen der Vereinigten Revolutionsfront (RUF) unter ihrem Chef Foday Sankoh, einem Schützling des liberianischen Kriegsherren und späteren Präsidenten Charles Taylor (Nr. 155). Mit seiner Hilfe konnte die RUF rasch Geländegewinne machen und die Kontrolle über bedeutende Minen erlangen; Taylor ließ sich im Gegenzug mit Diamanten bezahlen. Nach und nach versank nun auch Sierra Leone in allgemeiner Gewalt. Beide Seiten, die RUF und das Militär, rekrutierten Kriminelle, Drogenabhängige und Kindersoldaten. Die Soldaten der Regierung kämpften gegen die Rebellen bei Tag, um bei Nacht mit ihnen gemeinsame Sache bei Plünderung, Vergewaltigung und Mord zu machen (sog. *soldier-rebels, sobels*). Der Krieg wurde ohne Rücksicht auf die Zivilbevölkerung mit einer beispiellosen Grausamkeit geführt, wobei namentlich die RUF durch wahllose Verstümmelung von Zivilisten, auch Frauen und Kindern, Angst und Schrecken verbreitete.

Bürgerkrieg: 1992 weitete sich eine Revolte unbezahlter Truppen zu einem Putsch aus, Momoh musste fliehen, eine andere Gruppe von Militärs übernahm die Macht und führte den Krieg gegen die Vereinigte Revolutionsfront (RUF) weiter. 1996 kam der Bürgerkrieg zu einem Stillstand und alle Gruppierungen einigten sich noch einmal auf Wahlen. Die Traditionspartei SLPP gewann diese mit Abstand und ihr Chef, Ahmad Tejan Kabbah, wurde Präsident. Als Sankoh jedoch in Nigeria bei der Waffenbeschaffung überrascht und gefangen gesetzt wurde, war das Ende der Ruhe absehbar. Im Mai 1997 putschte eine Gruppe junger Offiziere, der Revolutionäre Streitkräfterat (AFRC, *Armed Forces Revolutionary Council*), von Sankoh dazu aus der Haft angestiftet. Kabbah floh außer Landes und organisierte mit Erfolg den internationalen Widerstand. Die UNO verhängte Sanktionen gegen die Putschisten-Regierung, und die Friedenstruppen der ECOWAS (ECOMOG, siehe oben), die ihr Hauptquartier für die Operationen im benachbarten Liberia in Freetown, der Hauptstadt Sierra Leones, errichtet hatten, wurden zum Eingreifen autorisiert und setzten die Putschisten ab. Kabbah kehrte zurück und noch einmal einigten sich alle Beteiligten auf einen Frieden, Amnestie für die Putschisten und Regierungsposten für die Chefs der Bürgerkriegsparteien. Die Milizen hätten in die reguläre Armee integriert werden sollen.

Neuerlicher Absturz in den Bürgerkrieg: Im April 1998 brachen aber neue Kämpfe zwischen allen Gruppierungen aus. Die Milizen von AFRC und RUF wurden schließlich aus Freetown vertrieben und Kabbah konnte seine Position festigen. Die UNO errichtete eine Beobachtungsmission (*United Nations Observer Mission in Sierra Leone*, UNOMSIL), die nach und nach die Aufgaben der ECOMOG übernahm. Mitte 1998 wurde Sankoh von Nigeria abgeschoben, worauf ihm in Freetown der Prozess wegen Hochverrats gemacht wurde. Das daraus resultierende Todesurteil wurde jedoch nicht vollstreckt. Um keine neuerlichen Übergriffe der RUF zu provozieren schloss Kabbah mit dem Mentor Sankohs, Charles Taylor aus Liberia, ein Abkommen, Sankohs Leben zu schonen. Lange währte auch dieser Frieden nicht. Im Januar 1999 begann ein neuerlicher Marsch der RUF-Rebellen auf Freetown. Sie nahmen die Stadt ein und wüteten mit unbeschreiblicher Grausamkeit. Ca. 6000 Personen verloren ihr Leben, bis es den ECOWAS-Truppen schließlich gelang, die Rebellen in die Flucht zu schlagen. Kabbah lies Sankoh im April 1999 nach Togo ausreisen, damit er sich mit den Führern seiner RUF über die Bedingungen eines neuerlich Waffenstillstandes beraten konnte. Die RUF-Rebellen forderten erwartungsgemäß die Freilassung Sankohs. Im Juli 1999 wurde ein Friedensabkommen mit der RUF unterzeichnet, das eine allgemein Amnestie und Beteiligung an der Regierung vorsah. Sankoh kehrte im Oktober nach Freetown zurück und erhielt als Minister für Bergbau nun offiziell die Kontrolle über jene Minen, die seine Rebellen ohnehin kontrollierten.

Ende Sankohs: Nach einer kurzen Phase der Ruhe entbrannte der Bürgerkrieg im Jahre 2000 erneut. Im Mai gerieten 500 nigerianische Soldaten der UNO-Friedenstruppen in Gefangenschaft der RUF.

Sankoh, dem Obstruktion des Friedensabkommens vorgeworfen wurde, verschwand nach einem Zwischenfall im Untergrund, wurde zwei Wochen später aber gefasst und ins Gefängnis geworfen. Angesichts der drohenden Verschärfung der Lage entsandte nun Großbritannien Truppen nach Freetown, was die Situation in wenigen Tagen stabilisierte. Im Mai 2001 konnte mit der vorgesehenen Entwaffnung der Milizen begonnen werden, im Januar 2002 wurde der Bürgerkrieg für beendet erklärt. Im Mai 2002 gewannen Ahmad Tejan Kabbah und seine Volkspartei SLPP wiederum die Wahlen. Sankoh erlitt im Gefängnis einen Schlaganfall, wurde in ein Hospital verlegt und starb dort im Juli 2003. Afrikas meistgefürchteter und meistgehasster Kriegsherr entzog sich so der Verfolgung durch das UNO-Tribunal für Sierra Leone, das man in erster Linie für ihn im Sommer 2000 geschaffen hatte.

2.8. Staatszerfall und Genozid: Ruanda

Tutsi und Hutu in Ruanda: Die vormalige deutsche und spätere belgische Kolonie besteht aus wesentlich drei Gruppierungen (nicht unbedingt Ethnien – siehe unten), der Minderheit der Tutsi, vornehmlich Viehbesitzern und Hirten; der Mehrheit (von über 80 %) Hutu, die vornehmlich Ackerbau betreiben; und wenigen Twa, kleinwüchsigen Bewohnern des Regenwaldes. Deutsche und Belgier bedienten sich zur Verwaltung der Kolonie der Tutsi, einer Art herrschenden Klasse oder Kaste des Landes, deren Spitze eine Aristokratie bildete und den König stellte (den man weiterhin im Amte beließ). Unter belgischer Verwaltung gingen viele Posten und Häuptlingsämter auch in vornehmlich von Hutu bewohnten Gebieten an Tutsi über. In Identitätspapieren wurde von den Kolonialherren die Zugehörigkeit zur jeweiligen Gruppierung vermerkt, als ob es sich um unterschiedliche Ethnien handelte. Wer weniger als zehn Stück Vieh besaß, wurde als Hutu eingestuft (Wirz 1997). Nachkommen aus Ehen zwischen Hutu und Tutsi wurden der Gruppe des Vaters zugeteilt. Zugang zu Posten beim Staate hatten fast exklusiv Tutsi.

Bürgerkrieg: «Das Bündnis der Weißen mit den Herren von einst war der Anfang vom Ende» (Wirz 1997). Man könnte hinzufügen: Der Versuch, dem Land eine Parteien-Demokratie zu verordnen, tat ein Übriges. 1959 rebellierten die Hutu im Anschluss an einen Streit um die Thronfolge, vertrieben etwa 100000 Tutsi in die Nachbarländer und stellten nach Wahlen (die sie erwartungsgemäß als Mehrheit gewannen) die Regierung des Landes, das im Sommer 1962 unabhängig wurde. Milizen der Exil-Tutsi versuchten in der Folge mehrfach, von ihren Stützpunkten in den Nachbarländern aus das Hutu-Regime zu stürzen, das seinerseits mit wachsenden Repressionen gegen die verbliebenen Tutsi antwortete. Im Nachbarland Burundi geschah das genaue Gegenteil: Das Tutsi-Regime vertrieb Hutus, die massenweise nach Ruanda flüchteten. 1990 gelang es einer Allianz von Tutsi-Milizen der FPR (*front patriotique rwandais*) und anderen Regimegegnern, weite Gebiete Ruandas zu erobern bis an die Hauptstadt Kigali heran. Der Präsident des Landes, Juvénal Habyarimana, erklärte sich zu Friedensverhandlungen bereit, und im August 1993 wurde der Vertrag von Arusha geschlossen, der eine Art Teilung der Macht hätte bringen sollen. Eine UNO-Truppe (UNAMIR, *United Nations Assistance Mission for Rwanda*) sollte den Vorgang unterstützen.

Attentat und Genozid: Jener Teil der Entwicklung, der in die Auswahl der Kriege dieser Untersuchung Eingang fand, begann am 6. April 1994: Über dem Flughafen von Kigali stürzte die Maschine von Präsident Habyarimana unter bis heute ungeklärten Umständen ab. Sofort brachen Kämpfe aus und ein eigentlicher Genozid der Hutu an den Tutsi setzte ein (vgl. 4.3.) Die Hutu-Bevölkerung wurde bewaffnet, aufgewiegelt und zum Mord an Tutsi ermutigt (Nr. 158). Hutu-Jugendmilizen und die Hutu-dominierte Armee beteiligten sich nach Kräften an den Massakern, während die Mitglieder der UNO-Mission dem Geschehen hilflos zuschauen mussten. In drei Monaten wurden schätzungsweise 800 000 Tutsi und moderate Hutu umgebracht. Die FPR unter ihrem Chef Paul Kagame gewann im Anschluss jedoch wieder die Oberhand und stellt seither die Regierung. Etwa zwei Millionen Hutu flohen ins Ausland, viele in Lager im benachbarten Kongo. Auseinandersetzungen der nun von den Tutsi kontrollierten Armee Ruandas mit Hutu-Milizen gehen weiter. Ruandas Truppen sowie Tutsi- und Hutu-Milizen spielten im Bürgerkrieg im benachbarten Kongo eine bedeutende Rolle. Erst die Hilfe Kagames erlaubte es 1996 dem Rebellen-Chef Laurent Kabila, den Bürgerkrieg zu intensivieren und Mobutu Sese Seko, den Präsidenten des Kongo (damals Zaire) zu stürzen (vgl. 3.6.).

3.   Eskalation

3.1.   Logik der Eskalation und Übersicht

Undenkbares: Herman Kahn, der berühmte Stratege des Kalten Krieges, hat die Eskalation als einen Wettbewerb der Risikobereitschaft bezeichnet (Kahn 1966:33). Zwei Konfliktparteien steigern nach und nach das Niveau der gegenseitigen Feindseligkeiten, wobei eine Akt der Feindseligkeit von Partei A eine entsprechende Antwort von Partei B provoziert, die wiederum eine Antwort von A verlangt, was darauf zur weiteren Steigerung der Feindseligkeiten durch B führt usw. Kahn entwickelt im zitierten Werk (S. 72–73) eine idealtypische Eskalationsleiter für einen potentiellen Supermacht-Konflikt der 1960er Jahre: Sprosse 1 ist eine «augenscheinliche Krise», auf Sprosse 2 findet man «politische, wirtschaftliche und diplomatische Gesten», auf Sprosse 3 dann «feierliche und förmliche Erklärungen». Bei Sprosse 9 wird mit militärischen Maßnahmen gedroht, bei Sprosse 12 wird die Schwelle zum konventionellen Krieg überschritten usw. Am Ende bei Sprosse 44 setzen beide Parteien in einem «krampfartigen oder wahnwitzigen Krieg» alle noch verbliebenen Nuklearwaffen gegen den Gegner ein. Zum Glück ist der Welt die Überprüfung der Ideen Kahns in der Realität erspart geblieben; zwar sind die Supermächte im Verlauf des Kalten Krieges mehrfach bis an die Schwelle zum Krieg vorgestoßen, dann vor den potentiell katastrophalen, «undenkbaren» Konsequenzen (Kahn 1962) einer solchen Konfrontation aber zurückgeschreckt.

Zweck-Mittel-Relation: Ob, wie rasch und bis wohin ein Konflikt eskaliert, hängt natürlich von den jeweiligen Gegebenheiten und den Fähigkeiten der Konfliktparteien ab. Typisch für die Eskalation ist in jedem Falle eine gewisse «Automatik» des Ablaufes: Wie du mir, so ich dir ... Warum Konfliktparteien hier «mitspielen», lässt sich wie folgt erklären: Mit steigender Konfliktintensität verschlechtert sich natürlich für beide Konfliktparteien die Zweck-Mittel-Relation, d.h. die im Konflikt eingesetzten Mittel nähern sich in ihrem subjektiven Wert dem entsprechenden Wert des Streitgegenstandes. Jede Partei spekuliert nun darauf, dass für die jeweils gegnerische die Sache zu riskant oder zu «teuer» wird und diese klein beigibt. In manchen Fällen ist dies so, in anderen hingegen geht der Konflikt bis zum bitteren Ende, also bis zur vollkommenen Erschöpfung einer oder beider Parteien weiter. Tatsächlich ist der «Ausstieg» aus einem eskalierenden Konflikt schwierig, weil der Sieg in der laufenden Auseinandersetzung leicht zum Selbstzweck werden kann und keine Partei gerne die in den Konflikt getätigten «Investitionen» einfach abschreibt: Sollen die bereits zu beklagenden Opfer «umsonst» gestorben sein?

Versteigerung: Tatsächlich gleicht der Wettkampf der Risikobereitschaft in der Eskalation einer Versteigerung, bei der die Einsätze verloren gehen. Martin Shubik (1971) hat zur Illustration der Ausstiegs-Problematik in der Eskalation ein einfaches Spiel erfunden. Die Regeln lauten wie folgt: Ein Auktionator versteigert eine 20 $-Note. Wer am höchsten bietet, bekommt sie. Allerdings müssen beide, auch der unterlegene Mitbieter, die gebotene Summe abliefern. Es gibt drei Schwellen oder «Momente der Wahrheit» in diesem Spiel. 1. Nach dem zweiten Gebot: Wenn niemand sonst mitbietet, dann muss der Mitbieter mit dem unterlegenen Gebot entscheiden, ob er weitermacht oder den Verlust realisiert (*stop loss*). 2. Wenn die Schwelle von 10 $ überschritten wird: Jetzt wird das Spiel für den Auktionator profitabel. 3. Wenn das Gebot 20 $ erreicht: Jetzt müssen beide entscheiden, ob sie weitermachen, obschon nur noch Verluste zu erwarten sind (allerdings: ein Verlust von z.B. 1 $ beim Gewinn des Spiels ist weniger als einer von 20 $ bei sofortigem Ausstieg). Dies ist das Problem der «verlorenen» Investitionen (*sunk costs*).

Asymmetrien und horizontale Eskalation: Besonders heimtückisch ist die Eskalation asymmetrischer Konflikte, wenn sich z.B. ein Staat und eine Guerilla-Bewegung oder ein Gruppe Terroristen gegenüberstehen: Keine der beiden Parteien kann die andere in entscheidender Weise treffen und damit zum Zurückstecken bewegen: Der Guerillero oder Terrorist wird einen mächtigen Staat nicht mit noch so brutalen Anschlägen in die Knie zwingen; der Staat andererseits treibt mit brutaler Unterdrückung womöglich den Terroristen nur neue Mitglieder zu. Die Automatik gegenseitiger Schläge und dadurch provozierter Vergeltungen sorgt dennoch für eine Eskalation, bis der

Konflikt auf hohem Niveau stagniert. Asymmetrische Konflikte tendieren zu langen und blutigen Auseinandersetzungen, wenn beide Seiten genügend Unterstützung zu mobilisieren in der Lage sind. Eskalation ist darüber hinaus oft mehrdimensional: Der Konflikt kann gewaltsamer werden, er kann sich aber auch auf weitere Konfliktparteien ausdehnen (horizontale Eskalation) oder aber nach und nach auch sog. Sanktuarien der jeweiligen Gegner (etwa die Hauptstadt oder kulturell bedeutende Orte) mit einbeziehen. Wenn auf beiden Seiten jeweils weitere Verbündete von außerhalb angeworben werden, eskaliert ein Konflikt fast unweigerlich.

Symmetrische Konflikte: Von den 165 Kriegen dieser Untersuchung entstanden 54, also etwa ein Drittel, auf dem Wege der Eskalation. Wie die begrenzten Kriege des vorhergehenden Kapitels begannen auch die eskalierenden Kriege zunächst wenig spektakulär, weiteten sich dann jedoch aus verschiedenen Gründen aus. 13 der 54 Kriege waren symmetrische Konflikte, also militärische Auseinandersetzungen zwischen mehr oder weniger gleichrangigen, zumeist aber jungen südamerikanischen, asiatischen und afrikanischen Staaten. Nur in drei dieser symmetrischen Konflikte waren die Großmächte der Zeit engagiert (Frankreich in den Befreiungskriegen 1813–15 sowie Japan in seinen beiden Kriegen mit China 1894–95 und 1937–45). In allen Fällen jedoch rechneten die Konfliktparteien zunächst mit einem begrenzten Konflikt, sahen sich dann jedoch unter dem Druck der Ereignisse dazu genötigt, ihr Engagement auszuweiten.

Unabhängigkeitskriege und Aufstände: Weitere 10 der 54 Konflikte waren interne Kriege mit auswärtiger Intervention, namentlich Unabhängigkeitskriege, die eskalierten und erfolgreich für die Nationalisten der betreffenden Länder endeten, weil diese entweder die Unterstützung befreundeter Großmächte gewinnen konnten (wie Griechenland 1821–32) oder weil sie in der Lage waren, die Bevölkerung in ungewöhnlichem Ausmaß zu mobilisieren und Schwächen der alten Regime auszunutzen. 20 Kriege entstanden aus Revolten und Aufständen gegen die Kolonialmächte England (in Indien und im Sudan), die Niederlande (in Indonesien), Frankreich (in Algerien, Syrien und in Madagaskar) sowie Spanien (in Nordafrika und Kuba) und gegen die *ancien régimes* der Vielvölkerstaaten Rußland und Österreich-Ungarn. Ein eigentümliches Unternehmen war der Boxeraufstand von 1900, an dessen Niederschlagung sich die meisten großen Kolonialmächte der Zeit beteiligten. Zu den Aufständen wird hier ebenfalls der Konflikt der Volksrepublik China mit Tibet, der Westsahara-Konflikt und der Tschetschenien-Krieg gerechnet. Alle vorher genannten Aufstände eskalierten beträchtlich, weil die Insurgenten in der Lage waren, große Unterstützung in der Bevölkerung zu mobilisieren; sie scheiterten aber, weil sich bis auf einen Fall (Italiens «Heiliger Krieg» von 1848) keine hinreichend mächtigen ausländischen Kräfte auf die Seite der Aufständischen schlugen.

Bürgerkriege mit Intervention: Weitere 11 der 54 in diesem Kapitel beschriebenen Konflikte waren Fälle von Bürgerkriegen, in denen ausländische Mächte intervenierten, in 6 davon sogar Großmächte. Dies führte zumal in jenen drei Bürgerkriegen zu beträchtlicher Gewalt, bei denen auch auf der jeweiligen Gegenseite eine Großmacht entweder direkt (Krieg auf der iberischen Halbinsel 1807–14) oder indirekt mit logistischer Unterstützung (Vietnamkrieg 1961–75, Kambodscha 1970–75) engagiert war. Der letzte dieser Kriege ist der kongolesische Bürgerkrieg, in dem sich fast alle Nachbarstaaten des Kongo engagierten.

3.2. Symmetrische eskalierende Konflikte

Befreiungskriege: Der erste Konflikt dieser Untersuchung, der sich durch Eskalation zu einem großen Krieg ausweitete, ist jene Serie von Auseinandersetzungen der europäischen Staaten mit dem angeschlagenen Frankreich Napoleons 1813–1815, die als Befreiungskriege (Nr. 17) bezeichnet werden; für eine Beschreibung der Befreiungskriege vgl. 6.2.

La Plata-Krieg: Der Konflikt Argentiniens mit Uruguay (1851–52) begann als Revolte des Gouverneurs von Entre Ríos, Justo José de Urquiza, gegen den «Tyrannen» Juan Manuel de Rosas, einen reichen Landbesitzer aus dem Süden von Buenos Aires. Rosas war 1929 Gouverneur dieser Provinz geworden und hatte sich durch erfolgreiche Vorstöße gegen die Indianer profiliert. Ein Aufstieg Rosas zum Chef einer Zentralisierung Argentiniens schien absehbar, zumal er als Gouverneur von Buenos Aires bereits eine hervorragende Position in der (noch sehr losen) Föderation einnahm und nach eigenem Gutdünken waltete. Rosas hatte sich mit der offensichtlichen Absicht in den Bürgerkrieg des benachbarten Uruguays eingemischt, dieses Land bei Gelegenheit zu annektieren. Er unterstützte hier die sog. «Blancos», die seit 1843 unter ihrem Chef Manuel Orbide die Hauptstadt Montevideo und deren Verteidiger, die «Colorados» unter Fructuoso Rivera, belagerten. Der Aufstand Urquizas im benachbarten Argentinien bot den «Colorados» und dem sie unterstützenden Brasilien nun eine Chance, das Blatt zu ihren Gunsten zu wenden. Sie verbündeten sich mit Urquiza in dessen Kampf gegen den «Tyrannen» und gewannen zudem noch Frankreich und England für ihre Sache (Nr. 40). Nach der entscheidenden Schlacht von Caseros am 3. Februar 1852 musste Rosas aufgeben und flüchtete in Ausland.

López-Krieg: In Paraguay war der megalomane Francisco Solano López 1862 zum Diktator auf Lebenszeit avanciert und regierte das Land despotisch. Sein Versuch einer Einmischung in den Bürgerkrieg Uruguays endete in einer Konfrontation mit Argentinien und Brasilien, die beide die Gegenseite unterstützten und sich mit dieser zur Tripel-Allianz gegen López verbündeten (Nr. 55). Der Krieg begann mit brasilianischen Aktionen gegen Viehdiebe aus den Reihen der uruguayischen «Blancos», denen López zu Hilfe kam. In den sich ausweitenden Konflikt trat schließlich noch Argentinien ein. Aus der Polizeiaktion gegen diebische Gauchos wurde damit ein «Kreuzzug» gegen den unverschämten Diktator Paraguays, das unter der Übermacht seiner Gegner nach heftigen und verlustreichen Kämpfen vollkommenen zusammenbrach.

Salpeterkrieg: Zwischen Chile einerseits und Peru/Bolivien andererseits war Ende der siebziger Jahre des 19. Jahrhunderts ein Streit über die Guano- und Nitratproduktion in den Atacama-Provinzen der beiden letztgenannten Länder am Pazifik entstanden. Die Rohstoffvorkommen wurden von chilenischen Firmen ausgebeutet, die allerdings in bald ruinöser Weise von den bolivianischen und peruanischen Behörden besteuert wurden. Chile beschloss daraufhin, in die entsprechenden Regionen eigenes Militär zu senden, und am 14. Februar 1879 begann die Landungsoperation seiner Flotte. Das Unternehmen weitete sich dann aber rasch zu einem Seekrieg zwischen den Flotten Chiles und Perus mit nachfolgendem Landkrieg aus

(Nr. 66). Chile brachte zu Ende des Krieges 1884 die umstrittenen Gebiete in seinen Besitz. Für Bolivien bedeutete dies den Verlust seines Zugangs zum Meer.

Chaco-Krieg: Bewaffnete Zwischenfälle im damals noch weithin unerforschten und unwegsamen offenen Grenzgebiet zwischen Bolivien und Paraguay begannen bereits 1928, verschärften sich 1932 aber nach und nach zu einem Krieg um den Besitz des Chaco (Nr. 99), der von beiden Seiten mit großem Aufwand, aber ohne entscheidenden Erfolg geführt wurde. Der Konflikt endete mit einem Schiedsspruch, der Paraguay etwa ein Drittel des beanspruchten Gebietes zubilligte.

Chinesisch-japanischer Krieg: Japan war zu Ende des 19. Jahrhunderts dank Bevölkerungswachstum und Industrialisierung zu einer modernen Großmacht mit Expansionsabsichten geworden – auch darin ganz der gelehrige Schüler seiner europäischen Vorbilder. Als erstes Opfer bot sich Korea an, ein damals halbautonomer Vasallenstaat Chinas, in dem Unruhen herrschten. China sandte auf Bitten der koreanischen Regierung Hilfstruppen, und da die japanische Gesandtschaft in Korea zum Ziel von Ausschreitungen geworden war, sandte auch Japan Truppen zu deren «Schutz». Die Konfrontation der beiden Mächte wurde nun unausweichlich, denn jede weigerte sich, vor der anderen ihre Truppen wieder abzuziehen. Japan übernahm endlich die Initiative und setzte die koreanische Regierung fest. Mit Operationen gegen die chinesischen Nachschublinien auf See begannen schließlich die Feindseligkeiten. Am 1. August 1894 erklärten beide Seiten einander den Krieg, und nach und nach weiteten sich die Kämpfe zu einem großen, konventionellen Krieg aus (Nr. 72). Das unterlegene China musste die Insel Formosa (das heutige Taiwan) und weitere kleinere Gebiete an Japan abtreten, aber Korea blieb zunächst noch auf russischen Druck hin selbständig. Japans Konflikt mit Russland war damit vorprogrammiert (Nr. 83, vgl. 5.3.)

China-Zwischenfall: Japanische Truppen im annektierten Nordchina provozierten an der Marco-Polo-Grenzbrücke bei Peking am 7. Juli 1937 ein Gefecht mit chinesischen Truppen. Der nachfolgende Krieg Japans gegen China, von Japan als «China-Zwischenfall» heruntergespielt, war tatsächlich die konsequente Fortsetzung der japanischen Expansionsstrategie, die 1931 mit dem Mukden-Zwischenfall und der nachfolgenden Abtrennung der Mandschurei von China begonnen und mit der Annexion der nördlich von Peking gelegenen Provinz Jehol 1933 vorläufig geendet hatte (vgl. 2.5. und 6.2.). Anders als im Falle der Mandschurei schlossen sich die chinesischen Bürgerkriegsparteien nun aber zum Widerstand gegen Japan zusammen, und damit eskalierte der Konflikt nach und nach zum offenen Krieg Japans mit China (Nr. 101), der als Parallelkonflikt des Zweiten Weltkriegs bis zu dessen Ende andauerte.

Zweiter Kaschmirkrieg: Der Beginn des ersten Kaschmirkriegs 1947–48 war katalytisch; ein Aufstand unter der überwiegend moslemischen Bevölkerung gegen den Anschluss des Landes an die gerade gegründete Indische Union rief zunächst indische Truppen auf den Plan und löste daraufhin die Intervention Pakistans auf Seiten der Rebellen aus (vgl. 4.6). Kaschmir blieb zwar bei Indien, wurde damit aber zur Dauerbelastung der indisch-pakistanischen Beziehungen, zumal die Grenzen in den unwegsamen Regionen Kaschmirs nie genau festgelegt worden waren. Der Zweite Kaschmirkrieg (Nr. 128) entstand nun als Eskalation eines Zwischenfalls in eben jenem Grenzgebiet, bei dem es im April/Mai 1965 zu Gefechten zwischen indischen und pakistanischen Truppen kam. Der beginnende Monsun setzte zwar zunächst den Kampfhandlungen ein Ende. Beide Seiten nutzten die Zwangspause aber vornehmlich zur Vorbereitung neuerlicher Feindseligkeiten, die im August zunächst mit der Infiltration irregulärer Kräfte auf beiden Seiten begannen und dann in einen offenen Krieg zwischen Indien und Pakistan umschlugen.

Abnützungskrieg im Nahen Osten: Der Sechstagekrieg von 1967 wurde durch einen unsicheren Waffenstillstand auf UNO-Vermittlung abgeschlossen (vgl. 5.4.), aber die Probleme des Nahen Ostens nahmen angesichts der entstandenen Realitäten nur noch zu: Der Sieg Israels hatte mit der Besetzung weiter Gebiete neue Ungerechtigkeiten geschaffen, und die Wiederaufrüstung Ägyptens durch die Sowjetunion schuf die Voraussetzungen für einen neuerlichen Waffengang. 1969 eskalierten sporadische, kleinere Waffenstillstandsverletzungen in größere Gefechte, die nun mit weit reichenden Waffen über die Demarkationslinien hinweg ausgetragen wurden. Am 22. April erklärte der UNO-Generalsekretär Sithu U Thant, Ägypten befinde sich de facto im Kriegszustand mit Israel; einen Tag später kündigte Ägypten das Waffenstillstandsabkommen von 1967. Am 20. Juli setzte Israel seine Luftwaffe für Schläge gegen ägyptische Militärziele ein, und am 31. Juli griff Syrien den israelischen Außenposten am Hermon-Gebirge mit seiner Luftwaffe und schwerer Artillerie an. Ziel des Krieges war es, statt Israel frontal anzugreifen, das Land in ständiger Alarmbereitschaft zu halten und seine Truppen verlustreichen Auseinandersetzungen auszusetzen (Nr. 131). Der Tod Nassers am 28. September 1970 ließ die Auseinandersetzung schließlich abflauen.

Ende des Pol Pot-Regimes: Das 1975 an die Macht gelangte neue kambodschanische Regime der sog. Roten Khmer unter seinem berüchtigten Chef Pol Pot schickte sich ohne zu zögern an, seine Vision eines Steinzeit-Kommunismus mit unvorstellbarer Brutalität durchzusetzen, geriet aber auch sofort mit dem ebenfalls seit 1975 vereinigten Vietnam in einen Konflikt über Grenzprobleme. Im Verlauf des Jahres 1977 eskalierten die Grenzzwischenfälle zum offenen Krieg zwischen Vietnam und dem durch China gestützten und bei seinem Vorgehen ermutigten Pol Pot-Regime. Ende 1978 hatte sich der Konflikt zu einem eigentlichen dritten Indochinakrieg ausgeweitet (Nr. 142), bis am 7. Januar 1979 vietnamesische Truppen das Pol Pot-Regime aus Phnom Penh vertrieben. Der Widerstand verschiedener Organisationen gegen das von den Vietnamesen installierte neue Regime dauerte jedoch an. Auf Druck der USA und der ASEAN-Staaten wurde 1982 eine Koalitionsregierung der drei wichtigsten Gruppierungen mit König Sihanouk als Präsident gebildet, einschließlich einer Nachfolge-Gruppierung der desavouierten Roten Khmer. 1983 eskalierte der Bürgerkrieg jedoch nach ausländischer Hilfe für die prowestlichen Gruppierungen nochmals, bis 1986 eine Art Patt eintrat. 1987 begannen Gespräche über eine neuerliche Koalitionsregierung, diesmal ohne die Roten Khmer. Erst 1991 kam man zu einer Übereinkunft. Im März 1992 entsandte die UNO Truppen zur Absicherung des Friedens (UNTAC – *United Nations Transitional Authority in Cambodia*). Der Widerstand der Roten Khmer dauerte jedoch an. Erst der Tod Pol Pots am 15. April 1998 führte zu einem weitgehenden Ende der Feindseligkeiten.

Ogaden-Krieg: 1974 wurde Kaiser Haile Selassie in einem Putsch des Militärs gestürzt. Unter dem Eindruck der Schwierigkeiten des neuen Militärregimes in Äthiopien begann Siyaad Barre, der Militärherrscher und Präsident Somalias, 1976 die sezessionistischen Kräfte der Westsomalischen Befreiungsfront im Ogaden-Gebiet zu unterstützen (Nr. 143). Der Ogaden wird von somalischen Völkern, vornehmlich Nomaden, bewohnt und war im 19. Jahrhundert von Äthiopien annektiert worden. Sporadische Aufstände eskalierten 1977 in einen offenen Krieg zwischen beiden Staaten, in dessen Verlauf die Sezessionisten mit Hilfe der somalischen Streitkräfte das gesamte umstrittene Gebiet besetzten, mit Ausnahme der beiden Städte Harar und Diredawa, die eingeschlossen wurden und von Äthiopien aus der Luft versorgt werden mussten. Die Entscheidung der Sowjetunion, vom nominell sozialistischen Regime Barres auf die Seite des ebenfalls sozialistischen Militärregimes Äthiopiens zu wechseln, entschied schließlich den Konflikt: Mit sowjetischer und kubanischer Unterstützung gelang es Äthiopien 1978, die somalischen Truppen wieder zurückzudrängen und das Gebiet weitgehend unter Kontrolle zu bringen.

Irakisch-iranischer Krieg: Im September 1980 entschloss sich die irakische Führung unter Saddam Hussein, die inneren Probleme des Iran für eine Besetzung von Gebieten der Erdölprovinz Khusistan auszunutzen. Nach propagandistischer Vorbereitung wurden Zug um Zug die vom Irak beanspruchten Gebiete südlich des Schatt el Arab (das sog. «Arabistan») besetzt. Erst mit Verspätung, aber ständig wachsendem militärischen Einsatz reagierte die iranische Führung. Der Konflikt eskalierte nach und nach zum Stellungskrieg, der Vergleiche mit den Stellungskriegen des Krimkrieges und Ersten Weltkrieges durchaus zulässt (Nr. 147). Nur mit Hilfe westlicher Waffenlieferungen und durch den Einsatz von Giftgas gelang es Saddam Hussein, eine Niederlage des Irak zu verhindern. So besuchte der spätere US-Verteidigungsminister Donald Rumsfeld im Dezember 1983 Saddam Hussein, um ihn der Unterstützung der Regierung Reagan zu versichern. Im August 1988 beendete ein Waffenstillstand den Konflikt.

Grenzkrieg Eritreas mit Äthiopien: Der strittige Grenzverlauf zwischen beiden Ländern im sog. Yirga-Dreieck lieferte seit der Unabhängigkeit Eritreas Konfliktstoff und führte 1997 zu einem regulären Krieg zwischen beiden Staaten (Nr. 161), der rasch eskalierte und bis zur Erschöpfung beider Seiten geführt wurde. Dieser Krieg wird weiter unten detaillierter behandelt (vgl. 4.5).

3.3. Unabhängigkeitskriege

Griechischer Freiheitskrieg: Der sich bereits in den napoleonischen Kriegen abzeichnende allmähliche Niedergang des osmanischen Reiches brachte für die Völker des Balkans Hoffnung auf Unabhängigkeit. In Griechenland waren nach klassischem Vorbild an vielen Orten Geheimbünde (Hetären) entstanden, die lokale Aufstände gegen die türkischen Besatzer organisierten und dabei durch die orthodoxe Kirche und reiche Kaufleute unterstützt wurden. Das Signal zur allgemeinen Erhebung waren türkische Repressions- und Vergeltungsmaßnahmen in der Folge von Aufständen auf dem Peloponnes und den ägäischen Inseln, deren Brutalität nicht nur das restliche Griechenland in helle Empörung versetzte, sondern auch im westlichen Europa zu Solidaritätsaktionen führte. Zunächst nahmen nur Freiwillige aus verschiedenen europäischen Ländern an den Kämpfen gegen die Türken teil (u.a. Lord Byron), schließlich ergriffen auch die Regierungen Frankreichs, Englands und Russlands offen Partei für die Griechen (Nr. 21). In der Schlacht von Navarino (20. Oktober 1827) vernichtete ein vereinigtes britisch-französisch russisches Geschwader die türkische Flotte, das wichtigste militärische Instrument der Besatzungsmacht, deren Lage damit zunehmend prekär wurde. 1928 ging der Krieg in einer Auseinandersetzung mit Russland weiter, verlief jedoch auch hier ungünstig für das osmanische Reich, das 1929 in Friedensverhandlungen einwilligte. Die aufständischen Griechen errichteten in den befreiten Gebieten eine Republik. Die Großmächte bestanden jedoch auf Schaffung einer griechischen Monarchie und setzen sich damit durch; diese wurde 1832 durch das osmanische Reich anerkannt. Kreta blieb unter türkischer Herrschaft und wurde 1897 Gegenstand eines weiteren Krieges zwischen Griechen und Türken (Nr. 77, vgl. 4.6.).

Texanische Sezession: Texas war zu Beginn des letzten Jahrhunderts eine spanische Kolonie, später wurde es Teil der mexikanischen Föderation. 1821 setzte die Besiedelung durch Nordamerikaner ein, die etwa 10 Jahre später schon das 10-fache der mexikanischen Bevölkerung ausmachten (etwa 30000 Einwohner). Sezessionistische Tendenzen gewannen angesichts permanenter Reibereien zwischen Amerikanern und der mexikanischen Zentralgewalt des Diktators Antonio López de Santa Anna die Oberhand, und 1835 kam es zur offenen Revolte mit der Einnahme des Alamos, des militärischen Hauptquartiers der Zentralregierung in Texas. Der Konflikt eskalierte nun zum offenen Krieg (Nr. 28) mit der Belagerung des Alamo durch die Mexikaner als zentralem Ereignis. Santa Anna versuchte mit einer starken Armee die Erhebung niederzuschlagen, scheiterte aber nach anfänglichen Erfolgen und musste ein Jahr später Texas in die Unabhängigkeit entlassen. Neun Jahre danach schloss sich Texas den Vereinigten Staaten an.

Siegeszug Garibaldis: Ober- und Mittelitalien waren in der Folge des Krieges von 1859 (Nr. 46, vgl. 6.3. und 7.2.) unter sardinisch-piemontesischer Führung zwar vereint, Süditalien und Sizilien (das sog. Königreich beider Sizilien mit der Hauptstadt Neapel) schlossen sich aber nicht an und verblieben unter bourbonischer Herrschaft. Vor allem Rom unter dem Papst stand abseits. Das Fernziel der Revolutionäre Garibaldis war selbstverständlich die Befreiung Roms, das sie bereits 1849 vergeblich verteidigt hatten (vgl. 2.3.). Sardinien-Piemont fürchtete jedoch eine internationale Krise bei einem Angriff auf den Kirchenstaat und lenkte deshalb die Aktivitäten des gefährlichen Revolutionärs in vermeintlich unverfängliche Richtung. Die brutale Unterdrückung von Aufständen in Neapel und Palermo kam gerade recht, um Garibaldi zu einer Landungsaktion seiner Freischärler in Marsala (Nr. 48) zu überredet. Entgegen allen Erwartungen bezwangen die «Rothemden» Garibaldis aber eine bourbonische Armee von annähernd 70 000 Mann; das «Himmelfahrtskommando» der «Tausend» erhielt daraufhin starken Zulauf, entwickelte sich zum erfolgreichen Krieg gegen das Königreich Neapel und endete im Siegeszug durch Unteritalien. Als Garibaldi sich nun aber gegen Rom wandte, das von französischen Truppen geschützt wurde, intervenierte Sardinien-Piemont mit eigenen Streitkräften (und der Zustimmung Napoleons III.), um weitere internationale Verwicklungen abzuwehren. Garibaldi fügte sich den Umständen und stellte sich unter das Oberkommando Viktor Emanuels (vgl. 2.3.). Der größte Teil des Kirchenstaates wurde Teil des Königreich Italiens, nur Rom blieb unter der Herrschaft des Papstes.

Dominikanische Republik: Haiti (d. h. die Insel Hispaniola) befreite sich 1804 von Frankreich und wurde 1806 Republik. Der vorwiegend von spanischen Siedlern bewohnte Ostteil der Insel spaltete sich 1808 von der Republik Haiti ab, stellte sich zunächst unter spanische Herrschaft und machte sich dann 1821 als Dominikanische Republik selbstständig – nur um nach Abzug der Spanier von Truppen der Republik Haiti wieder besetzt zu werden. Erst 1844 wurde der Ostteil der Insel wieder selbstständig. Diese Vorgänge waren sämtlich mit heftiger Gewaltanwendung verbunden. Zu einem Krieg gemäß der Auswahl dieser Untersuchung entwickelte sich aber erst eine spätere Konfrontation der Dominikanischen Republik mit der Schutzmacht Spanien. Die Spannungen mit Haiti dauerten auch nach 1844 an, und so stellte sich die Dominikanische Republik 1861 wiederum aus Furcht vor dem westlichen Nachbarn unter spanischen Schutz. Damit hatte man aber das eine Übel nur gegen ein anderes eingetauscht. Es kam zu Unzufriedenheit mit der spanischen Verwaltung, ab 1863 auch zu Aufständen und schließlich zur offenen Revolte. Der Streit eskalierte zu einem blutigen Krieg mit Spanien, das seine Ansprüche auf die ehemalige Kolonie nicht ohne Kampf aufzugeben bereit war (Nr. 52).

Gründung der modernen Türkei: Das Ende des Ersten Weltkrieges besiegelte auch das Schicksal des in wachsendem Aufruhr versinkenden osmanischen Reiches. Die Alliierten waren untereinander über die Zukunft der Türkei uneins, ließen aber griechische Truppen gewähren, die am 15. Mai 1919 im großenteils von Griechen bewohnten Smyrna (Izmir) landeten, um Ruhe und Ordnung wiederherzustellen und die anfangs noch unbedeutende, republikanisch-nationalistische Bewegung des Generals Mustafa Kemal (Atatürk) zu unterdrücken. Wegen der Jahrhunderte alten Spannungen zwischen Türken und Griechen waren Zwischenfälle dabei unvermeidlich. Übergriffe des griechischen Militärs gegen die türkische Zivilbevölkerung häuften sich und brachten der Nationalistenbewegungen wachsenden Zulauf. Während die Alliierten im besetzten Istanbul dem Sultan ihre Friedensbedingungen präsentierten, gründete Kemal im April 1920 in Ankara eine Gegenregierung und begannen den Widerstand gegen den weiter um sich greifenden griechischen Vormarsch zu organisieren. Die Griechen handelten zu Beginn des Konflikts noch im Auftrag der Alliierten, funktionierten ihre Mission aber schließlich zu einem rasch eskalierenden Krieg (Nr. 94) gegen die Türken um, ohne dass man sie daran hätte hindern können. Die Nationalisten unter Kemal bewiesen nun diplomatisches und militärisches Geschick zugleich. Sie begannen, Griechenland politisch zu isolieren und wachsenden Widerstand zu leisten. Im Sommer 1922 traten sie dann erfolgreich zur Gegenoffensive an.

Unabhängigkeit Indonesiens: Sehr viel rascher als erwartet brach die niederländische Kolonialverwaltung Indonesiens unter dem Druck der japanischen Invasion im März 1942 zusammen. Während die Holländer in Konzentrationslager verbracht wurden, übernahmen nun Indonesier in japanischem Auftrag die Verwaltung. Die Nationalistenführer Hatta und Sukarno kehrten aus dem Exil zurück und konnten mit japanischer Erlaubnis eine nationalistische Massenorganisation gründen und eine provisorische Armee aufbauen. Als die Niederlande 1945 nach der japanischen Kapitulation ihre Kolonie wieder übernehmen wollten, hatten die Nationalisten das entstandene Machtvakuum bereits genutzt und diese *de facto* in einen unabhängigen Staat verwandelt. Holländische Rechtsansprüche auf seine Kolonie wurden zurückgewiesen, und auch militärische Maßnahmen der alten Kolonialmacht richtete nichts aus; der Konflikt eskalierte vielmehr nach und nach zu einem umfassenden Krieg (Nr. 113). Unter dem Druck der Weltöffentlichkeit, vor allem der UNO und der USA, stimmten die Niederlande Ende 1949 einer Konferenzlösung des Problems zu.

Unabhängigkeit Vietnams: Ähnlich verlief die Entwicklung in Französisch-Indochina. Laos, Kambodscha und Vietnam erhielten den Status nominell souveräner Teilstaaten einer indochinesischen Föderation, die mit dem französischen Mutterland assoziiert sein sollte. Die Vietminh, ein Zusammenschluss nationalistischer und kommunistischer Widerstandsgruppen aus der Zeit der japanischen Besatzung, hatten jedoch bereits am 2. September 1945 ein unabhängiges Vietnam proklamiert, das Frankreich zwar am 6. März 1946 anerkannte, aber nur als Teil der indochinesischen Föderation. Die mittlerweile militärisch wieder stark präsente ehemalige Kolonialmacht begann nun diese Lösung durchzusetzen, und zwar gegen die Vietminh, die aus dem Dschungel heraus wie schon gegen Japan Widerstand zu leisten begannen. Zunächst entwickelte sich ein kaum beachteter Guerillakrieg (Nr. 114), bis der wachsende Ost-West-Gegensatz sich auch hier bemerkbar machte. Die Vietminh wurden zunehmend mit Nachschub aus den sozialistischen Ländern versorgt und weiteten ihre militärischen Operationen aus, während Frankreich durch die Vereinigten

Staaten bei der Eindämmung (*containment*) der vermeintlichen Expansion des Kommunismus unterstützt wurde. Mit der Niederlage bei Dien Bien Phu am 7. Mai 1954 entschloss sich Frankreich zum Rückzug aus Indochina; Vietnam wurde am 17. Breitengrad in einen kommunistischen Norden und einen republikanisch-westlich orientierten Süden geteilt.

Algerische Unabhängigkeit: Der Algerienkrieg begann am 1. November 1954 mit einem Aufstand der muslimisch-nationalistisch geprägten FLN im gebirgigen Hinterland, begleitet von Terrorakten in den großen Städten. Von der einheimischen Bevölkerung unterstützt, weitete sich dieser Aufstand rasch aus und entwickelte sich zu einem blutigen Guerillakrieg (Nr. 120). Obschon Frankreich seine Truppen in Algerien nach und nach auf eine Stärke von mehr als 500 000 Mann brachte und Terror mit Gegenterror beantwortete, gelang es nicht, die Aufständischen militärisch zu besiegen oder wenigsten einigermaßen unter Kontrolle zu halten. Die FLN nutzte vielmehr das bergige und unübersichtliche Terrain für Sabotageakte und Schläge aus dem Hinterhalt und war damit für reguläre Truppen genauso schwer zu fassen wie ihre Terrortrupps in den Städten. Der Putsch der Generale Challe und Salan im April 1961 gegen die konzessionsbereite französische Regierung wurde zwar rasch niedergeschlagen, aber Salan ging in den Untergrund und versuchte mit dem Terrorismus seiner OAS die sich abzeichnende Unabhängigkeit Algeriens aufzuhalten. Im Mai 1961 begann die Konferenz von Evian, und gut ein Jahr später, am 3. Juli 1961, wurde Algerien selbstständig.

Angolanische Unabhängigkeit: Auch der Unabhängigkeit von Angola und Mosambik ging ein jahrelanger und mit wachsender Heftigkeit geführter militärischer Konflikt der Kolonialmacht mit den lokalen Befreiungsbewegungen voraus. Nach der hier verwendeten Definition gelangen die Vorgänge in Angola in die untersuchte Auswahl der Kriege (Nr. 126). Schon ab etwa 1961 begannen die Schwierigkeiten der portugiesischen Kolonialbehörden mit den Befreiungsbewegungen des Landes. Zur Eskalation des Konflikts in den siebziger Jahren führte aber in erster Linie die zunehmende Unterstützung der Befreiungsbewegungen durch das sozialistische Ausland. Die Revolution im Mutterland Portugal 1974 setzte dem «verspäteten» Kolonialkrieg dann ein überraschendes Ende.

Aufstieg Miloseviés: Von den Kriegen Jugoslawiens in der ersten Hälfte der 1990er Jahre werden in dieser Untersuchung zwei berücksichtigt: Jener Kroatiens mit Rest-Jugoslawien, der als Sezession einzustufen ist, und der Krieg in Bosnien-Herzegowina, ein Bürgerkrieg unter Einmischung äußerer Parteien (vgl. 3.5.). Beide Kriege sind Folge des Zerfalls Jugoslawiens, der im Grunde bereits mit dem Tode Titos 1980 einsetzte. Der Rebellenführer des Weltkrieges und Verfechter eines eigenen sozialistischen Weges Jugoslawiens – auch gegen sowjetischen Willen – hatte das heterogene Gebilde aus sechs Teilrepubliken (Bosnien-Herzegowina, Kroatien, Mazedonien, Montenegro, Serbien und Slowenien) und zwei autonomen Provinzen (Woiwodina und Kosovo) durch schiere Gewalt, vor allem aber auch durch Format und Charisma zusammengehalten. Eine jugoslawische Nation war sein Ziel; doch der Nationalismus der Teilrepubliken sollte sich als stärker erweisen. Diese gingen nach Titos Tod zunehmend eigene Wege. Ethnische Konflikte brachen auf. Wirtschaftliche Probleme führten zu wachsender Unzufriedenheit, und auch die Menschen Jugoslawiens mahnten – angesichts der Wende in Mittel- und Osteuropa – Reformen an. So stellte sich bald einmal die Frage, ob die Serben als konservativste und stärkste Kraft im Lande eine größere Unabhängigkeit der übrigen Republiken dulden würden. Unruhen im Kosovo führten 1987 zum Aufstieg jenes Mannes, der den Balkan wenig später in vier Kriege nacheinander stürzen sollte. In flammenden Reden geißelte Milosević albanische Übergriffe auf die Serben des Kosovo und machte sich so einen Namen. 1990 wurde der vormalige Manager staatlicher Firmen mit überwältigender Mehrheit zum Präsidenten Serbiens gewählt.

Sezession: Der Tag der Wahrheit, was die Zukunft Jugoslawiens betraf, kam Mitte Mai 1991 mit dem turnusmässigen Übergang des Vorsitzes im jugoslawischen Staatspräsidium, einem Kollektivgremium, das man mangels Einigung auf einen Nachfolger Titos geschaffen hatte, an den Kroaten Stipe Mesic. Serbien boykottierte die Sitzung, und Mesic konnte nicht wie vorgesehen gewählt werden. Damit war für Slowenien und Kroatien das Ende des Bundesstaates gekommen. Am 25. Juni 1991 erklärten beide Republiken nach Volksabstimmungen ihre Unabhängigkeit, was eine sofortige Intervention der jugoslawischen Bundesarmee zu Folge hatte. Die staunende Welt musste erleben, was man gerade nach der friedlichen Wende in anderen vormaligen Ostblockstaaten völlig ausgeschlossen hatte: Krieg in Europa. Der Krieg gegen Slowenien war nach 10 Tagen und relativ glimpflichem Verlauf vorbei. Anders stand die Sache mit Kroatien, das eine starke serbische Minderheit (12 %) besaß. Hier eskalierte der Konflikt zu einem großen konventionellen Krieg mit der Belagerung und Zerstörung von Städten (Vukovar und Osijek) und einem langen Stellungskrieg (Nr. 156). Bis in den November 1991 hatten die Bundesarmee und serbische Milizen ein Drittel Kroatiens besetzt. Zu Jahresbeginn 1992 waren die Kämpfe so gut wie abgeflaut, beide Seiten standen sich an kompliziert verlaufenden Frontlinien gegenüber. Bis hierher hatte der Krieg bereits etwa 10 000 Opfer gefordert.

Neuerliche Eskalation: Die erreichte Patt-Situation ermöglichte einen von der UNO vermittelten Waffenstillstand. Eine Blauhelmtruppe von 14 000 Mann (UNPROFOR, *UN Protection Force*) wurde entsandt, die Flüchtlinge repatriieren, die Milizen entwaffnen und den Waffenstillstand überwachen sollte. Die Atempause nutzte Kroatien im Wesentlichen zur Aufrüstung, während sich Serbien im Bürgerkrieg Bosnien-Herzegowinas engagierte. Im Januar 1993 kam eine Gegenoffensive der Kroaten in der Krajina noch rasch zum Stillstand. Erst im Januar 1995 war Kroatien schließlich stark genug, West-Slawonien und die serbisch besiedelten Gebiete der abtrünnigen Krajina zurückzuerobern. Die serbische Bevölkerung dieser Gebiete, insgesamt an die 120 000 Personen, wurde vertrieben und flüchtete in Richtung Serbisch-Bosnien. Der serbische Widerstand war insgesamt nur mässig, weil der Krieg in Bosnien-Herzegowina (vgl. 3.5.) ins Zentrum der Politik Milosevićs gerückt war. Auf der Friedenskonferenz von Dayton im November 1995 fand der Krieg unter starkem Druck der USA seinen formellen Abschluss.

3.4. Eskalierende Aufstände

Indische Kolonialaufstände: Der sog. dritte Marathenkrieg (Nr. 19) entstand 1817–18 infolge britischer Polizeiaktionen gegen sog. Pindari-Banden (Räuber und Wegelagerer verschiedenster Stämme und Kasten, meist ehemalige Marathen-Krieger), die insgeheim von den Chefs der Marathenstämme unterstützt wurden und sich zu einer beträchtlichen Gefahr entwickelt hatten. Der erste Krieg der britischen

Kolonialmacht mit den Sikhs (Nr. 33) war ein Kräftemessen, das die Sikhs wegen innerer Streitigkeiten begonnen hatten und aus demselben Grund auch verloren (vgl. 6.5.). Der hier interessierende zweite Krieg Englands mit den Sikhs (Nr. 38) entstand aus einem Zwischenfall in Multan im April 1848. Dieser entwickelte sich rasch zu einem allgemeinen Aufstand des Pandschabs gegen die britische Hegemonialmacht. Die einheimische Regierung in Lahore versuchte zunächst, den Aufstand mit britischer Hilfe zu unterdrücken, sah jedoch dann die Gelegenheit zu einer Revanche gekommen und wechselte die Fronten. Am bedeutendsten war aber zweifellos der große Aufstand von 1857/58 (Nr. 44). Er begann als Meuterei von Eingeborenentruppen (Sepoys), die von der britischen Ostindiengesellschaft aufgestellt worden waren. Ein relativ nichtiger Anlass führte dazu, dass latente Unzufriedenheit in offene Revolte umschlug und die Briten sich nach und nach im Krieg mit ihren eigenen Hilfstruppen vorfanden (vgl. 4.3.). In Zentralindien konnte sich für einige Zeit eine Gegenregierung etablieren, die den letzten Mogul Bahadur Shah II. zum Kaiser von Indien proklamierte. Mit Hilfe von Sikhs und Gurkhas gelang es England nach und nach, den Aufstand niederzuschlagen.

Aufstand des Mahdi: Großbritannien hatte 1882 bei inneren Unruhen in Ägypten interveniert und sein Protektorat über das Land errichtet, das *de iure* aber immer noch ein autonomer Bestandteil des osmanischen Reiches blieb. Mit der Kontrolle über Ägypten und seine Regierung gewann Großbritannien auch Einfluss auf weite Gebiete des Sudan, geriet dort aber sogleich in Schwierigkeiten. Der Mahdi (Prophet) Mohammed Achmed von Dongola, einer Nil-Insel, zettelte einen Aufstand an und rief zum heiligen Krieg gegen die britischen Ungläubigen auf (Nr. 68). Die Gefolgschaft des Mahdis schwoll an und der Krieg zog immer weitere Kreise, bis 1885 fast der gesamte Sudan unter Kontrolle des Mahdis stand. Die Rückeroberung des Sudan dauerte bis 1898 und gelang nur durch den Einsatz moderner europäischer Militärtechnik (Maschinengewehre), der auch zahlenmäßig weit überlegene einheimische Armeen nicht gewachsen waren.

Großer Java-Krieg: Die Niederlande erhielten nach dem Ende der napoleonischen Kriege ihre indonesischen Gebiete zurück, die England ihnen abgejagt hatte, als die Niederlande in das Lager Frankreichs umschwenkten. 1825 kam es zu einem Aufstand, der rasch eskalierte und nur mit Mühe und unter großen Verlusten niederländischer Truppen niedergeschlagen werden konnte (Nr. 23). Die Ursachen des sog. großen Java-Krieges (1825–30) waren allgemeine Unzufriedenheiten mit den Kolonialherren, verstärkt durch Probleme, die mit der Umverteilung von Land zugunsten großer Plantagen entstanden. Treibende Kraft des Aufstandes war der jüngere Bruder des früheren Sultans von Djokjakarta, der charismatische Prinz Dipo Negoro, dessen Anspruch auf den Thron von den Holländern zurückgewiesen wurde und der daraufhin den heiligen Krieg gegen die ungläubigen Fremden ausrief.

Krieg mit den Atjeh: Den Norden Sumatras hatten die Holländer zur selben Zeit wie ihre anderen indonesischen Besitzungen zurückerhalten (siehe oben), aber es gelang ihnen nie, eine vollkommene Kontrolle über das Gebiet zu errichten. Der Sultan von Atjeh (oder: Aceh, Achin) hatte von den Engländern die Zusicherung erhalten, dass auf seinem Gebiet keine europäischen Stützpunkte errichtet würden. Als dieses Versprechen nun aber nach und nach unterlaufen wurde, entstanden schwere Spannungen mit Atjeh, die sich in Überfällen und wachsendem Piratenunwesen entluden. In den Jahren 1873–78 steigerten sich die Feindseligkeiten zu einem regelrechten und außerordentlich brutalen Krieg mit den Atjeh (Nr. 60). Erst 1908 wurde das Sultanat Atjeh aufgelöst und Nordsumatra direkt holländischer Verwaltung unterstellt. Schwierigkeiten mit Atjeh hatte auch der indonesische Staat, und diese dauern bis heute an.

Eroberung Algeriens: Zu Beginn des 19. Jahrhunderts bestand Nordafrika aus einer Reihe halbautonomer Satellitenstaaten des osmanischen Reiches, die in der Piraterie tätig waren. Die europäischen Länder hatten sich arrangiert und zahlten Tribute, nur die USA unternahmen verschiedene Strafexpeditionen. 1827 kam es aber zu wachsenden Spannungen Frankreichs mit den algerischen Piraten, die u. a. den französischen Konsul misshandelt hatten und einen französischen Segler mit Unterhändlern beschossen, anstatt diesem freies Geleit zu geben (vgl. 4.3.). Daraufhin besetzte Frankreich die wichtigsten Küstenpunkte Algeriens, überließ aber das Hinterland, mit dem man zunächst glaubte nichts anfangen zu können, einem Berberhäuptling, dem Emir Abd el Kader. Es kostete Frankreich 13 Jahre andauernden Kleinkrieges, diesen «Fehler» zu korrigieren. In den Jahren 1939–47 eskalierte der Konflikt mit dem Emir zu einem regelrechten Krieg, in dessen Verlauf die französischen Truppen auf eine Stärke von 160000 Mann gebracht werden mussten (Nr. 31).

Drusenkrieg: Das Gebiet des heutigen Syrien und Libanon wurden nach dem Ersten Weltkrieg als ehemalige türkische Provinz durch den Völkerbund zur Verwaltung an Frankreich gegeben. Andauernde Streitigkeiten der französischen Behörden mit den Drusen eskalierten im Juli 1925 zur offenen Rebellion (Nr. 96) mit drusischen Kavallerievorstößen und dem Einsatz von Panzern und Flugzeugen auf französischer Seite. Im Verlauf des Konflikts war Frankreich zweimal gezwungen, Damaskus den Rebellen zu überlassen. Französische Vergeltungsschläge auf Damaskus durch Artilleriebeschuss und Luftangriffe forderten vor allem unter der Zivilbevölkerung hohe Verluste.

Madagassische Revolte: 1947 entstand in Madagaskar, vor allem an der Ostküste, eine Revolte gegen das französische Kolonialregime und weitete sich rasch aus. Frankreich hatte Madagaskar zwar eine Teilautonomie zugestanden mit der Möglichkeit für die einheimische Bevölkerung, Abgeordnete einer Provinzialversammlung zu wählen. Diese Reformen waren jedoch von der weißen Minorität der Insel hintertrieben worden. Der madagassischen Befreiungsbewegung MDRM gelang es im Verlauf des Aufstands, weite Kreise der einheimischen Bevölkerung zu mobilisieren, sodass Frankreich nur unter großen Anstrengungen den Konflikt unter Kontrolle bringen konnte (Nr. 115). Nach Schätzungen waren annähernd 100 000 ganz überwiegend zivile Opfer zu beklagen.

Kubanische Aufstände: Kuba war im Gegensatz zu anderen spanischen Kolonien dem Mutterland lange treu geblieben und bildete das eigentliche Auffangbecken für spanische Flüchtlinge aus anderen lateinamerikanischen Ländern. In der Folge von Unruhen war 1825 der bereits schon lähmende spanische Zentralismus verstärkt und der Generalkapitän der Insel mit allzu weit reichenden Vollmachten ausgestattet worden. In der Folge mehrten sich die Reformwünsche der Kubaner, aber man konnte sich nicht auf Wege und Mittel einigen. Pläne, sich den USA anzuschließen, zerschlugen sich infolge des Sezessionskrieges in den USA (Kuba sympathisierte mit dem Süden). Der Konflikt steigerte sich gegen Ende des 19. Jahrhunderts zweimal

(1868–78 und 1895–98) zu einem regelrechten Krieg mit den spanischen Behörden der Insel (Nr. 58 und Nr. 75). Der reiche Zufluss an Nachschub für die Aufständischen aus den USA und ihre Verstärkung durch amerikanische Freiwillige trugen maßgeblich zur Schärfe der Auseinandersetzungen bei. 1898 intervenierten die USA (vgl. 4.3).

Krieg gegen die Berber des Rif: Lange hinschwelende Guerillakriege entwickeln eine Tendenz, zu konventionellen Kriegen zu eskalieren: Die zunächst unerfahrenen Aufständischen lernen nach und nach Taktik und Strategie konventioneller Kriegsführung und erlangen schließlich bei genügendem Nachschub an Waffen die Fähigkeit, den regulären Streitkräften des Gegners in offenen Schlachten entgegenzutreten. Ein Beispiel vom Beginn aus dem 20. Jahrhundert ist der Krieg der Berber des Rif gegen die spanischen Kolonisten 1909–10 und 1921–26 (Nr. 86 und Nr. 95), der mit Überfällen und Bandenunwesen begann und zu einem konventionellen Krieg der Berber gegen Spanien und Frankreich eskalierte. Die Berber lernten, ihren Kampf zu organisieren und perfektionierten mit der Zeit ihre Technik des Kavallerieangriffs, sodass sie schließlich die Fähigkeit erlangten, auch großen, regulären spanischen und französischen Truppeneinheiten entgegenzutreten und diese zu überrennen. Eine spanische Armee von 20 000 Mann geriet im Juli 1922 im Rif-Gebirge in einen Hinterhalt und wurde vom Berberführer Abdel Krim vernichtet. Die überlegene Feuerkraft der europäischen Armeen erwies sich am Ende noch einmal als kriegsentscheidend.

Boxeraufstand: Europäische Mächte und Japan hatten im 19. Jahrhundert an der chinesischen Küste Stützpunkte errichtet und mischten sich vermehrt in die inneren Angelegenheiten Chinas ein. Die Missionierung begann, der Bau von Kirchen mit spitzen Türmen irritierte das chinesische Harmonieempfinden, die Führung von Eisenbahn-Trassen durch fruchtbares Land verärgerte die Bauern, bei Streitigkeiten beriefen sich die Ausländern auf ihr eigenes Recht und umgingen die chinesische Gerichtsbarkeit. Zum Christentum konvertierte Einheimische wurden von den Europäern bevorzugt, was Neid und Missgunst auslöste. Die von den Ausländern so genannten Boxer (Yihequan, «in Rechtschaffenheit vereinigte Boxer»), ein z. T. geheimes Netzwerk von sozialen Bewegungen, verbreitete sich rasch in den Provinzen und organisierte den Widerstand. Zunächst kam es zu Über-

griffen gegen chinesische Christen, am Ende wurden das Gesandt-
schaftsviertel Pekings und die Kathedrale, in der sich die Christen
verschanzt hatten, regelrecht belagert. Chinesische Regierungstruppen
gingen nur vereinzelt gegen die Boxer vor; einem Teil des Kaiser-
hauses, darunter der mächtigen Kaiserwitwe Cixi, kam der Aufruhr
als Mittel einer Eindämmung des ausländischen Einflusses in China
gerade recht und man ließ die Boxer weitgehend gewähren, was
diese als Zustimmung deuteten. Auf Bitten der Gesandtschaften hin
entschlossen sich eine Anzahl ausländischer Mächte (Deutschland,
Russland, England, Frankreich, die USA, Australien, Italien und
Japan) im August 1900 zur gemeinsamen Intervention und sandten
Truppen nach China (Nr. 81); diese schlugen den Aufstand rasch
nieder und machten sich dann an die Plünderung der Hauptstadt. Die
Deutschen kamen beim «Wettlauf nach Peking» zum Leidwesen des
Kaisers zu spät. Ihre berüchtigten Strafexpeditionen verlängerten nur
noch den Krieg und ruinierten mit wahlloser Brutalität das deutsche
Ansehen.

Erster polnischer Aufstand: Polen war unter der Herrschaft
Napoleons neuerlich als Staat entstanden (Großherzogtum Warschau),
auf dem Wiener Kongress dann aber zwischen Preußen, Österreich
und Russland wieder aufgeteilt worden. Ein kleiner Teil um Krakau
blieb als Republik für einige Zeit unabhängig, der größere Teil aber, das
sog. Kongress-Polen geriet über die Personalunion von Zar und polni-
schem König unter russischen Einfluss. Bald mehrten sich die Eingriffe
des Zaren in polnische Angelegenheiten und nahmen unerträgliche
Formen an. Der Funke der Juli-Revolutionen von 1830 sprang schließlich in dem Moment von Westeuropa nach Polen über, als polnische
Truppen auf russischen Befehl gegen die französischen und belgischen
Revolutionäre eingesetzt werden sollten. Die polnischen Truppen
revoltierten, eine nationale polnische Regierung wurde gebildet und
der Reichstag erklärte den Zaren (als polnischen König) für abgesetzt.
Schließlich eskalierte der Aufstand rasch zu einem eigentlichen Krieg
Polens gegen Russland (Nr. 26). Nach seiner Niederlage fiel Polen auf
den Status einer russischen Provinz zurück.

Guerra Santa: In Italien war nach dem Zusammenbruch
der napoleonischen Herrschaft der Versuch unternommen worden,
die alte Ordnung unter österreichisch-bourbonischem Einfluss wie-

derherzustellen, ein schwieriges Unternehmen, weil die napoleonischen Reformen nicht ohne Wirkung geblieben waren und Maßstäbe gesetzt hatten, denen sich auch die Fürsten auf Dauer nicht entziehen konnten. Serien von Aufständen und Unruhen verdeutlichten den Ernst der Lage. Papst Pius IX. führte Reformen durch, und König Karl Albert von Sardinien-Piemont vollzog ebenfalls einen liberalen Kurswechsel. Das Übergreifen der französischen Revolution von 1848 auf Italien mit einem Aufstand gegen die österreichischen Besatzungstruppen in Mailand schien nun das lange erwartete Signal zur Befreiung ganz Italiens von ausländischem Einfluss. Karl Albert stellte sich an die Spitze der Bewegung und erklärte Österreich den «heiligen Krieg» (Nr. 35). Dies ermutigte wiederum die Revolutionäre in Venedig und Rom zum Aufstand. Gegen die disziplinierten und von dem greisen Feldmarschall Radetzky hervorragend geführten österreichischen Truppen hatten die italienischen Revolutionäre jedoch keine Chance, zumal sie untereinander vollständig zerstritten waren. Der König dankte zugunsten seines Sohnes Viktor Emanuel ab und ging ins portugiesische Exil, wo er im gleichen Jahr noch starb (28. Juli 1849).

Ungarische Revolution: Mit den Aufständen in Wien vom März, Mai und Oktober 1848 und den gleichzeitig stattfindenden Umwälzungen in der Politik des Kaiserreiches (im März 1848 stürzte Kanzler Metternich und musste flüchten), bot sich für Ungarn eine Möglichkeit, die Schwäche der Monarchie für eigene nationale Ziele zu nutzen. Unter dem Eindruck der Februarrevolution in Paris hatte die Wiener Regierung bereits einer Serie sozialer Reformen und der Bildung einer ungarischen Regierung mit weitgehenden Befugnissen (Finanzen, Außenpolitik und Verteidigung) zugestimmt. Damit war Ungarn *de facto* zwar bereits selbstständig, nutzte dann aber die Abdankung Ferdinand I. zugunsten seines Neffen Franz Joseph I. im Dezember 1848 für den vollkommenen Bruch mit Österreich. Die Wiener Regierung hatte bereits im September 1848 mit Hilfe loyaler kroatischer Truppen versucht, Druck auf Ungarn auszuüben, sodass sich parallel zum politischen Streit der militärische Konflikt ausweitete und schließlich zum offenen Krieg Ungarns mit Österreich eskalierte (Nr. 37). Die Hilfe Russlands rettete schließlich die Donaumonarchie vor der Niederlage. Unter dem Druck russischer und kroatischer Truppen mussten die Ungarn im August 1849 kapitulieren.

Tibetischer Aufstand: Mit der Gründung der Volksrepublik China 1949 wurde die «Befreiung» aller chinesischen Gebiete zum offiziellen außenpolitischen Ziel der Pekinger Regierung erklärt. Konkret nannte man Tibet, Sinkiang, Hainan und Taiwan. 1950 bereits setzte die Volksrepublik China ihre Ziele betreffend Tibet durch und annektierte das vollkommen wehrlose Land. Die Welt war empört, aber Hilfe für Tibet gab es keine, auch nicht von der sofort angerufenen UNO. Der Dalai Lama wurde zunächst noch in seinem Amt belassen, allerdings ohne bedeutungsvolle politische Funktionen. 1954 kam es zu anti-chinesischen Aufständen, die zunächst durch chinesisches Militär brutal niedergeschlagen wurden, 1956 dann aber erneut aufflammten; Massendeportationen und Zwangsarbeit beim Straßenbau hatten die Tibeter gegen die chinesische Besatzung aufgebracht. 1959 schließlich weiteten sich diese Unruhen zu einer offenen Rebellion gegen China aus (Nr. 123), in deren Verlauf nach Angaben des Dalai Lama, der nach Indien fliehen musste, 65 000 Tibeter starben.

Westsahara-Konflikt: Im November 1975 erklärte sich Spanien bereit, seine Sahara-Besitzung in Nordwestafrika aufzugeben – zu Gunsten Mauretaniens und Marokkos, die jeweils die Hälfte des Gebiets erhalten sollten. Polisario, die Befreiungsbewegung der spanischen Sahara, sollte dabei leer ausgehen. Marokko und Mauretanien übernahmen das Gebiet am 26. Februar 1976 und einigten sich nach Verhandlungen in Rabat am 14. April auf einen Grenzlinie. Die Polisario begann daraufhin den Widerstand zur organisieren, dabei diskret von Algerien unterstützt. Der Konflikt eskalierte zu einem eigentlichen Wüstenkrieg, der 1976 fast ein Drittel der marokkanischen Streitkräfte in ständiger Alarmbereitschaft hielt (Nr. 141). Der Zusammenbruch des mauretanischen Widerstands gegen die Polisario konnte nur mit massiver marokkanischer Hilfe verhindert werden. 1979 schlug sich Mauretanien auf die Seite der Polisario und gab alle Ansprüche auf die Westsahara auf. Der Konflikt mit Marokko verschärfte sich zunächst, mit der nachlassenden internationalen Unterstützung der Polisario nahm die Kampftätigkeit bis auf sporadische, oft jedoch äußerst heftige Gefechte ab. Der Krieg dauert auf tiefem Niveau weiter an.

Tschetschenien und die Auflösung der Sowjetunion: In den Wirren des Jahres 1991 mit dem Moskauer Putsch gegen Gorbatschow geriet auch die politische Entwicklung im Nordkaukasus in Bewe-

gung. Tschetschenien hatte in Union mit dem benachbarten Inguschetien den Status einer autonomen sozialistischen Sowjetrepublik
(ASSR) innerhalb der Russischen Föderation. Im Oktober 1991 löste
eine Gruppierung, die sich «Tschetschenischer Nationaler Kongress»
nannte, das kommunistisch dominierte Parlament der Republik auf
und setzte Präsidentschaftswahlen an, die der vormalige Luftwaffen-
general Dschochar Dudajew mit großer Mehrheit (bei Boykott durch
die russische Bevölkerung) gewann. Dudajew erklärte Tschetschenien
am 1. November 2001 für «souverän» und beendete die Union mit
Inguschetien, am 8. November wurde Tschetschenien «unabhängig».
Die Moskauer Zentrale schickte eine Sondereinheit des Innenministeriums in die Republik, die jedoch mangels Mandat wenig ausrichtete.
Ende 1991 wurde die Sowjetunion aufgelöst und die großen Föderati-
onsrepubliken schlossen sich in der GUS (Gemeinschaft Unabhängiger Staaten) zusammen. Tschetschenien blieb formell Teil der Russischen Föderation, und in der Hoffnung auf eine gütliche Einigung ließ
man die Tschetschenen bei ihren Selbstregierungsversuchen gewähren.
Tatsächlich hatten im Juni 1992 alle russischen Truppen Tschetschenien
verlassen. Nach der Konsolidierung seiner Macht in Moskau begann
sich der russische Präsident Boris Jelzin schließlich mit den widerspen-
stigen Teilrepubliken zu befassen. Eine völkerrechtliche Selbständigkeit war aus russischer Sicht ausgeschlossen, einerseits wegen der negativen Wirkung als Präzedenzfall, andererseits wegen wirtschaftlicher
Interessen: Tschetschenien war Knotenpunkt bedeutsamer russischer
Erdöl-Pipelines.

Bürgerkrieg: Dudajews autokratischer Führungsstil sowie
russische Opposition und die sich rasante verschlechternde Wirt-
schaftslage führten im Dezember 1993 zu einem Putsch gegen Dudajew, der scheiterte. Die Opposition erhielt weiterhin russische Unterstützung, erreichte aber wenig. Im Dezember 1994 schließlich
eskalierte der Konflikt zum ersten Mal (Nr. 159). Russische Truppen
und Spezialeinheiten besetzten die Hauptstadt Grosny und weite
Landstriche, während sich die tschetschenischen Rebellen in den
Untergrund begaben und einen Guerillakrieg mit Anschlägen, Ent-
führungen und Überfällen aus dem Hinterhalt begannen. Im März
1996 gelang es ihnen sogar, die Hauptstadt Grosny zurückzuerobern.
Boris Jelzin unterbrach im Mai den unpopulären Krieg und offerierte
einen Waffenstillstand. Nach den Präsidentschaftswahlen schickte er

seinen neuen Sicherheitsberater, den Ex-General und Afghanistan-Veteranen Alexander Lebed, zu Verhandlungen nach Grosny. Ende August unterzeichnete dieser mit dem tschetschenische Militärchef Maschadow eine Grundsatzerklärung über die weitere Entwicklung Tschetscheniens: Abzug der russischen Truppen und Klärung des Status der Republik bis Ende Dezember 2001. Im Januar 1997 hatten wiederum alle russischen Truppen das Land verlassen und eine Phase des relativen Friedens begann.

Zweiter Tschetschenien-Krieg: Maschadow, der im Januar 1997 Wahlen für sich entscheiden konnte, besaß damit zwar einige Legitimation, jedoch keine Kontrolle über die bunten Gruppierungen muslimisch-nationalistischer Rebellen. Diese führten den «heiligen Krieg» auf eigene Faust weiter und trugen ihn in das benachbarte Daghestan, das ebenfalls «befreit» werden sollte. In Moskau kam es zu Anschlägen tschetschenischer Rebellen, die etwa 300 Opfer forderten und zum Umschlagen der Stimmung führten. Eine neuerliche Eskalation des Krieges, der sog. zweite Tschetschenien-Krieg, setzte ein. Im Oktober 1999 kehrte die russische Armee mit großer Übermacht nach Tschetschenien zurück. Bedeutsamer Widerstand erwartete die Russen aber erst in der Hauptstadt Grosny, die wochenlang massiv bombardiert wurde mit großen Opfern unter der Zivilbevölkerung. Auf beiden Seiten kam es zu schweren Kriegsverbrechen und eine Flüchtlingswelle überschwemmte die angrenzenden Republiken. Im März 2000 wurde der vormalige KGB-Mann Wladimir Putin zum Nachfolger Jelzins gewählt, und zwar mit dem ausdrücklichen Versprechen, den Krieg in Tschetschenien zu beenden. Er tat dies auf seine Weise, durch Druck auf das Militär, effizienter zu operieren, und den Einsatz des Geheimdienstes, der verstärkt Jagd auf die Rebellen machte. Dies trieb die Rebellen vermehrt in den Untergrund und führte zu einem Wechsel der Strategie, was sich vermehrt in Terroranschlägen bemerkbar machte. Im März 2003 ließ Putin über eine Verfassung begrenzter Autonomie für Tschetschenien abstimmen. Die kriegsmüden Tschetschenen stimmten dieser mit 95 % zu; die Aufständischen trugen den Krieg mit Terroranschlägen aber nun zunehmend bis in die Hauptstadt Moskau.

3.5. Bürgerkriege mit fremder Intervention

Krieg auf der iberischen Halbinsel: Der Dauerkonflikt auf dem iberischen Nebenschauplatz der Koalitionskriege 1807–14 (Nr. 11) begann mit einer französischen Expedition gegen Portugal, das zwar neutral, aber in dieser Eigenschaft das letzte «Leck» in der Kontinentalsperre Napoleons war, durch das England Handel mit Kontinentaleuropa treiben konnte, vom Schmuggel über vorwiegend spanische Häfen abgesehen. Unter dem Vorwand, die spanische Küste schützen zu müssen, schloss sich eine französische Invasion Spaniens an, und ein langer, sehr verlustreicher Krieg auf der gesamten iberischen Halbinsel begann: französische Truppen auf der einen, britische Truppen und portugiesisch-spanische Freiwillige auf der anderen Seite. Erst Napoleons Abdankung am 11. April 1814, die mit der üblichen Verspätung aller Information den Kriegsschauplatz erreichte, setzte dem Krieg ein Ende.

Spanische Restauration: Nach der Niederlage Napoleons war in Spanien die alte Ordnung wiederhergestellt worden. Der von Napoleon als König eingesetzte eigene Bruder, Joseph-Napoléon, wurde im Dezember 1813 verjagt und der rechtmäßige Thronfolger, der in Frankreich internierte Ferdinand VII., kehrte nach Spanien zurück. Entgegen den Hoffnungen der liberalen Kräfte, die (zusammen mit den Briten) die Hauptlast des Kampfes auf der iberischen Halbinsel getragen und 1812 eine liberale Verfassung verkündet hatten, war Ferdinand nicht bereit, sich deren Bestimmungen zu unterwerfen. Zur Unterdrückung des überall auflebenden Widerstands begann er mit der Aufstellung einer Armee, die aber im Januar 1820 revoltierte und im nachfolgenden Bürgerkrieg den König schließlich gefangen setzte (Nr. 20). Das neu errichtete liberale Regime war aber nicht von Dauer. Der Kongress von Verona beauftragte im Oktober 1822 Frankreich mit der Invasion zwecks Wiederherstellung der Monarchie.

Frankreichs Mexiko-Abenteuer: Mexiko war durch den Abfall von Texas 1835–36 (Nr. 28, siehe oben 3.3.) und den Konflikt mit den USA 1846–48 (Nr. 34) mit nachfolgendem «Zwangsverkauf» Kaliforniens in einen Bürgerkrieg zwischen Konservativen (mit Basis in Mexiko-Stadt) und Liberalen (mit Basis im Hafen Veracruz) geschlittert, den letztere im Dezember 1860 zunächst für sich entschieden. Als

Maßnahme gegen die desolate Finanzlage des Staates verfügte der liberale Präsident Benito Juarez die Verstaatlichung des riesigen Kirchenbesitzes. Dennoch mussten die Zinszahlungen und Schuldentilgung an ausländische Gläubiger eingestellt werden. Diese Maßnahme traf vor allem das durch seine Kapitalexporte zum Weltbankier avancierte Frankreich Napoleons III., aber auch England, die beide intervenierten (unter Beteiligung der alten Kolonialmacht Spanien). Am 17. Dezember 1861 ging eine alliierte Streitmacht in Veracruz an Land, wobei die Tatsache ausgenutzt wurde, dass die USA mit sich selbst beschäftigt waren (Bürgerkrieg 1861–65) und sich im Geiste der Monroe-Doktrin nicht auf Seiten Mexikos engagieren konnten. Verprellt durch Intrigen Napoleons III. zogen sich England und Spanien jedoch bald aus dem Unternehmen zurück, das damit eine rein französisch-mexikanische Angelegenheit wurde. Zunächst gelang es in der Tat, ein Marionettenregime unter dem österreichischen Erzherzog Maximilian als Kaiser einzurichten. Doch der Widerstand begann sich zu organisieren, sodass Frankreich nach und nach die ganze Last eines blutigen Guerillakrieges ohne Hoffnung auf ein Ende zu tragen hatte (Nr. 50). Auf wachsenden Druck der USA zog es dann seine Truppen zurück und überließ Maximilian seinem Schicksal. Unerfahren und ohne den nötigen Rückhalt in der Bevölkerung verlor er den Krieg, wurde gefangen genommen, vor ein Kriegsgericht gestellt und am 19. Juni 1867 erschossen.

Ungarnaufstand 1956: Auf dem XX. Parteitag der KPdSU hatte deren Generalsekretär Chruschtschow in einer dramatischen Rede mit dem Stalinismus abgerechnet und schickte sich an, auch in den «Bruderländern» die Stalinisten von der Macht zu verdrängen. Die führenden ZK-Mitglieder Mikojan und Suslow wurden nach Budapest geschickt und ersetzten den damaligen KP-Chef Mätyäs Rákosi durch den allerdings keineswegs beliebteren Ernö Gerö. Am 23. Oktober begannen Solidaritäts-Demonstrationen mit den polnischen Aufständischen, die zur selben Zeit rebellierten, und diese eskalierten rasch in einen großen Aufruhr gegen das Regime selbst. Die ungarischen Kommunisten versuchten nun, mit Hilfe sowjetischer Truppen die Entwicklung unter Kontrolle zu bekommen, was aber nur zu größerem Aufruhr führte. In den Städten wurden die Parteifunktionäre aus ihren Ämtern verjagt; lokale Komitees übernahmen die Macht und die politischen Gefangenen wurden befreit. Die Landbevölkerung verjagte ebenfalls die örtlichen Kommunisten und besetzte wieder ihren Grund und Boden, den man ihnen im Rahmen der Sozialisierung 1949 abgenommen hatte. Das Regime zeigte sich nun konziliant und der neue Premier Imre Nagy begann mit den fast über Nacht wieder entstandenen bürgerlichen Parteien zusammenzuarbeiten; sogar der Forderung nach Ungarns Austritt aus dem Warschauer Pakt kam man nach. Damit war für die Sowjetunion jedoch das Maß möglicher Toleranz überschritten; die anfänglich aus Budapest zurückgezogenen sowjetischen Truppen und Panzer wurden zurückgesandt, und schwere Kämpfe setzten ein (Nr. 121). Ende November 1956 war der Aufstand niedergeschlagen. Imre Nagy wurde nach Rumänien deportiert, im Juni 1958 aber nach Budapest zurückgebracht und hingerichtet.

Vietnamkrieg: In seiner frühen Phase entwickelte sich der zweite Indochinakrieg (Vietnamkrieg) 1961–75 (Nr. 125) ähnlich wie der erste Indochinakrieg (Nr. 114, vgl. 3.3.). Es begann mit sporadischen Überfällen (Guerillataktik) des Vietcongs und Gegenmaßnahmen («Pazifizierung») der Regierung und ihrer amerikanischen Helfer. Nach und nach eskalierte der Konflikt jedoch und endete in einem großen, konventionell geführten Krieg. Am Beginn waren die USA mit wenigen Beratern engagiert, 1968 hatten sie über 500000 Mann in Vietnam stationiert. Es ist die Ironie der Entwicklung des Konflikts, dass die USA zunächst versuchten, die irregulären Verbände des Vietcong mit einer immer umfassenderen konventionellen Kriegführung zu treffen, was fehlschlug, weil der Gegner nicht zu fassen war – das klassische Problem asymmetrischer Eskalation. Sie verlegten sich schließlich darauf, massive Schläge gegen die Nachschublinien des Vietcong und seinen nordvietnamesischen Verbündeten zu führen, traten 1969 dann aber just zu dem Moment den Rückzug aus dem Konflikt an («Vietnamisierung»), als dieser zunehmend von regulären Vietcong-Verbänden und nordvietnamesischen Truppen übernommen wurde und sich zum konventionellen Krieg wandelte. Seit etwa 1970 liefen Geheimgespräche zwischen den USA und Nordvietnam über die Beendigung des Krieges. Ab November 1972 wurden diese in Paris offiziell geführt, mit Henry Kissinger und Le Duc Tho als Unterhändler. Parallel erreicht der Krieg mit der Bombardierung von Hanoi und Haiphon zu Weihnachten 1972 noch einmal einen Höhepunkt. Im folgenden Januar kam es bei den Pariser Gesprächen zu einer Einigung.

Nach einer Schamfrist («*decent interval*»), die den USA einen gesichts-wahrenden Rückzug aus Vietnam ermöglichte, eskalierte der Krieg nochmals, und am 30. April 1975 fiel Saigon. Kissinger und Le Duc Tho erhielten 1973 den Friedensnobelpreis; der Vietnamese lehnte diesen konsequenterweise jedoch ab.

Kambodschanischer Bürgerkrieg: Unter dem Eindruck der Vorgänge im benachbarten Vietnam hatte sich die neutralistische Re-gierung unter Prinz Sihanouk bereits in den 1960er Jahren zunehmend in Richtung Nordvietnam umorientiert und stillschweigend dem Viet-cong die Grenzgebiete Kambodschas als Zufluchtsort und Nach-schubbasis überlassen; Nordvietnam und der Vietcong begannen jedoch gegen Ende der sechziger Jahre, Kambodscha über das abge-sprochene Maß hinaus für ihre Zwecke einzuspannen, was Sihanouk unter erheblichen internationalen und inneren Druck brachte. Von den USA ermutigt wurde Sihanouk während eines Staatsbesuchs in Paris schließlich am 18. März 1970 durch das Militär (und mit Zustimmung der Nationalversammlung) abgesetzt. An den Tatsachen wachsender nordvietnamesischer Präsenz in Kambodscha änderte dies aber ebenso wenig wie die sporadischen Militärexpeditionen amerikanischer Trup-pen auf kambodschanisches Gebiet vom Frühjahr 1970. Zudem nahm der Druck der nun von China unterstützten kommunistischen Roten Khmer-Rebellen nach und nach zu. Parallel zur Schlussphase des Viet-namkriegs intensivierte sich auch der Konflikt zwischen den Roten Khmer und den Regierungstruppen des kambodschanischen Militär-regimes (Nr. 132). Am 1. April 1975 flüchtete der Premier Lo Nol nach Hawaii, nachdem Phnom Penh von Roten Khmer eingeschlossen worden war. Die Regierungstruppen ergaben sich am 16. April (zum nachfolgenden Krieg zwischen den Roten Khmer und Vietnam vgl. oben 3.2.).

Komplexe libanesische Verhältnisse: Die Explosivität des liba-nesische Bürgerkriegs 1975–84 (Nr. 138) war eine direkte Folge der Heterogenität und Komplexität der damaligen politischen Verhältnisse des Libanon. Truppen von vier regulären Armeen (die Friedenstrup-pen der USA, Frankreichs, Italiens und Großbritanniens nicht mitge-zählt), zwei Polizeistreitkräfte, mindestens 22 Milizen und 42 Parteien sowie 9 palästinensische Organisationen, die meisten untereinander verfeindet, konkurrierten zeitweilig um die Macht im Staate und die

Kontrolle bestimmter Gebiete (bei einer Bevölkerung von nur 2,6 Millionen). Das politische System des Libanon beruhte bis in die 1970er Jahre hinein auf einem delikaten Gleichgewicht zwischen christlichen und moslemischen Kräften. Mit dem Aufstieg neuer Gruppierungen, namentlich den Palästinensern, geriet dieses Gleichgewicht jedoch aus dem Lot. Seit April 1975 eskalierte der Konflikt Schritt für Schritt: Christliche Milizen lieferten sich Gefechte mit den weit schwächeren moslemischen Milizen; diese riefen die Palästinenser zu Hilfe, zunächst die radikale PLFP und dann die allen anderen Gruppen des Libanon militärisch weit überlegene PLO. Schließlich rettete die syrische Intervention die christlichen Milizen vor der vollkommenen Niederlage. Der 30 000 Mann starken panarabischen (vorwiegend syrischen) Friedenstruppe gelang es nicht, die Auseinandersetzungen vollkommen abzustellen; diese verlagerten sich in den Südlibanon, den die PLO fast vollkommen unter ihre Kontrolle brachte. 1978 intervenierte Israel zum ersten Mal im sog. Fatah-Land des Südlibanon; 1982 stießen israelische Truppen bis nach Beirut vor, wo sie die christliche Falange-Miliz bei ihrem Massaker in den Flüchtlingslagern von Sabra und Schatila gewähren ließen. Erst Mitte der 1980er Jahre flaute der Konflikt etwas ab.

Angolanischer Bürgerkrieg: Mit der Unabhängigkeit Angolas am 11. November 1975 endete formell der Konflikt mit Portugal (vgl. oben 3.3.), aber sogleich begann der Streit unter den rivalisierenden Befreiungsbewegungen und eskalierte in einen neuen Krieg (Nr. 140). Das mit kubanisch-sowjetischer Hilfe in Luanda etablierte MPLA-Regime (*Movimento Popular da Libertação de Angola*) weigerte sich, die Macht mit der anderen angolanischen Befreiungsbewegung, der UNITA (*União Nacional para a Independência Total de Angola*), zu teilen. Der UNITA gelang es hingegen nach und nach, mit südafrikanischer Hilfe weite Teile des angolanischen Südens unter ihre Kontrolle zu bringen und gegen Norden vorzustoßen. Die Kriegsführung musste die stark geschwächte MPLA-Regierung dabei zeitweise fast vollkommen ihren kubanischen Verbündeten überlassen, sodass der Konflikt insgeheim zu einem südafrikanisch-kubanischen wurde. Die Feindseligkeiten erfuhren bei spärlichem Nachschub für die UNITA mitunter längere «Zwangspausen», dauerten aber bis zum Tod des charismatischen UNITA-Chefs Jonas Savimbi am 4. März 2002 an.

Afghanistan als al-Kaida-Standort: Afghanistan, im Schnitt-
punkt der Einfluss-Sphären angrenzender Reiche gelegen, hat seit der
Antike immer wieder erleben müssen, dass ausländische Mächte versuchten, das Land unter ihre Kontrolle zu bringen: Perser, Griechen
(Alexander der Große), Mongolen, die Herrscher Indiens, die Zaren
und die Briten (Nr. 29 und Nr. 64) und schließlich die Sowjetunion,
die hier ihr «Vietnam» erlebte (Nr. 144). Der Krieg der USA 2001/2002
kann als Spätfolge der sowjetischen Intervention und des nachfolgenden Bürgerkriegs gesehen werden, denn dieser schuf die Ausgangslage
für die Machtergreifung der Taliban in großen Teilen Afghanistans, einer Gruppierung fanatischer Koran-Schüler unter ihrem Führer Mul-
lah Omar, die von Pakistan erst «aufgebaut» und dann mit Nachschub
versorgt wurde. Im Oktober 1996 eroberten die Taliban Kabul, und
wenig später nahmen sie Osama bin Laden, den Chef der Terror-
Gruppe al-Kaida bei sich auf, der sich als Mentor und Finanzier Mul-
lah Omars betätigte und im Gegenzug freie Hand bei der Errichtung
von Ausbildungslagern erhielt. Diese wurden von den USA im August
1998 nach den Anschlägen auf die US-Botschaften in Nairobi und
Daressalam mit Marschflugkörpern angegriffen – offenbar aber ohne
Erfolg. Nach dem Anschlag vom 11.September 2001 (Nr. 163, vgl. 5.6.)
gerieten sofort al-Kaida und ihre Gastgeber, die Taliban, ins Visier der
USA. Bereits am 13.September bezeichnete der amerikanische Außenminister Colin Powell Osama bin Laden als Hauptverdächtigen.

Ultimatum und Eskalation: Von Logik und Verlauf her entspricht der nachfolgende militärische Teil des Konflikts einem Bürgerkrieg mit Intervention, dem eine Phase der Risiko-Politik vorausging
(vgl. 7.5.). Am 20.September wurde die Taliban-Regierung ultimativ
zur Herausgabe von bin Laden aufgefordert. Verhandlungen begannen, die auf Taliban-Seite vom stellvertretenden Außenminister Abdur
Rahman Zahid in Pakistan geführt wurden. Während die Taliban auf
Beweisen zur Täterschaft bin Ladens beharrten, der ihr Gast sei (obschon man nicht wisse, wo er sich aufhalte), bestanden die USA auf
Auslieferung. Am 19.September wurden die ersten amerikanischen
Truppen nach Usbekistan, Tadschikistan und an den Persischen Golf
verlegt, ein Zeichen, dass die USA es mit ihrer Drohung ernst meinten.
Als die Gespräche zu keinem Resultat führten, begannen die USA am
7.Oktober mit Luftangriffen auf strategische Ziele in Afghanistan
(Nr. 164). Zunächst wurden die Operationen der inneren Gegner der

Taliban, der Nordallianz, unterstützt, die zunächst nur langsam voran-
kamen, mit wachsender Unterstützung durch Nachschub und Luftunterstützung dann aber zunehmend Erfolge verbuchen konnten. In
einer zweiten Phase begannen gegen Ende Oktober 2001 britische
und amerikanische Kommando-Einheiten mit Operationen am Boden. In einer dritten Phase brach das Taliban-Regime unter dem Bom-
bardement der USA und dem Ansturm der Nordallianz schließlich
überraschend schnell in sich zusammen: am 9. November fiel Mazar-e
Sharif, am 12. November Kabul und am 6. Dezember Kandahar. Am
22. Dezember wurde Hamid Karzai als neuer interimistischer Premier
Afghanistans vereidigt. Allen Befürchtungen zum Trotz, die Sache
werde womöglich ein Ende nehmen wie die sowjetische Intervention
(Nr. 144), hatten die USA den Krieg in 2 Monaten für sich entschieden.
Osama bin Laden entkam in der letzten großen Schlacht bei Tora Bora
über die Grenze nach Pakistan.

Bosnien-Herzegowina: Angesichts der ethnischen Gemenge-
lage und der groß-serbischen Ambitionen Miloševićs war ein Übergreifen des Krieges zwischen Rest-Jugoslawien und Kroatien (Nr. 156,
vgl. oben 3.3.) auf Bosnien-Herzegowina kaum zu vermeiden. Im Fe
bruar 1992 erklärte Bosnien-Herzegowina wie vordem Slowenien und
Kroatien nach einem Referendum seine Unabhängigkeit. Unter dem
Vorwand, die serbische Bevölkerung schützen zu müssen, intervenierte die Bundesarmee Jugoslawiens und begann zusammen mit den
serbischen Milizen weite Gebiete Bosniens zu erobern, bis vor die
Hauptstadt Sarajewo, die monatelang unter heftigen Beschuss geriet
und zu großen Teilen zerstört wurde (Nr. 157). Der Konflikt zwischen
Kroaten und Muslimen eskalierte ebenfalls in schwere bewaffnete
Auseinandersetzungen. In einer beispiellosen Politik der «ethnischen
Säuberung» vertrieben alle Kriegsparteien die Bevölkerung in den
jeweils von ihnen kontrollierten Gebieten, wobei die Serben hierbei
die bei weitem größten Flüchtlingsströme auslösten, zumal weil sie
zeitweilig bis zu zwei Drittel Bosnien-Herzegowinas kontrollierten.
UNO-Sanktionsmaßnahmen vermochten den Krieg nicht einzudämmen. Zahllose lokale und regionale Waffenstillstände wurden
gebrochen, Verhandlungen scheiterten und Friedenspläne wurden
verworfen. Im Frühjahr 1994 trat eine gewisse Erschöpfung aller
Kriegsparteien ein. Kroaten und Muslime schlossen einen Waffenstillstand und einigten sich durch Vermittlung einer Staatengruppe unter

Führung der USA (Washingtoner Abkommen) auf eine Teilung des Landes: 51 % als muslimisch-kroatische Föderation, der Rest als serbische Republik.

Gräueltaten und NATO-Intervention: Die bosnischen Serben waren an einem Frieden vor der Konsolidierung ihres Territoriums aber nicht interessiert. Ins Visier gerieten die muslimischen Enklaven auf serbisch kontrolliertem Gebiet, die zu UNO-Schutzzonen erklärt worden waren und von der UNPROFOR (*UN Protection Force*) geschützt werden sollten (deren Mandat war im November 1993 auch auf Bosnien-Herzegowina ausgedehnt worden). Im Juli 1995 wurden die Enklaven Zepa und Srebrenica überrannt, die Blauhelm-Truppen gefangen gesetzt, die Bevölkerung brutal vertrieben und ein Teil (etwa 7000) ermordet und in Massengräbern verscharrt. Dringende Bitten der Blauhelmtruppen vor Ort um Hilfe angesichts der verzweifelten Lage versandeten auf dem Dienstweg, wie spätere Untersuchungen ergaben (UNO-Bericht vom November 1999). Als schließlich Luftangriffe auf serbische Stellungen begannen, war es zu spät. Neuerliche Angriffe der Serben auf Sarajewo riefen schließlich die NATO auf den Plan, die mit massiven Schlägen aus der Luft serbische Stellungen angriff und Waffenlager zerstörte. Im September begann zudem eine muslimisch-kroatische Gegenoffensive. Derart in die Enge getrieben stimmten die Serben im Oktober 1995 einem Waffenstillstand zu. Im Frieden von Dayton vom November 1995 wurde Bosnien-Herzegowina ein souveräner Staat, bestehend aus zwei Landesteilen, der muslimisch-kroatischen Föderation und der serbischen Republik in Bosnien. Eine NATO-Truppe von 60000 Soldaten (IFOR, *Implementation Force*) überwacht den Frieden.

3.6. Von Mobutu zu Kabila: Afrikas bisher größter Krieg

Krieg als Geschäft: Als bislang größte militärische Auseinandersetzung Afrikas verdient der Bürgerkrieg im Kongo ein eigenes Unterkapitel, auch weil er weitergeht und ein Ende nicht absehbar ist. Anders als die Bürgerkriege in Liberia und Sierra Leone (vgl. 1.8.) konnte der Kongo-Krieg eskalieren, und zwar zunächst horizontal durch das Einmischen der Nachbarstaaten, und dann auch vertikal (also in seiner Gewaltsamkeit), weil diese eigene, erfahrene Truppen und sogar Kampfflugzeuge einsetzten. Nach Schätzungen hat der Krieg im Kongo etwa 3,3 Millionen Opfer gefordert. Ruhe ist im Nordosten und Osten des Landes bisher nicht eingekehrt. Die Zentralregierung des Kongo in Kinshasa ist nicht in der Lage, dieses Gebiet effektiv zu kontrollieren. Von seiner Bevölkerung her ein ethnisches Gemisch, verkehrsmäßig kaum erschlossen, reich an Mineralien und Erdölreserven, die neuerdings im Distrikt Ituri entdeckt wurden, bleibt dieser Teil des Landes ein schwer überschaubarer Tummelplatz von Milizen, ausländischen Truppen und wirtschaftlichen Interessen. In unregelmäßigen Abständen erreichen die Welt Berichte über Massaker von Milizen, die den Truppen der Gegenseite sorgsam aus dem Wege gehen und Kämpfe meiden, dafür dann die Zivilbevölkerung ins Visier nehmen. Der Konflikt zwischen den Hema und Lendu bzw. ihren Milizen geht weniger um Land als um die Kontrolle über zukünftige Reichtümer, die überhaupt erst noch gehoben werden müssen. Bis dahin finanziert der Schmuggel von Gold und Diamanten sowie die Hilfe benachbarter Staaten die Kriegsherren der Region. Hoffnungen auf Geschäfte produzieren Krieg, und Krieg wird zum Geschäft.

Kongo und der Aufstieg Mobutus: Die Republik Kongo, das vormalige Zaire oder Kongo-Kinshasa, wurde 1960 ohne jede Vorbereitung durch die Kolonialmacht Belgien in die Unabhängigkeit entlassen. Regierungschef wurde der glühende Sozialist Patrice Lumumba, der vorausgehende Wahlen gewonnen hatte; Joseph Kasavubu wurde Präsident und Joseph Désiré Mobutu Chef der Armee. Die an Bodenschätzen reiche Südprovinz Katanga (heute Shaba) hatte unter Führung Moïse Tshombés Ambitionen eigener Selbständigkeit entwickelt, diese jedoch zurückgestellt, nur um nach der Unabhängigkeit des Kongo sofort die Sezession zu verkünden. Die Belgier des Kongo, denen die «Revolution» Lumumbas nicht passte, halfen dabei nach Kräften. Lumumba bat daraufhin die UNO um Hilfe. Eine Blauhelm-Truppe wurde zwar entsandt, verhielt sich aber neutral. Lumumba wandte sich nun an die Sowjetunion um Unterstützung, was wiederum amerikanische Ängste schürte, Lumumba könne sich zu einem «Castro» Afrikas entwickeln. Kasavubu, der Präsident, wurde überredet, Lumumba abzusetzen und Oberst Mobutu die Regierung zu übertragen. Der Sicherheitsrat der UNO segnete im November diese Lösung ab. Lumumba floh, wurde jedoch gefangen und von Mobutu an Tshombé ausgeliefert, der ihn brutal umbringen ließ.

Herrschaft Mobutus: Mobutu konsolidierte skrupellos seine Machtposition, schlug 1964/65 eine Revolte von Lumumba-Anhängern nieder und erklärte sich 1965 zum Präsidenten. In den folgenden 32 Jahren regierte er das Land wie ein absoluter Herrscher. Ein bizarrer Kult um die Person Mobutus entstand, der sich fortan als «*Sese Seko Koko Ngbendu Wa Za Banga*» bezeichnete (etwa: allmächtiger Krieger, der durch Ausdauer und Willenskraft Sieg um Sieg erringt). Rücksichtslose Ausbeutung durch ihn, seine Familie und seine Clique von Höflingen machten den Kongo zum Paradefall einer afrikanischen Kleptokratie. Ein Teil der Exporteinnahmen und Entwicklungsgelder wurden auf private Auslandskonti gelenkt, sodass Mobutu zu Mitte der 1980 Jahre, dem Höhepunkt seiner Herrschaft, ein privates Vermögen von gegen 4 Mrd. US-Dollar besaß. Aus Angst, das Land könne im Zuge einer Revolte womöglich kommunistisch werden und der Sowjetunion in den Schoß fallen, hielt ihm der Westen die Stange.

Aufstieg Kabilas: Mit dem Ende des Kalten Krieges wandelte sich die Situation schließlich vollkommen. Seit 1964 hatten sich im südöstlichen Kivu-Gebiet die Gegner Mobutus von der revolutionären Volkspartei RPR halten können und sich mit Schmuggel von Gold und Elfenbein finanziert. Verschiedentlich konnten sie die Provinzhauptstadt Moba am Tanganjikasee einnehmen. Ihr Führer war Laurent Désiré Kabila, der bereits an den Revolten der 1960er Jahre teilgenommen hatte und in den von ihm kontrollierten Gebieten einen bäuerlichen Kommunismus predigte. Dies trug ihm u. a. einen Besuch des Helden der kubanischen Revolution, «Che» Guevaras, ein. Die große Chance Kabilas kam 1996. Paul Kagame, der starke Mann des benachbarten Ruandas und erklärter Feind Mobutus, übergab Kabila die Führung über etwa 2000 gut ausgebildete Tutsi-Milizionäre, die er im Osten Kongos rekrutiert und im Bürgerkrieg Ruandas eingesetzt hatte (vgl. 1.8.). Mit anderen Gegnern Mobutus schloss Kabila das Zweckbündnis der *Alliance des Forces Démocratiques pour la Libération du Congo* (AFDL). Diese bunte Gruppierung vermochte in raschem Vormarsch auf die Hauptstadt das nunmehr morsche Regime Mobutus in nur acht Monaten zu kippen. Niemand in den westlichen Ländern sah einen Grund, Mobutu zu helfen. Kabila wurde Präsident, Mobutu flüchtete außer Landes.

Brügerkrieg: Nun erst begann jene Phase der Entwicklung, die in die Auswahl der Kriege dieser Studie Eingang gefunden hat (Nr. 160) und der bisher größte Krieg Afrikas werden sollte. Die Kriegsallianz Kabilas zerbrach nach eineinhalb Jahren so rasch, wie sie zustande gekommen war. Gegner Kabilas verbündeten sich mit Hutu-Milizen und begannen Kämpfe mit den Tutsi-Milizen Kabilas und der regulären Armee des Kongo. Streitkräfte Ruandas und Ugandas, die im Osten Kongos operierten, um eigene Rebellen im kongolesischen Rückzugsgebiet zu bekämpfen, griffen in die Kämpfe ein. Im Sommer 1998 rebellierte ein Teil der kongolesischen Armee in Goma in der Provinz Nord-Kivu. Als Kabila nun ultimativ den Abzug aller fremden Streitkräfte aus dem Kongo forderte und Friedensgespräche mit den Milizen der Gegenseite begann, wechselten Uganda und Ruanda die Seite und unterstützten fortan das bunte Bündnis seiner Gegner, das *Rassemblement Congolais pour la Démocracie* (RCD). Als ein Sturz Kabilas damit absehbar wurde, intervenierten Zimbabwe, Namibia und Angola auf Seiten Kabilas, was eine weitere Eskalation zur Folge hatte. 1999 entstanden jedoch Risse im Bündnis der Kabila-Gegner, was die Gelegenheit zu Friedensgesprächen unter den Auspizien der Organisation für Afrikanische Einheit (OAU) eröffnete. Zustande kamen aber nur ein brüchiger Waffenstillstand und das Versprechen aller Parteien, den Dialog zu suchen. Faktisch ist die Republik Kongo seither dreigeteilt: Den Westen und Süden kontrolliert die Zentralregierung von Kinshasa aus; im Nordosten operieren ugandische Streitkräfte und verschiedene, rivalisierende Milizen; der Osten wird durch ruandische Milizen und die Kabila-Gegner des RCD beherrscht. Ein Attentat auf Kabila im Januar 2001 führte erneut zu Wirren, bis sich sein Sohn Joseph Kabila als Nachfolger etablieren konnte. Im Dezember 2002 stimmten alle Parteien unter Vermittlung Südafrikas einem Frieden zu; die ausländischen Truppen zogen zum größten Teil ab, und Mitte 2003 wurde eine Regierung auf breiterer Basis gebildet. Im Nordosten und Osten des Landes hingegen läuft der Bürgerkrieg weiter (siehe oben).

4. Katalytischer Kriegsbeginn

4.1. Logik der Initialzündung

Initialzündung: Der Griff zu den Waffen war immer eine einschneidende Entscheidung, die mit Ausnahme ausgeprägter Duellkriege (vgl. 6.1.) selten ohne äußere Anstöße oder Anlässe zustande kam. Ihre Funktion ist dabei eine doppelte: Als äußere Impulse bringen sie Entscheidungs- und Mobilisierungsprozesse in Gang; sie dienen ferner der Welt und der eigenen Gefolgschaft gegenüber der Rechtfertigung. Die meisten dieser Ereignisse waren keine Zufälle, sondern wurden provoziert, einige sogar in voller Absicht inszeniert. Von einer katalytischen Wirkung kann dann gesprochen werden, wenn das infrage kommende Ereignis in der gegebenen Lage eine zwangsläufige, quasi chemische Reaktion auslöst und dabei die neue Substanz «Krieg» erzeugt; man kann also auch inszenierte Zwischenfälle als katalytisch gelten lassen; denn wären sie für den Beginn eines Krieges überflüssig, dann hätten sich die Verantwortlichen kaum die Mühe gemacht, solche zu arrangieren. Die Geschwindigkeit des Vorgangs variiert. Auf der einen Seite gibt es den Funken im Pulverfass, auf der anderen Seite den Funken, der die mehr oder weniger lange Lunte am Pulverfass in Brand setzt. Die Wirkung ist in beiden Fällen letztlich dieselbe.

Vielfalt kriegsauslösender Vorgänge: Von den 165 Kriegen dieser Untersuchung lassen sich 26 Fälle in diesem Sinne als ganz oder teilweise katalytisch verursacht bezeichnen (fast 16 %). Drei Fälle inszenierter Zwischenfälle sollen nachfolgend beschrieben werden. In acht Fällen entstanden Kriege in der Folge unkontrollierbarer Einzelereignisse der verschiedensten Art, vom Bombenanschlag bis zum Fußballspiel. In sieben weiteren Fällen löste ein Krieg sofort den nächsten aus, weil dritte Parteien im ersten Krieg Garantien oder Verpflichtungen eingegangen waren. In sechs Fällen waren innerstaatliche Entwicklungen (Revolution, Sezession, Putsch, Umsturz oder Bürgerkrieg) der auslösende Faktor. Beim Beginn des Krimkrieges und Ersten

Weltkrieges spielten katalytische Vorgänge eine außerordentliche Rolle: Ein erstes katalytisches Ereignis löste zunächst noch nicht den Krieg aus, sondern eine Phase der Risikopolitik; ein weiteres Ereignis erst leitete dann die Phase offener Gewaltanwendung im großen Stile ein. Krimkrieg und Erster Weltkrieg werden als komplexe Vorgänge in gesonderten Unterkapiteln behandelt (4.7. und 4.8.).

4.2. Inszenierte Zwischenfälle

Japanische «Nachtmanöver»: Als Bestandteile des Kriegsbeginns sind plausible Anlässe mitunter unabdingbar (siehe oben). Wenn diese sich nicht selbst einstellten oder nichts dem Zufall überlassen werden soll, inszenierte die Politik solche Ereignisse mitunter gleich in eigener Regie. Meister in der Provokation von Zwischenfällen als Vorwand für bewaffnete Expansion war Japan. Am Beginn des mandschurischen Krieges 1931–33 (Nr. 98) stand eine Kontroverse Japans mit China: Eine Bombe hatte am 18. September 1931 bei Mukden die Gleise der mandschurischen Eisenbahn, an der Japan Benutzungsrechte besaß, beschadigt. Unter dem Vorwand, die Eisenbahnverbindung zwischen Mukden und dem japanischen Port Arthur vor weiteren Sabotageakten Chinas schützen zu müssen, besetzten japanische Truppen in «Nachtmanövern», wie es hieß, das Eisenbahngelände bei Mukden und die angrenzende Stadt. An der Marco-Polo-Brücke bei Peking kam es zu Beginn des chinesisch-japanischen Krieges 1937–45 (Nr. 101) zu einem ähnlichen Zwischenfall: Japanische Truppen, wieder auf «Nachtmanöver», provozierten chinesische Truppen und lieferten sich mit diesen am 7. Juli 1937 ein Gefecht. Diese «Herausforderung» quittierte Japan nun mit dem offenen Angriff auf China.

Überfall auf Polen: Ganz in eigener Regie inszenierte das Nazi-Regime am 31. August 1939 auf den Sender Gleiwitz einen «polnischen» Übergriff, der dem deutschen Überfall auf Polen direkt vorausging und Hitler die Gelegenheit bot, in diesem Zusammenhang von «zurückschießen» zu sprechen (Nr. 104). Gut eine Woche vorher hatte Hitler in seiner Sommerfrische auf dem Obersalzberg die Aktion angekündigt: «Ich werde propagandistischen Anlass zur Auslösung des Krieges geben, gleichgültig, ob glaubhaft. Der Sieger wird später nicht danach gefragt, ob er die Wahrheit gesagt hat oder nicht.»

4.3. Unkontrollierte Ereignisse

Ohrfeige: Während die europäischen Staaten zu Beginn des 19. Jahrhunderts in den Koalitionskriegen verstrickt waren, trieben die Piraten Nordafrikas fast ungehindert ihr Unwesen; man fand zunächst keine Zeit, sich mit dem Problem zu befassen und zahlte Tribut. Nur die USA unternahmen 1801 bis 1815 verschiedentlich Expeditionen gegen die Piraten Algeriens und Tunesiens, bis nach Ende der napoleonischen Kriege die europäischen Staaten schließlich dem Piratenproblem ein Ende setzten. Briten und Holländer griffen im Sommer 1816 Algier an und befreiten 3000 Europäer, die zwecks Erpressung von Lösegeld dort gefangen gehalten worden waren. Der Eroberung Algeriens durch Frankreich gingen Spannungen voraus, die ihren Höhepunkt erreichten, als der Bey von Algier bei einer Unterredung am 30. April 1827 den französischen Konsul ins Gesicht schlug. Frankreich begann daraufhin mit der Blockade von Algier und seit Sommer 1830 mit einer regelrechten Invasion (Nr. 31).

Indische Aufstände und Boxeraufstand: Der zweite Krieg Englands gegen die Sikhs (Nr. 38) begann mit einem Zwischenfall in Multan am 10. April 1848, bei dem zwei britische Offiziere den Tod fanden; die daraufhin angeordneten Repressalien der Regierung versetzten den gesamten Pandschab innerhalb kürzester Zeit in Aufruhr. Der große indische Aufstand 1857–58 (Nr. 44) entstand in der Folge einer Meuterei von Sepoys (einheimischen Hilfstruppen) der Ostindischen Gesellschaft. Latente Spannungen zwischen den einheimischen Truppen und ihren britischen Offizieren entluden sich in offenem Aufruhr, als die Briten sich anschickten, einen neuen Typ von Gewehr einzuführen. Die dazu gehörigen Kartuschen besaßen eine Hülse aus fettgetränktem (also Wasser abstoßendem) Papier, die vor dem Ladevorgang mit den Zähnen aufgebissen und entfernt werden musste. Es entstand nun das Gerücht, zum Einfetten der Kartuschenhülsen sei Fett vom Schwein (für Moslems unrein) bzw. vom Rind (für Hindus heilig) benutzt worden. Am 10. Mai 1857 lehnten 85 Sepoys in der Garnison der bengalischen Armee in Meerut (Mirat) bei Delhi die neuen Waffen ab und wurden wegen Befehlsverweigerung mit Arrest bestraft. Während die Briten (Mannschaften und Offiziere) beim Gottesdienst weilten, befreiten einheimische Soldaten ihre Kameraden und töteten mit diesen zusammen schließlich alle noch anwesenden Europäer einschließlich der Frauen und Kinder. Ehe Gegenmaßnahmen getroffen werden konnten, hatte sich die Revolte bis in das nahe Delhi ausgebreitet. Die Misshandlung von Missionaren und (einheimischen) Christen, überhaupt Ausschreitungen gegen Ausländer und ihre Einrichtungen in China waren das Signal zur Intervention einer alliierten Expeditionsmacht im Boxeraufstand von 1900 (Nr. 81, vgl. 3.4.).

Spanisch-amerikanischer Krieg: Der Konflikt der USA mit Spanien von 1898 (Nr. 78) begann mit einem Zwischenfall im Hafen von Havanna, bei dem das amerikanische Kriegsschiff «Maine» durch eine Detonation schwer beschädigt wurde und schließlich mit seiner Besatzung sank. In Washington vermutete man einen spanischen Terrorakt und reagierte mit einem Ultimatum. Nach dessen nur schleppender Behandlung durch die spanischen Behörden entschloss man sich nicht nur zur Intervention, sondern zum Krieg gegen Spanien überhaupt. Das vollkommen rücksichtslose und brutale Vorgehen Spaniens im kubanischen Bürgerkrieg der Vorjahre war der Öffentlichkeit der USA durch Berichte der Sensationspresse in wacher Erinnerung. Der neuerliche Zwischenfall verlangte nun nach entschiedenen Maßnahmen («*Remember the ‹Maine› – to hell with Spain*»). Die Invasion Kubas gestaltete sich zunächst schwieriger als vermutet. Aber gegen die moderne amerikanische Marine besaß die alte Kolonialmacht Spanien keine Chance. Die USA hatten den Krieg in dem Bewusstsein begonnen, für eine gerechte Sache zu kämpfen – sie war zudem aber auch profitabel: Spanien gab seine Souveränität über Kuba auf, und dieses wurde (zum Ärger der Kubaner) zunächst nicht selbstständig, sondern amerikanisches Protektorat. Die USA übernahmen zudem Puerto Rico, Guam und die Philippinen von Spanien («käuflich» für den Preis von 20 Millionen US $).

Erster Nahostkrieg: Auftakt zum ersten Nahostkrieg (Nr. 118) war der Abzug der britischen Schutzmacht aus ihrem Mandatsgebiet Palästina. Am 29. November 1947 wurde auf Beschluss der UNO-Vollversammlung mit 33 gegen 13 Stimmen bei 10 Enthaltungen das britische Mandat über Palästina beendet und das Land auf den 1. Oktober 1948 in einen jüdischen und einen arabischen Staat geteilt. Schon wenige Tage später begannen Auseinandersetzungen zwischen den Mitgliedern der «Arabischen Befreiungsarmee» und den jüdischen Untergrundorganisationen Irgun und Stern. Obwohl sich offizielle jüdische Vertreter und auch die größere Untergrundorganisation Haganah zurückhielten, begannen Terror und Gegenterror sich unter den Augen der vollkommen machtlosen britischen Mandatsmacht auszuweiten. Der vorverlegte Abzug der britischen Truppen am 14. Mai 1948 war schließlich «Startschuss» für den offenen Beginn der Kämpfe. Die fünf arabischen Nachbarstaaten Ägypten, Transjordanien (seit 1950: Jordanien), Irak, Syrien und Libanon intervenierten, um die Teilung Palästinas zu verhindern; jüdische Verbände hatten jedoch in den vorausgegangenen Tagen bereits die wichtigsten strategischen Punkte in Besitz genommen (darunter 100 arabischen Dörfer, deren Bewohner vertrieben wurden) und leisteten erfolgreich Widerstand. Im Januar 1949 endete der Krieg mit einem Waffenstillstand auf Vermittlung der UNO.

Fußballkrieg: Nicht die Fußball-Leidenschaft der beiden mittelamerikanischen Staaten Honduras und El Salvador war der Grund des Krieges zwischen beiden Ländern, der am 14. Juli 1969 mit Luftangriffen begann und bereits vier Tage später wieder endete (Nr. 130), sondern Spannungen über Migrationsprobleme. In den sechziger Jahren waren etwa 300 000 Bürger El Salvadors auf der Suche nach Land oder Arbeit in das benachbarte Honduras gezogen und hatten sich dort ohne Erlaubnis der überforderten honduranischen Behörden niedergelassen. Bereits im Frühjahr 1967 war es zu Spannungen gekommen, als Honduras den Versuch unternahm, der unkontrollierten Einwanderung aus dem Nachbarland einen Riegel vorzuschieben. Wachsende Spannungen entstanden dann 1968 infolge der honduranischen Landreform, in deren Verlauf eine Anzahl salvadorianischer Siedler von den durch sie besetzen Parzellen durch die neuen honduranischen Besitzer verjagt wurden. Unruhen und Handgreiflichkeiten waren die Folge, verschärften sich dann aber anlässlich eines Fußballturniers (beim zweiten Spiel der Mannschaften beider Länder gegeneinander) zu umfassenden Krawallen. Das dritte Spiel drohte nun in einen offenen Bürgerkrieg der Einwohner und Behörden von Honduras gegen die Emigranten auszuarten; in dieser Situation entschloss sich El Salvador zum militärischen Eingreifen.

Ruanda und Eritrea-Äthiopien: Der Bürgerkrieg Ruandas (Nr. 158) begann mit dem Absturz der Maschine des Präsidenten Juvénal Habyarimana am 6. April 1994 über dem Flughafen von Kigali, der

Hauptstadt des Landes. Die Umstände sind bis heute ungeklärt, allerdings wurde sofort ein Attentat der Tutsi-Rebellen vermutet. Kämpfe setzten ein und steigerten sich schließlich zu einem eigentlichen Genozid der Hutu an den Tutsi (vgl. 1.8.). Der Krieg zwischen Eritrea und Äthiopien um Grenzprobleme in den Jahren 1998–2000 (Nr. 161) entzündete sich an einem Zwischenfall in der Grenzstadt Badme und wird weiter unten (4.5.) im Kontext der Sezession Eritreas von Äthiopien (Nr. 137) behandelt.

4.4. Krieg als Auslöser weiterer Kriege

Verpflichtungen und Garantien: Kriegserfolge und Kriegsniederlagen lösen dann weitere Kriege aus, wenn dritte Staaten informelle oder formelle Garantien für das angegriffene oder unterlegene Land eingegangen sind. Der erfolgreiche Griff Persiens nach Afghanistan, dessen Unabhängigkeit Großbritannien im Interesse seiner indischen Besitzungen aufrechterhalten wollte, löste den Krieg Englands gegen Schah Nasr ed-Din 1856–57 aus (Nr. 43, vgl. 2.3.). Der russisch-türkische Krieg 1877–78 (Nr. 62) entstand in der Folge der serbisch-montenegrinischen Niederlage im Krieg mit den Türken 1875–76 (Nr. 61, vgl. unten 4.6.). Die Einmischung Russlands war abzusehen, denn Serbien war zwar formell ein autonomer Bestandteil des osmanischen Reiches, aber seit 1830 russisches Protektorat. In der Armee des russischen Klientelstaates Serbien dienten russische Freiwillige unter dem Kommando russischer Offiziere; auch fühlte sich der Zar als Schutzherr der orthodoxen Christen des Balkans betroffen. Russland ging aus diesem Konflikt als Sieger hervor, da England und Österreich es nach den Erfahrungen des Krimkrieges 1853–56 mit Protesten bewenden ließen. Bismarck vermittelte als «ehrlicher Makler»: Serbien wurde zwar selbständig, aber Österreich erhielt Bosnien-Herzegowina, was dort einen Aufstand auslöste (vgl. 2.4.).

Ausweitung der Weltkriege: Bei der Ausweitung der beiden Weltkriege spielten ebenfalls Garantien eine bedeutende Rolle. Für Großbritannien war 1914 die Verletzung der belgischen Neutralität durch die Truppen des Deutschen Reiches das Zeichen zum Kriegseintritt (Nr. 90), selbstverständlich aber nicht das eigentliche Motiv, obschon man die britische Öffentlichkeit und das Unterhaus dies glauben ließ. Belgien war 1839 als neutraler Staat gegründet worden. Die Garantiemächte Belgiens besaßen das Recht aber keinesfalls die Pflicht, im Falle von Gefahr für die belgische Neutralität einzugreifen. Dennoch war die britische Öffentlichkeit gerne bereit, an eine Verpflichtung Großbritanniens zur Wiederherstellung der belgischen Neutralität als Grund des Kriegseintritts zu glauben. Tatsächlich hatte sich auch Großbritannien schon lange vorher auf einen Krieg mit dem Deutschen Reich vorbereitet und mit Frankreich Mobilisierungspläne koordiniert. In ähnlicher Weise hatten Frankreich und Großbritannien 1939 mit ihrer Garantie für Polen einen Prüfstein geschaffen, an dem sich die Absicht und Risikobereitschaft Hitlers würde testen lassen. Mit dem Überfall auf Polen war 1939 für Großbritannien und Frankreich der *casus belli* gegeben (Nr. 104; vgl. 5.3. und 8.5.).

4.5. Revolutionen und Putsch als Kriegsauslöser

Bangladesch: Der zweite Krieg Indiens mit Pakistan (1965) entwickelte sich als Eskalation von Grenzzwischenfällen (vgl. 3.2.), während der dritte Krieg zwischen den beiden Staaten des Subkontinents 1971 nun wiederum katalytisch entstand. Auslöser des Konflikts war der Bürgerkrieg in Ostpakistan. Die sezessionistischen Kräfte hatten Wahlen gewonnen und nach Auseinandersetzungen mit dem weitgehend von Westpakistanern beherrschten Militär am 26. März 1971 die Ostprovinz als Bangladesch für unabhängig erklärt. Indien beschränkte sich zunächst auf diskrete Hilfe für die Sezessionisten der *Mukti Bahini* (Befreiungsarmee), aber nach und nach wurden auch indische Truppen im Grenzbereich in die Kämpfe verwickelt; sie erhielten am 28. November die offizielle Erlaubnis der Regierung, auf ostpakistanischem Gebiet zumindest gegen jene Stellungen vorzugehen, aus denen heraus sie beschossen wurden. Am 3. Dezember 1971 brach mit voller Wucht der dritte Krieg Indiens mit Pakistan im Westen aus (Nr. 133). Beide Seiten beschuldigten sich, den Krieg begonnen zu haben; vieles spricht dafür, dass es sich um den pakistanischen Versuch einer Entlastung seiner Truppen in der Ostprovinz handelte. Nach 14 Tagen war der Krieg vorbei. 90 000 pakistanische Soldaten ergaben sich den indischen Streitkräften und Ostpakistan wurde als Bangladesch selbstständig.

Zyperninvasion: Ein durch das griechische Obristenregime gesteuerter Putsch auf Zypern im Sommer 1974, dessen Fernziel der Anschluss der Insel an Griechenland (*Enosis*) war, führte zunächst zum Bürgerkrieg zwischen den Anhängern der neuen Machthaber (vor allem dem von griechischen Offizieren kommandierten Militär) und den loyalen Anhängern der legitimen Regierung des Erzbischofs Makarios (vor allem der griechisch-zypriotischen Polizei); daneben kam es zu Massakern an der türkischen Minderheit. Diese Ereignisse bewogen die Türkei am 20. Juli 1974 zur direkten Intervention mit Fallschirmtruppen und Landungsunternehmungen. In heftigen Kämpfen mit den griechisch-zypriotischen Truppen besetzten sie den gesamten Nordteil der Insel (Nr. 136). In Athen stürzte die Junta über die Affäre, nachdem sie das Land an den Rand eines vollkommen aussichtslosen Krieges mit der Türkei gebracht hatte. Die türkischen Truppen eroberten nach und nach ca. 37 % des Gebietes der Insel und gründeten in diesem die türkische Republik Zypern. Die Überwachung des Waffenstillstandes wurde den UNO-Truppen (UNFICYP) übertragen, die bereits seit 1964 in Zypern stationiert waren.

Eritrea: Am 12. September 1974 wurde in Äthiopien nach einem Putsch Kaiser Haile Selassi abgesetzt, und eine linksgerichtete Militärjunta übernahm die Macht. Im dem nun folgenden Bürgerkrieg sahen die ebenfalls ideologisch weit links angesiedelten sezessionistischen Kräfte Eritreas ihre historische Chance und intensivierten den bereits seit 1961 vor sich hinschwelenden Kampf gegen die Zentralregierung, die schließlich nur noch die großen Städte kontrollierte und fast den Zugang zu den Häfen Massaua und Assab verlor (Nr. 137). Die sozialistischen Länder, die Eritrea lange Zeit unterstützt hatten, wechselten nun aber die Front. Sowjetische und kubanische Berater übernahmen die Führung des Krieges und der Widerstand Eritreas brach 1980 in sich zusammen. 1991 war die eritreische Befreiungsfront EPFL stark genug, erneut einen Krieg zu beginnen, den sie angesichts der desolaten Lage Äthiopiens für sich entschied. 1993 wurde Eritrea selbstständig.

Grenzkrieg Eritreas mit Äthiopien: Der strittige Grenzverlauf zwischen beiden Ländern im sog. Yirga-Dreieck lieferte seit der Unabhängigkeit Eritreas Konfliktstoff. Äthiopische Truppen hatten im Juli 1997 ohne großen Widerstand die eritreische Stadt Adi-Murug besetzt und eine eigene Lokalverwaltung installiert. Zunächst wurde eine friedliche Lösung anvisiert und eine bilaterale Grenzkommission nahm die Arbeit auf. Ein Zwischenfall in der Stadt Badme, bei dem es zu Schusswechseln zwischen Truppen beider Staaten gekommen war, löste dann den Aufmarsch der Streitkräfte beider Länder aus. Äthiopien verhängte einen Handelsboykott gegen Eritrea, das seinerseits die für Äthiopien wichtigen Häfen Assab und Massaua schloss. Danach kam der Krieg vollständig in Gang, mit regelrechten Schlachten und Bombardierungen aus der Luft, Massenvertreibungen und tausenden von Opfern, vor allem unter Zivilisten. Während der Regenzeit von etwa Juli bis September flauten die Kämpfe jeweils ab, um danach wieder voll einzusetzen (Nr. 161). Im Frühjahr 2000 begannen nach der vollkommenen Erschöpfung beider Seiten von der Organisation für Afrikanische Einheit OAU vermittelte Friedensverhandlungen.

Timor-Konflikt: Die portugiesische Revolution vom 25. April 1974 brachte auch in der portugiesischen Überseebesitzung Ost-Timor die politische Szene in Bewegung; Unabhängigkeit oder Anschluss an Indonesien (das die Westhälfte der Insel von den Holländern zu Ende des Zweiten Weltkriegs übernommen hatte) war die Frage. Im August 1975 entstanden bewaffnete Auseinandersetzungen zwischen der nationalistischen Unabhängigkeitsbewegung Fretelin und zwei miteinander rivalisierenden pro-indonesischen Gruppen. Fretelin erklärte am 28. November 1975 die Unabhängigkeit Ost-Timors; dies war nun für Indonesien das Signal zum Einmarsch und zur Besetzung Ost-Timors gegen den heftigen Widerstand der Fretelin (Nr. 139). Es entwickelte sich in der Folge ein Bürgerkrieg mit stark wechselnder Intensität: Operationen der Fretelin und Vergeltungsmaßnahmen der indonesischen Truppen bzw. pro-indonesischer Milizen, und zwar bis hin zu regelrechten Massakern an jenem Teil der Zivilbevölkerung, der mit den Rebellen der Fretelin sympathisierte. Seit 1992 fanden Friedensgespräche zwischen alle Gruppierungen der Insel unter Aufsicht der UNO statt. Einen Durchbruch brachte erst der Sturz des Regimes Suharto in Jakarta 1998. Sein Nachfolger Habibie erklärte sich 1999 bereit, ein Referendum über die Unabhängigkeit des Ostteils Timors durchzuführen. Dieses ergab eine Mehrheit von 78 % für die Unabhängigkeit. Indonesische Truppen und Milizen entfachten im September 1999 jedoch eine neuerliche Welle der Gewalt mit Massakern an der Zivilbevölkerung und der Verschleppung von

Befürwortern der Unabhängigkeit nach West-Timor. Daraufhin intervenierten australische UNO-Truppen, stellten Ost-Timor unter UNO-Verwaltung und organisierten Wahlen für eine Regierung.

4.6. Aufstände als Kriegsauslöser

Heiliger Krieg: Italiens erster Versuch einer Einigung begann 1848 mit Aufständen gegen die österreichisch-ungarische Besatzung in den oberitalienischen Städten und später im ganzen Lande (Nr. 35); dies war das Zeichen für Sardinien-Piemont sich an die Spitze der Bewegung zu stellen und einen regulären Krieg gegen die Besatzungsmacht Österreich zu führen – allerdings ohne Erfolg (vgl. 3.4.). In einer Entscheidungsschlacht bei Novara bezwang der österreichische Feldmarschall Radetzky die italienische Einigungsbewegung, die daraufhin in sich zusammenbrach.

Deutsch-dänische Kriege: Die beiden Kriege Dänemarks mit Preußen 1848–49 und mit Preußen und Österreich 1864 (Nr. 36 und Nr. 54) wurden jeweils durch den danischen Versuch ausgelöst, das Herzogtum Schleswig dem dänischen Königreich anzugliedern, was wiederum Unruhe unter der deutschen Bevölkerung zur Folge hatte, die allerdings von preußischer Seite durchaus geschürt wurde (vgl. 6.3.); man könnte diesen Fall also auch unter dem Titel eines inszenierten Krieges abhandeln.

Serbische Unabhängigkeit: Ähnliches gilt für den serbisch-montenegrinischen Krieg gegen Russland (Nr. 61). In den türkischen Vasallenstaaten Bosnien und der Herzegowina kam es 1875/76 zu Aufständen der christlichen Bevölkerung gegen die moslemischen Besatzungstruppen; Serbien und Montenegro, die eigentlichen Drahtzieher der Aufstände, begannen daraufhin einen Krieg mit dem osmanischen Reich, dem sie formell als Teil noch angehörten.

Griechisch-türkischer Krieg: Auslösendes Ereignis des griechisch-türkischen Krieges von 1897 (Nr. 77) war der kretische Aufstand gegen die türkische Fremdherrschaft, der im Vorjahr 1896 begonnen hatte. Der Aufstand leitete zunächst zu einer Phase des begrenzten Engagements und der Eskalation über: Griechenland unterstützte den

Kampf der Kreter sofort mit Truppen und Schiffen, aber dies rief nur die Großmächte (England, Frankreich und Italien) auf den Plan, da sie um das morsche osmanische Reich fürchteten. Sein Zusammenbruch hätte unabsehbare Folgen für das politische Gleichgewicht im Balkanraum und im östlichen Mittelmeer gebracht und sollte um jeden Preis verhindert werden. Sie errichteten schließlich eine Blockade um Kreta mit dem Zweck, die griechische Intervention zu unterbinden. Dies veranlasste Griechenland nun aber seinerseits zu Entlastungsaktionen für die Aufständischen im Norden, gegen die türkischen Gebiete Thessaliens und des Epirus. Griechenland war für den Krieg allerdings schlecht gerüstet, während die türkischen Truppen gerade mit deutscher Hilfe in Form gebracht worden waren. Griechenland musste schließlich seine Truppen aus Kreta zurückziehen und willigte im Mai 1897 in einen Waffenstillstand ein. Kreta wurde unter das Protektorat der europäischen Mächte gestellt und erhielt eine eigene Regierung. Erst mit dem Vertrag von London 1913 wurde Kreta griechisch.

Kaschmirkrieg: Die Nachkriegsgeschichte des indischen Subkontinents wurde maßgeblich durch dessen Teilung in die vorwiegend von Hindus bewohnte indische Union und die vorwiegend von Moslems bewohnte Republik Pakistan bestimmt, die zudem durch Indien in einen West- und Ostteil zerfiel. Bereits die Gründung der beiden Staaten 1947 führte zur sofortigen Konfrontation. Kaschmir schloss sich auf Entscheidung des Radschah, eines Hindu, am 26. Oktober der Indischen Union an, die vorwiegend moslemische Bevölkerung wünschte jedoch einen Anschluss an Pakistan. So brachen am 27. Oktober bereits Unruhen aus, zu deren Bekämpfung indische Unionstruppen herbeigeschafft wurden. Anfang November überquerten daraufhin pakistanische Truppen die Grenze zu Kaschmir und intervenierten auf der Seite der Rebellen (Nr. 116). Am 1. Januar konnte die UNO einen Waffenstillstand vermitteln. Kaschmir wurde zum Dauerproblem zwischen Indien und Pakistan; eine Lösung ist auch heute noch nicht in Sicht.

4.7. Krimkrieg: Vom Mönchsgezänk zum Stellungskrieg

Schlüsselgeschichte: Ein lappischer Streit der Mönchsgemeinschaften Jerusalems um Zugangs- und Kontrollrechte an den heiligen

Stätten löste 1853 zunächst eine Konfrontation zwischen Frankreich und Russland aus, die sich nach und nach zum großen Krieg ausweitete. Die Schlichtung des Streits wäre die Aufgabe der türkischen Behörden gewesen (Palästina war Teil des osmanischen Reiches) und hätte kaum Probleme bereitet, wenn sich die Großmächte nicht sofort eingemischt hätten. So geriet das osmanische Reich also aus nichtigem Grunde zwischen die Fronten. Frankreich war Schutzmacht der katholischen Mönchsgemeinschaft Jerusalems und sandte ein Kriegsschiff an den Bosporus; prompt erhielten die Katholiken die begehrten Schlüssel zu den heiligen Stätten. Russland, Schutzmacht der orthodoxen Christenheit, sandte daraufhin eine Armee an die türkische Grenze im Donaugebiet; die Katholiken verloren ebenso prompt die Schlüssel und die Orthodoxen erhielten sie.

Konferenz und Kriegsbeginn: Der eigentliche Grund der Krise war selbstverständlich nicht das Mönchsproblem, sondern das Misstrauen der Großmächte, die jeweils andere Seite könne das prekäre Gleichgewicht der Kräfte im östlichen Mittelmeerbereich zu ihren Gunsten verändern (vgl. 8.3.). Zunächst jedoch kam man auf die vernünftige Idee, zur Beilegung des Streits eine Konferenz nach Wien einzuberufen, und in der Tat wurde ein Kompromiss gefunden, aber nur in der vordergründigen Streitfrage um die heiligen Stätten. Das eigentliche Problem stand gar nicht zur Diskussion. Nun fühlten sich aber die Türken übergangen. Sie lehnten die Lösung der Wiener Konferenz, an der sie nicht teilgenommen hatten, rundweg ab, was wiederum Zar Nikolaus I. verärgerte. Um Druck auf die Türken auszuüben und als Zeichen seines Unmuts ließ er Truppen in die (damals zum osmanischen Reich gehörenden) Donaufürstentümer Moldau und Walachei einmarschieren. England und Frankreich sandten daraufhin – mehr zur moralischen als tatsächlichen Unterstützung der Türken – eine Flotte an den Bosporus. Wider Erwarten traten die Türken jedoch die Flucht nach vorne an und erklärten Russland am 4. Oktober 1853 den Krieg (Nr. 42).

Ausweitung des Krieges: Der Konflikt zwischen Russland und den Türken wäre wohl wie andere vorher relativ glimpflich verlaufen, wenn nicht zwei zusätzliche Ereignisse zur massiven Einmischung weiterer Großmächte geführt hätten. Die Türken hatten Russland überraschenderweise den Krieg erklärt, und ebenfalls ganz wider

Erwarten wurden die Russen in Südrumänien durch türkische Truppen geschlagen. Dies war das erste der beiden entscheidenden Ereignisse. Der Zar befahl daraufhin die Vernichtung der altersschwachen türkischen Flotte bei Sinope, und dies war das zweite entscheidende Ereignis, das nun die Ausweitung des Krieges auslöste. Das «Massaker von Sinope», wie es die europäische Presse nannte, brachte die öffentliche Meinung Englands und Frankreichs nun vollkommen gegen das ohnehin seit 1848 als Kopf der Gegenrevolution weithin verhasste Russland auf, und Rufe nach Vergeltung wurden laut. Frankreich war sofort für militärische Maßnahmen, die britische Regierung zögerte noch, entschloss sich aber dann ebenfalls für eine gemeinsame Intervention. Alliierte Truppen landeten schließlich bei Warna zum Entsatz des durch die Russen belagerten Silistria in Bulgarien. Nach der Intervention Englands und Frankreichs hätte der Krieg rasch beendet sein können: Russland geriet in Bedrängnis und entschloss sich zum Abbruch des Krieges, zumal auch noch Österreich Truppen gegen Russland in Marsch gesetzt hatte – mit türkischer Zustimmung erhielt Österreich für diesen Dienst die Fürstentümer Moldau und Walachei. Erst als man sich über die Friedensbedingungen nicht einig wurde, begann jene Phase des Krieges, die man heute mit seinem Namen verbindet, der Stellungskrieg auf der Krim (vgl. 8.3.).

4.8. Erster Weltkrieg: Vom Thronfolgermord zum Zweifrontenkrieg

Reise in die Provinz: Ähnlich verlief die Entwicklung zu Beginn des Ersten Weltkrieges. Der Thronfolgermord vom 28. Juni 1914 löste nicht den Krieg aus, wie pauschalierend oft behauptet wird, sondern zunächst die Risikopolitik der Julikrise (vgl. 7.2.), und auch diese verlief zunächst recht schleppend. Erst die russische Mobilmachung vom 29./30. Juli, also mehr als 4 Wochen später, brachte den Krieg dann in Gang. Bosnien mit seiner Hauptstadt Sarajevo war erst 1908 zu Österreich-Ungarn gekommen. Die Reise des Erzherzogs in die traditionell unruhige Balkan-Provinz war bekanntermaßen ein Wagnis, das Franz Ferdinand in seiner Eigenschaft als Generalinspekteur des Heeres unternahm – dies erlaubte es ihm, seiner nicht ganz standesgemäßen Ehefrau, der Erzherzogin Sophie, einen Auftritt zu verschaffen (Taylor 1979:102). Die Untersuchung ergab, dass auf dem Weg der

Besucher durch die Stadt bereits fünf Anschläge missglückt waren; vier waren zunächst noch unbemerkt geblieben, und erst ein Bombenattentat hatte die Besucher in große Aufregung versetzt. Empört über diese Art der «Begrüßung» beschloss der Erzherzog, die Stadt sofort zu verlassen; erst auf dem Rückweg trafen ihn die Schüsse des jungen Attentäters Gavrilo Princip (Nr. 90).

Mobilisierungs-Puzzle: Mehr noch als 1866 beim preußisch-österreichischen Krieg spielten die Mobilisierungspläne eine ganz bedeutende Rolle, dabei nun vor allem die Eisenbahnen (das Straßensystem war zu Beginn des 20. Jahrhunderts überall in einem vollkommen unterentwickelten Zustand), sodass man vielleicht besser von Mobilisierungs-Fahrplänen spricht (Taylor 1979). Alles war mehr oder weniger bis auf die Minute vorausberechnet, kurzfristige Änderungen angesichts der Komplexität der Pläne vollkommen ausgeschlossen. Deutschland hatte sich mit dem Schlieffen-Plan auf die Eventualität eines Blitzkrieges gegen Frankreich vorbereitet; eine Mobilisierung allein gegen Russland wäre möglich gewesen, hätte den Schlieffen-Plan aber seiner Basis beraubt. Der spätere und für unausweichlich angesehene Kriegseintritt Frankreichs in einen eventuellen deutschen Konflikt mit Russland hätte das Deutsche Reich hingegen in die Schwierigkeit gebracht, einen Zweifronten-Krieg führen zu müssen; dies wollte man aber vermeiden. Österreich hätte gegen Serbien mobilisieren können, wäre damit aber einer russischen Intervention gegenüber schutzlos geblieben. Russland schließlich hätte nach Plan gegen Österreich intervenieren können, wäre dann aber einem deutschen Eingreifen gegenüber schutzlos geblieben.

Mobilmachung: Das diplomatische Hin und Her nach dem Thronfolgermord dauerte noch volle vier Wochen, ehe die Kriegserklärung Österreichs an Serbien erfolgte. Selbst dieses Ereignis war für den Beginn des Weltkrieges noch nicht ausschlaggebend. Was diesen eigentlich lokalen Konflikt dann zum Weltkrieg werden ließ, war die russische Reaktion auf das österreichische Vorgehen gegen Serbien und ihre Bewertung durch die deutsche Reichsführung. Anders als von der deutschen und österreichischen Diplomatie erwartet war die russische Führung nicht bereit, diese neuerliche Balkankrise zu einer weiteren Demütigung Russlands umfunktionieren zu lassen und beschloss, ein Zeichen zu setzten, zunächst am 29. Juni 1914 mit der Teilmobil-

machung gegen Österreich. Einen Tag später dann wurde die Generalmobilmachung beschlossen, um Deutschland gegenüber für den Fall
eines Krieges nicht schutzlos zu sein.

Zweifronten-Krieg: Mobilmachung bedeutet in der Regel
nicht Krieg; man holt die Waffen hervor, zieht die Reservisten ein und
bringt die Truppen in ihren Aufmarschräumen in Bereitschaft. Die
deutsche Mobilmachung war die Ausnahme von der Regel. Spätestens
mit dem Zusammenbruch des Bismarckschen Bündnis- und Vertrags-
systems, also seit der Kündigung des sog. Rückversicherungsvertrages
mit Russland 1890, hatte sich der deutsche Generalstab sehr intensiv
mit der Möglichkeit eines Zweifronten-Krieges zu befassen. Die
Grundannahme dieser Überlegungen bestand nun darin, dieser sei um
jeden Preis zu vermeiden, weil das Reich ihn nicht zu führen imstande
sei. Das einzige Instrument zur Vermeidung eines Zweifrontenkrieges
war aus deutscher Sicht der Blitzkrieg gegen Frankreich, um dann freie
Hand für Russland zu haben. Geschwindigkeit und Überraschung
sind nun aber die Voraussetzungen eines erfolgreichen Blitzkrieges
(vgl. 5.1.), und so hatte man den Angriff gegen Frankreich (über belgi-
sches Gebiet, um die Festungswerke Frankreichs zu umgehen) zum
integralen Bestandteil des Mobilisierungsplanes gemacht.

Versagen der Politik: Die russische Mobilmachung war im
Nervenkriegs-Szenarium der deutschen Diplomatie nicht vorgesehen.
Man verstand diesen Schachzug Russlands als eigentliches Zeichen,
dass die gesamte Entwicklung der Krise außer Kontrolle geraten war
und übergab die Führung dem Generalstab. Die Militärs kamen zu
derselben Auffassung und reagierten wie geplant. Sie lösten am 1. August die Generalmobilmachung aus, die nach Sinn und Wirkung Krieg
bedeutete; zwei Tage später marschierten deutsche Truppen in Belgien
ein.

5. Überfall und Blitzkrieg

5.1. Logik der Überraschung

Überlegenheit: Der überraschende Beginn eines Krieges hat in der Regel weniger politische als militärische Gründe. Nach Einschätzung von Experten (Betts 1982) verändert das Element der Überraschung vornehmlich das Verhältnis der Verluste von Angreifer und Verteidiger, und zwar von etwa 1:1 bis zu 5:1. Die Überraschung ist also ein Mittel, das dem Angreifer Überlegenheit garantiert, auch wenn er diese von der Zahl seiner Truppen gesehen gar nicht besitzt. Aus diesem Grunde sind Überraschungsschläge in der Regel auch erfolgreich. Wenn möglich wird ein Angreifer versuchen, das Moment der Überraschung lange aufrechtzuerhalten, im besten Falle bis zum Sieg. Bei Gelingen wird damit aus einer Folge überraschender Schläge ein Blitzkrieg.

Warum Überraschungen gelingen: Zur Überraschung gehören immer zwei: Ein Angreifer, der die Überraschung organisiert, und ein Opfer, das überrascht wird. Keine Überraschung ist vollkommen. Pannen bei der Vorbereitung können selten vollständig vermieden werden. Überraschungen gelingen in den meisten Fällen aber dennoch, weil das Opfer sich in der Regel überraschen lässt. Meist gibt es Anzeichen für einen bevorstehenden Überfall oder sogar nachrichtendienstliche Information darüber. Da diese jedoch wie jede andere Information durch den perzeptiven «Filter» der Betroffenen geht, werden die vorliegenden Zeichen oft falsch gedeutet oder sogar hinweg interpretiert. Betts (1982) zählt verschiedene Mechanismen dieser Art auf: Gewöhnung an die Gefahr und die Tendenz, diese nicht mehr ernst zu nehmen; wiederholte Fehlalarme, die dazu führen, echte Alarmsignale zu übersehen («der Wolf ist da»); Hinweg erklären von alarmierenden Vorzeichen, weil sie der eigenen Erwartung nicht entsprechen; Zeitverbrauch für die Analyse von Informationen oder schlichtes Übersehen von Warnungen; mangelndes Einfühlungsvermögen (Empathie) in die Probleme des Gegners, für den mit der

Zeit eine erfolgreiche militärische Offensive (durch Überraschung) attraktiver wird als die Nachteile eines prekären Friedens. In allen nachfolgend beschriebenen Fällen überraschenden Kriegsbeginns wurden einer oder mehrere Fehler dieser Art durch den Überfallenen begangen.

Technisierung des Krieges: Ein überraschendes Vorgehen hat politische und technische Voraussetzungen. So muss zunächst die politische Entscheidung gefallen sein, dass und zu welchem Zweck Krieg geführt werden soll. Diese Entscheidung muss zudem geheim gehalten werden, was nicht unbedingt autoritäre oder totalitäre politische Verhältnisse voraussetzt, wie das Beispiel Israels zeigt. Danach muss die technische Seite des Unternehmens geplant werden. Die zum Einsatz kommenden Truppen müssen rasch einsetzbar (mobil) und zudem mit Waffen von hoher destruktiver Wirkung ausgerüstet sein. Die Überraschung ist an sich ein Element der Taktik, also der Führung von Truppen in der Schlacht, das so alt ist wie der Krieg selbst. Der Beginn eines Krieges mit einem vernichtenden Überraschungsschlag oder gar die gesamte Kriegsführung im Stile der Überraschung, also Blitzkrieg, wurde erst mit der Technisierung des Krieges möglich. Insgesamt 23 Kriege dieser Auswahl (14%) begannen als Überraschung: fünf im frühen 19. Jahrhundert, einer im frühen 20. Jahrhundert (der japanische Überfall auf Port Arthur), acht in der Zeit des Zweiten Weltkrieges und wiederum acht in der Zeit danach. Ein Überfall neuer Art war der Terrorangriff auf die USA vom 11. September 2001.

5.2.   Überraschung im frühen 19. Jahrhundert

Lange Reaktionszeit: Obschon technisch die Voraussetzungen für die Durchführung eines Blitzkrieges im 19. Jahrhundert also noch nicht gegeben waren, zeichneten sich einige Fälle von Kriegsbeginn und -verlauf durch die Geschwindigkeit des Vorgehens und die Überraschung des Gegners aus, auch in den Koalitionskriegen. Eine moderne Armee ist in der Lage, innerhalb einer Vorwarnzeit von wenigen Stunden die notwendigen Vorbereitungen zu treffen, einen Angreifer gebührend zu «empfangen» und die Absicht der Überraschung zu vereiteln. Die Reaktionszeit eines Heeres des 19. Jahrhunderts, das mühsam über Stunden oder sogar Tage in Stellung gebracht werden musste, war notwendigerweise sehr viel länger. Sehr rasch vorrückende Streitkräfte hatten also auch im 19. Jahrhundert die Chance, den Gegner einigermaßen zu überraschen; wiederholt nutzte Napoleon diese Möglichkeit in den Koalitionskriegen.

Hohes Marschtempo: Bei Boulogne hatte Napoleon im Vorfeld des dritten Koalitionskrieges 1805 eine für damalige Verhältnisse gigantische Armee zusammengezogen und bereitete die Invasion der britischen Insel vor. Währenddessen trafen Österreich und Russland eigene Kriegsvorbereitungen und setzen ihre Truppen schließlich im Sommer 1805 in Richtung Bayern bzw. Oberitalien in Marsch. Napoleon erfuhr noch rechtzeitig vom Vorhaben seiner Feinde, um die Große Armee in Eilmärschen mit einem für die damalige Zeit nicht für möglich gehaltenen Tempo nach Süddeutschland zu verlegen und die Österreicher bei Ulm vollkommen zu überrumpeln (Nr. 8). Der Krieg selbst endete unentschieden: Bei Austerlitz (2. Dezember 1805) wurde die Koalition geschlagen, bei Trafalgar (21. Oktober 1805) vernichtete Nelson die französisch-spanische Armada. Ähnlich wie die Österreicher 1805 überraschte die Große Armee durch ihre enorme Beweglichkeit Preußen und Russland im vierten Koalitionskrieg 1806/7 (Nr. 9).

Überfälle von See aus: Beweglichstes Element der Kriegsführung des 19. Jahrhunderts waren Schiffe. Es erstaunt also nicht, dass überraschende Angriffe von See aus mitunter sehr erfolgreich waren. Der Krieg Englands mit dem dänischen Königreich 1807–1814 (Nr. 12) war ein Parallelkonflikt der Koalitionskriege. Wie andere Staaten auch hatte Dänemark zunächst eine Politik der bewaffneten Neutralität betrieben. Als jedoch Napoleon sich 1807 anschickte, die dänische Flotte zu nutzen, begegnete England dieser Gefahr für die eigene Seemacht mit einem Präventivschlag. Kopenhagen wurde überraschend von See her beschossen und die dänische Flotte zerstört. Dies erfüllte zwar den militärischen Zweck, trieb aber Dänemark vollends in die Arme Napoleons. Die türkische Flotte wurde im 19. Jahrhundert mindestens zweimal vollkommen von ihren Gegnern überrascht und vernichtet: Im Griechischen Freiheitskrieg (Nr. 21) zerstörte eine britisch-französisch-russische Streitmacht in der Bucht von Navarino am 20. Oktober 1827 die dort vor Anker liegende türkische Flotte (18 Linienschiffe und 50 kleinere Fahrzeuge). Am 30. November 1853 zerstörten moderne russische Kriegsschiffe bei Sinope zu Beginn des Krimkriegs (Nr. 42) in einem Überraschungsangriff die überalterte und unterlegene Flotte des türkischen Admirals Hussein Pascha (vgl. 4.7.).

5.3. Der Torpedo: Der Überfall wird technisch möglich

Geringe Lärmentwicklung – große Wirkung: Mit den Überraschungsschlägen der Blitzkriege Hitlers oder dem Überfall Japans auf Pearl Harbor vom 7. Dezember 1941 hatten diese Seegefechte jedoch wenig gemein; die Schlacht von Navario war im Grunde wie auch jene bei Sinope ein Duell zwischen schwimmenden Festungen (Dupuy/Dupuy 1970:777): Man war gezwungen, mit möglichst vielen feuerstarken (also großen) Schiffen bis auf Kanonenschussweite an den Gegner heranzukommen, dem ein solcher Aufmarsch dann kaum verborgen blieb. Dies änderte nun der Torpedo mit seiner großen Reichweite und vernichtenden Wirkung auf das Unterwasserschiff; vor allem aber konnten Torpedos von kleinen, unauffälligen Booten ohne größere Lärmentwicklung abgefeuert werden. Sie waren damit für einen Überfall geradezu prädestiniert.

Überfall auf Port Arthur: Nach dem Ende seines Krieges mit China (1895) begann Japan den Aufbau einer kampfstarken und modernen Kriegsflotte. Bis 1904 hatte sich Japan acht moderne Schlachtschiffe, 25 leichte Kreuzer und 19 Zerstörer zugelegt, vor allem aber 85 Torpedoboote. Abzusehen waren Verwicklungen mit Russland über die Aufteilung chinesischer Gebiete in Ostasien. Die russische Flotte in Port Arthur, dem einzigen eisfreien (von China «gepachteten») Pazifikhafen des Zarenreiches, hätte dabei gefährlich werden können, denn Japan war vor allem an den Seeverbindungen zu seinen asiatischen Festlandbesitzungen verletzbar. So beschloss die japanische Führung, als sie sich stark genug dazu fühlte, das scheinbar Unabwendbare nicht abzuwarten, sondern einzuleiten (Nr. 83). Der Krieg begann am 8. Februar 1904 mit einem überraschenden und vernichtenden Torpedoangriff auf die russische Flotte im Hafen von Port Arthur; dem Sachzwang dieses Vorgehens folgend wurde die Kriegserklärung erst zwei Tage später nachgeliefert (vgl. 9.2. zum sog. Doggerbank-Zwischenfall).

5.4. Zeit des Zweiten Weltkrieges – Zeit der Überfälle und Blitzkriege

Technische Voraussetzungen gegeben: In keinem vorhergehenden Krieg besaß das Element der Überraschung eine derartig wichtige Bedeutung wie im Zweiten Weltkrieg. Politisch war in Hitlers Deutschland und Tojos Japan der Wille entstanden, zur Durchsetzung der eigenen nationalen Ziele kleine Kriege gegen schwache Nachbarn zu führen und dabei den großen Krieg mit den Weltmächten mindestens zu riskieren. Technisch waren die Voraussetzungen für massive Überraschungsschläge und Blitzkriege verfügbar, nämlich die Luftwaffen sowie große, mechanisierte Verbände und (japanische) Flugzeugträger. Die Wirkung dieser Waffen z.B. beim Überfall auf Pearl Harbor übertraf denn auch alle in sie gesetzten Erwartungen.

Italienisch-äthiopischer Krieg: Die Zeit der Blitzkriege leitete jedoch nicht Hitler-Deutschland, sondern das faschistische Italien mit seinem Überfall auf Äthiopien ein. Vorausgegangen war am 5. Dezember 1934, also ein Vierteljahr vorher, als «Probelauf» ein Zwischenfall im Grenzgebiet von Athiopien und dem damaligen Somaliland, bei dem sich italienische und äthiopische Truppen ein heftiges Gefecht geliefert hatten. Die Bitte Äthiopiens um Unterstützung des Völkerbunds war damals ohne Resonanz geblieben; der Suez-Kanal wurde z.B. keinesfalls für den italienischen Nachschub gesperrt. So fielen also am 3. Oktober 1935 ohne jeden Anlass oder Vorwarnung italienische Truppen aus dem benachbarten Somaliland in Äthiopien ein und eroberten mit umfangreicher Artillerie- und Luftunterstützung weite Gebiete des Landes in einer Art Blitzkrieg gegen einen vollkommen unterlegenen und moderner, europäischer Kriegstechnik in keiner Weise gewachsenen Gegner (Nr. 100).

«Fall Weiß»: Der Zweite Weltkrieg begann mit dem Überfall Hitler-Deutschlands auf Polen am 1. September 1939, einem lange im Voraus geplanten Eroberungsfeldzug (Nr. 104). Die Sowjetunion war von Hitlers Überfall auf Polen vorweg durch die deutsche Seite informiert worden. Dennoch war Stalin vom frühen Zeitpunkt des Unternehmens, von dem auch die Sowjetunion selbst gemäß den Vereinbarungen des erst eine Woche vorher abgeschlossenen Hitler-Stalin-Paktes (23. August 1939) profitieren sollte, vollkommen überrascht

worden. Erst am 17. September marschierten russische Truppen in Ostpolen ein und nahmen die Gebiete jenseits der sog. Curzon-Linie, die Polen mit alliierter Hilfe der Sowjetunion 1919 abgenommen hatte (Nr. 92, vgl. 2.2), wieder in Besitz.

Winterkrieg: Nach Abschluss der militärischen Operation in Polen wandte sich die Sowjetunion gegen die baltischen Staaten Estland, Lettland und Litauen sowie Finnland, die das geheime Zusatzprotokoll zum Hitler-Stalin-Pakt der sowjetischen Einflusszone zugeschlagen hatte. Als Finnland anders als die baltischen Staaten nicht auf die sowjetischen Forderungen nach Abschluss eines gegenseitigen Beistandspaktes und territoriale Zugeständnisse einging, setzte Stalin seine Truppen gegen dieses in Marsch und gab ihnen direkt eine Gruppe exilfinnischer Kommunisten mit auf den Weg, die in den zu erobernden Gebieten (soweit diese nicht der Sowjetunion direkt hätten einverleibt werden sollen) eine Regierung bilden sollten. Der sog. Winterkrieg begann am 30. November 1939 mit der Bombardierung von Helsinki und Viipuri (Nr. 111). Doch das als Blitzkrieg geplante aber schlecht vorbereitete Unternehmen lief sich fest, denn entgegen den Erwartungen leistete Finnland hartnäckigen Widerstand und gab erst auf, als keine Hoffnung auf ausländische Hilfe mehr bestand.

«Weserübung» und *«Fall Gelb»*: Frankreich und Großbritannien hatten zwar dem Deutschen Reich nach Verstreichen der Frist ihres Ultimatums (auf Abzug der deutschen Truppen aus Polen) am 3. September den Krieg erklärt. Zunächst weitete sich der Krieg aber auf die Hitler-Deutschland benachbarten Länder im Norden aus, deren Schicksal bedenkenlos den Sachzwängen deutscher Kriegsführung untergeordnet wurde. Die Besetzung Norwegens (Codename «Weserübung», Nr. 105) war eine ebenfalls überraschend eingeleitete Präventivmaßnahme, mit der Hitler einer alliierten Landung im wirtschaftlich für das Deutsche Reich wichtigen Norwegen zuvorkommen wollte. Dänemark, im Aufmarschgebiet deutscher Truppen gelegen, wurde ebenfalls besetzt. Ein deutscher Diplomat sprach im dänischen Außenministerium vor und verlangte die sofortige Kapitulation. Der Forderung wurde mit der angedrohten Bombardierung Kopenhagens Nachdruck verliehen, sodass der dänischen Regierung keine Wahl blieb. Der gegen Frankreich und das englische Expeditionskorps gerichtete Westfeldzug (Codename «Fall Gelb», Nr. 107) war ebenfalls

als Blitzkrieg konzipiert, entwickelte sich aber nur hinsichtlich Richtung und Geschwindigkeit des deutschen Vorstoßes überraschend. Er brachte zunächst den Niederlanden und Belgien dasselbe Schicksal wie Dänemark und Norwegen und war in der Tat nach fünf Wochen faktisch vorüber (10. Mai–22. Juni 1940).

«Marita»: Der Balkanfeldzug vom Frühjahr 1941 trug ebenfalls alle Merkmale eines umfassenden Blitzkrieges (Codename «Marita»), war aus strategischer Sicht aber nur der Auftakt zum Überfall auf die Sowjetunion. Bereits im Sommer 1940 wurde im deutschen Generalstab die Möglichkeit eines militärischen Konflikts mit der Sowjetunion diskutiert, dann auf Weisung Hitlers konkret geplant und mit seiner Unterschrift unter die Führerdirektive Nr. 21 als «Operation Barbarossa» am 18. Dezember 1940 beschlossen. Mit dem Balkanfeldzug (Beginn 6. April 1941) sollte dabei der Gefahr einer alliierten Balkanfront begegnet werden, die sich angesichts der britischen Hilfe für Griechenland anzubahnen schien. Auch die rumänische Erdölzufuhr war abzusichern. Zusammen mit italienischen, ungarischen und bulgarischen Truppen wurde zunächst Jugoslawien überfallen, das aus der Front der pro-deutschen Balkanstaaten nach einem Umsturz ausgeschieden war. Gleichzeitig stießen deutsche Truppen überraschend von Bulgarien aus gegen Griechenland vor (Nr. 108).

«Operation Barbarossa»: Erstaunlich vage waren die Vorstellungen Hitlers, die ihn dazu bewogen, den Überfall auf die Sowjetunion von langer Hand zu planen und am 22. Juni 1941 in die Tat umsetzen zu lassen (Nr. 109): Offenbar sollte der potentielle Feind im Osten, mit dem man sich im Sommer 1939 gerade erst verbündet hatte, vernichtet werden, bevor die Westmächte ihn zu einer Allianz bewegen konnten. Ferner wollte sich Hitler offenbar die gewaltigen Rohstoffreserven im Osten für die erwartete große Auseinandersetzung mit den durch die USA verstärkten Alliierten sichern. Hinzu kamen die ideologische Feindschaft und die vollkommen phantastischen Lebensraum-Visionen des Nationalsozialismus. Der Überfall auf die Sowjetunion, der Stalin vollkommen überraschte (bis in die Stunden des Überfalls wurden die sowjetischen Rohstofflieferungen an Deutschland aufrechterhalten), erreichte hingegen genau das Gegenteil. Die Kriegsallianz der Westmächte mit der Sowjetunion, die erst nach Kriegsende über Differenzen in der Frage einer neuen internatio-

nalen Friedensordnung zerbrach, muss als eigentliches Werk der deutschen Aggression bezeichnet werden.

Pearl Harbor: Der Weg Japans in den Zweiten Weltkrieg gleicht im Grundmuster dem Hitler-Deutschlands, obschon der japanische Drang nach «Lebensraum» überzeugendere Hintergründe besaß als Hitlers Schlagwort vom «Volk ohne Raum». Die bevölkerungsreichen, industriell erstarkten aber rohstoffarmen japanischen Inseln waren in den 1920er Jahren politisch und wirtschaftlich in die Krise geraten. Aus diesen Problemen heraus entstand unter der Führung des Militärs ein aggressiver Expansionismus, der sich zunächst nach Osten gegen Korea, die Mandschurei und China richtete (vgl. 3.2. und 4.2.). Gegen das befürchtete Eingreifen der USA in seine Expansion hatte sich Japan mit dem Beitritt zur deutsch-italienischen Achse (September 1940) und einem Nichtangriffspakt mit der Sowjetunion (April 1941) abzusichern versucht. Als aber der wirtschaftliche Druck der USA und Großbritanniens auf Japan anwuchs und Verhandlungen keine Lösungen brachten, entschloss sich Japan zum Krieg gegen die USA, den es mit einem ebenso massiven wie überraschenden Luftangriff auf amerikanische Marineinstallationen in Hawaii begann (Nr. 110). Der amerikanischen Japan-Politik der Zeit wird immer wieder mangelndes Einfühlungsvermögen, ja bewusste Schroffheit vorgeworfen. Wer aber im Rückblick die Appeasement-Politik Chamberlains kritisiert, der wird den USA keine Vorwürfe machen dürfen, wenn diese der japanischen Aggression entschlossener entgegentraten als England 1938 der deutschen.

5.5. Überfälle und Blitzkriege nach dem Zweiten Weltkrieg

Gut trainierte reguläre Truppen als Voraussetzung: Die weitaus meisten Kriege nach dem Ende des Zweiten Weltkrieges waren ihrer Struktur nach asymmetrische Konflikte, bei denen sich reguläre Truppen und irreguläre Verbände gegenüberstanden. Auch irreguläre Verbände (Guerillas, Aufständische, Freischärler, Kriegsherren usw.) sind durchaus fähig, mit dem taktischen Instrument der Überraschung ihren Angriffen und Anschlägen Wirkung zu verschaffen. Massive strategische Überraschungsschläge oder gar Blitzkriege zu führen, sind sie jedoch mangels Voraussetzungen nicht fähig. Man wird diese also

nur dort erwarten, wo sich hochgerüstete, reguläre Armeen gegenüberstehen.

Teilung und Aufrüstung Koreas: In der Folge des Zweiten
Weltkrieges war Korea am 38. Breitengrad geteilt worden; nördlich dieser Linie sollte die Sowjetunion die japanische Kapitulation entgegen-
nehmen, südlich davon die amerikanischen Truppen. Durch sowjetische Obstruktion scheiterte 1947 der Plan, nach freien Wahlen unter
UNO-Aufsicht ein vereintes Korea zu gründen. In beiden Landesteilen wurden in der Folge unabhängige Staaten eingerichtet. Mit
sowjetischer Hilfe rüstete das kommunistische Nordkorea auf, aber
da die sowjetischen Besatzungstruppen bereits im Dezember 1948 aus
dem Norden der koreanischen Halbinsel abgezogen worden waren,
rechnete man trotz andauernder Zwischenfälle und Provokationen
nicht mit einem Krieg zwischen den beiden Korea. Südkorea erhielt
von den USA Militärhilfe, war aber den nordkoreanischen Streitkräften hoffnungslos unterlegen, wie sich herausstellen sollte.

Überfall: Nach allen heute verfügbaren Erkenntnissen kann
nicht genau entschieden werden, ob die am 25. Juni 1950 mit einem
Überraschungsangriff einsetzende nordkoreanische Invasion des
Südens von langer Hand in Moskau geplant war, wie man damals
sofort vermutete, oder ob es sich hierbei um die einsame Entscheidung
des nordkoreanischen Despoten Kim Il Sung handelte. Pannen der
amerikanischen Diplomatie waren dem Ereignis vorausgegangen. Am
1. März 1949 gab General Douglas MacArthur, der Oberkomman-
dierende der amerikanischen Streitkräfte im Fernen Osten, in Tokio
ein Interview, in dem er die pazifische Grenze der amerikanischen
Interessensphäre als eine Linie definierte, die von den Philippinen
über die japanischen Inseln bis zu den Aleuten und dann nach Alaska
laufe – was Korea nicht einschloss; in einer Stegreifrede vor dem
Nationalen Presseclub bestätigte der amerikanische Außenminister
Dean Acheson diese Version. Offensichtlich hatte man Korea schlicht
vergessen (Halle 1967:210). Diese Interviews und die Tatsache, dass die
USA ihre Truppen im Juni 1949 aus Südkorea abgezogen hatten, wurden offensichtlich in Pjöngjang als Aufforderung zur gewaltsamen
Wiedervereinigung des Landes unter kommunistischer Führung gedeutet, wobei ein Blitzkrieg rasch Fakten schaffen und die Welt
tatsächlich komplett überrumpelt werden sollte (Nr. 119).

Kriegsverlauf: Die USA und die übrigen Westmächte reagierten rasch; in einer Dringlichkeitssitzung des Sicherheitsrates der UNO ließen sich die USA die Vollmacht erteilen, Südkorea gegen die Aggressoren mit eigenen Truppen beizustehen (die Sowjetunion boykottierte gerade den Sicherheitsrat und war aus diesem Grunde nicht in der Lage, die entsprechende Resolution mit ihrem Veto zu Fall zu bringen). Bereits am 5. Juli landeten die ersten amerikanischen Truppen auf der koreanischen Halbinsel bei Osan. Zunächst gerieten die amerikanischen Truppen unter Führung General McArthurs unter schweren Druck der Nordkoreaner, konnten Mitte September dann jedoch in die Offensive gehen und die Nordkoreaner in Richtung Yalu-Fluss zurückdrängen (entgegen den Befehlen, die nur ein Zurückwerfen der Nordkoreaner über die Grenze am 38. Breitengrad vorsahen). Die sich abzeichnende Niederlage Nordkoreas bewog China im Oktober 1950 zum Kriegseintritt, worauf die amerikanischen und südkoreanischen Truppen in massive Schwierigkeiten gerieten. Die Bitte General McArthurs, chinesische Nachschublinien nördlich des Yalu-Flusses bombardieren zu dürfen (eventuell auch unter Einsatz von Nuklearwaffen), wurde von der Regierung in Washington als allzu gefährlich und außerhalb des UNO-Mandats abgelehnt, McArthur angesichts wiederholter Eigenmächtigkeiten entlassen. Die Einmischung Chinas zeigte rasch ihre Wirkung: Im Dezember 1950 überquerten chinesische und nordkoreanische Armeen die Grenze zu Südkorea, und nur mit großen Anstrengungen gelang es den amerikanischen und südkoreanischen Truppen, den Vormarsch aufzuhalten und den Gegner wieder über den 38. Breitengrad zurückzudrängen. Im Sommer 1951 begannen Waffenstillstandsverhandlungen. Aber erst im Juni 1953 konnte man sich auf Grundsätze einer Einigung verständigen. Am 27. Juli 1953 wurde der Waffenstillstand unterzeichnet.

Suez-Krieg: Drei der sechs Fälle überraschender Angriffskriege in der Zeit nach dem Zweiten Weltkrieg fanden im Nahen Osten statt. Ägypten und sein Präsident Nasser, der 1954 an die Macht gekommen war, wurden gleich zweimal Opfer von Überfällen, bevor der Nachfolger Nassers die Lektion begriffen hatte und selbst einen Blitzkrieg zu führen versuchte. Der Suez-Konflikt von 1956 nahm seinen Anfang mit der politisch motivierten Weigerung der USA, den Bau des Assuan-Staudamms finanzieren zu helfen. Nassers Annäherung an die Sowjetunion und Waffenkäufe im Ostblock waren der Grund der abrupten Aufkündigung der nach langen Verhandlungen zustande gebrachten Finanzierungsvereinbarung; England und die Weltbank traten nach dem Rückzug der USA ebenfalls vom Geschäft zurück. Als eine mögliche Geldquelle für Ägypten bot sich in dieser Lage nun der Suezkanal an, der allerdings von einer britisch-französischen Gesellschaft betrieben wurde und zunächst hätte in ägyptischen Besitz gebracht werden müssen (Großbritannien hatte 1875 die ägyptischen Anteile an der Suezkanal-Gesellschaft übernommen). Nasser erklärte also am 26. Juli 1956 überraschend die Kanalgesellschaft für nationalisiert, versprach allerdings den Aktionären Entschädigung. Nach erfolglosen Verhandlungen begann am 29. Oktober 1956 der Krieg mit einem überraschenden Überfall Israels auf den Sinai (Nr. 122). Das Ziel der mit Großbritannien und Frankreich vorweg abgesprochenen Aktion war angeblich präventiver Natur (vgl. 7.6.), gab jedoch das Signal für eine britisch-französische Intervention am 31. Oktober, die offiziell dem Schutz des Kanals angesichts des laufenden zweiten Nahostkrieges galt. Tatsächlich war das Unternehmen der Versuch, die gesamte Entwicklung in Ägypten rückgängig zu machen, also den besonders beim britischen Premier Eden verhassten und als eine Art neuen «Hitler» betrachteten Nasser zu stürzen und den Kanal wieder unter britisch-französische Kontrolle zu bringen.

Sechstage-Krieg und Yom Kippur-Krieg: Die Parallelen des dritten Nahostkrieges von 1967 zum zweiten Nahostkrieg sind unübersehbar. Wiederum überschätzte Nasser seine eigene Machtposition, wurde nun aber endgültig das Opfer der eigenen Risikopolitik (vgl. 7.6.), obschon Israel diesmal ohne Rückendeckung durch Großmächte operierte. Nach vorausgehenden Grenzzwischenfällen im Gebiet des Gaza-Steifens begann Israel am 5. Juni einen Blitzkrieg mit der Bombardierung ägyptischer, syrischer und jordanischer Flugplätze (Nr. 129). Nach etwa einer Woche war der Krieg vorbei und die beteiligten arabischen Staaten besiegt. Der vierte Nahostkrieg (oder fünfte, wenn man den Abnützungskrieg von 1969/70 ebenfalls mitrechnet) begann am 6. Oktober 1973, dem höchsten Feiertag nach jüdischem Kalender (Yom Kippur) mit einer vollkommenen Überraschung Israels durch die ägyptisch-syrischen Angreifer (Nr. 135). In einer bis ins Detail geplanten amphibischen Operation setzten ägyptische Truppen über den Suez-Kanal und überrannten die Befestigungswerke der Israelis auf dem Ostufer der Wasserstraße; gleichzeitig begannen syrische

Truppen auf den Golanhöhen mit einer massiven Offensive. Durch Überraschung mit modernen, neuen Waffen (Luft- und Panzerabwehrraketen) gelang es den Gegnern Israels zunächst, für einige Tage den Verlauf des Geschehens zu bestimmen. Als sich das Blatt zu Gunsten Israels zu wenden begann, mischte sich die Sowjetunion in den Konflikt ein und setzte Kriegsschiffe in Richtung Mittelmeer in Marsch. Die USA sandten daraufhin Henry Kissinger in den Nahen Osten, dem es in mühsamer Vermittlungsarbeit (Shuttle-Diplomatie) gelang, einen Waffenstillstand und die Entflechtung der Truppen auszuhandeln.

Überraschender Waffenstillstand: Der indisch-chinesische Krieg begann am 20. Oktober 1962 mit einem überraschenden, massiven Schlag gegen die indischen Grenztruppen, und zwar in zwei fast 2000 Kilometer voneinander entfernten Regionen des Himalaja. Ziel des Überfalls war die Besetzung der von China beanspruchten Grenzgebiete, und nachdem dieser Zweck erreicht war, erklärte China ebenso überraschend, wie es angegriffen hatte, einseitig einen Waffenstillstand. Indien seinerseits akzeptierte offiziell nie die so geschaffenen Fakten, war militärisch aber nicht in der Lage, diese infrage zu stellen (Nr. 127).

Afghanistan: Die Lehr- und Handbücher der sowjetischen Militärwissenschaft priesen ohne große Skrupel Angriff als die beste Form der Verteidigung. Ein erfolgreicher Angriff sei überraschend und mit überlegenen Kräften vorzutragen; dies sind die Lehren, die man in der Sowjetunion aus den Erfahrungen des Zweiten Weltkrieges gezogen hatte (vgl. 10.2.). Es durfte also nicht verwundern, dass die Sowjetunion im Ernstfall genauso vorging, wie ihre Theoretiker dies für sinnvoll erachteten, z. B. in Afghanistan. Dem mit sowjetischer Hilfe in einem blutigen Staatsstreich Ende April 1978 installierten Regime unter Führung von Premier Mohammed Taraki gelang es während des gesamten Jahres nicht, für stabile Verhältnisse zu sorgen. Vor allem der wachsende Widerstand nichtkommunistischer Parteien und religiöser Gruppen nahm im Verlauf des Jahres 1979 weiter zu und machte deutlich, wie gering der Rückhalt des kommunistischen Regimes in der ganz überwiegend strenggläubig moslemischen Bevölkerung war. Währenddessen weitete sich der Konflikt in der regierenden kommunistischen Partei zum offenen, mit der Waffe ausgetragenen

Machtkampf aus. Im März 1980 gelangte Hafizullah Amin an die Macht, wurde am 27. Dezember aber bereits wieder beseitigt und durch den sowjetischen Vertrauensmann Babrak Karmal ersetzt – offenbar bereits in Vorbereitung der sowjetischen Invasion, die zwei Tage später in großem Stil und vollkommen überraschend einsetzte. Entgegen sowjetischer Erwartung gelang es auch durch massive Präsenz ihrer Truppen nicht, die Lage unter Kontrolle zu bekommen. Vielmehr organisierte sich der Widerstand und weitete sich aus (Nr. 144). Nach fast zehnjährigem Krieg zog sich die Sowjetunion 1989 aus Afghanistan zurück und hinterließ dem Land einen Bürgerkrieg, der erst mit der Eroberung Kabuls durch die Taliban 1996 ein vorläufiges Ende fand.

Panama und der Kanal: Der Krieg der USA gegen das Panama Noriegas im Winter 1989 kam für das mittelamerikanische Land und seinen Machthaber vollkommen überraschend, obschon es klare Anzeichen gegeben hatte. Die Hintergründe des Krieges lassen sich bis zum Beginn des 20. Jahrhunderts zurückverfolgen. Im Jahre 1902 entschlossen sich die USA, die seit langem projektierte Kanalverbindung zwischen Atlantik und Pazifik nicht durch Nicaragua, sondern durch Panama zu bauen, das seit 1821 als Teil Groß-Kolumbiens aus der spanischen Abhängigkeit entlassen worden war (vgl. 2.6.). Viermal scheiterten Aufstände zwecks Sezession von Kolumbien. Als sich der kolumbianische Senat nun weigerte, den USA die Kontrolle über Territorien links und rechts des zu bauenden Kanals abzutreten, fiel es den USA nicht schwer, einen neuerlichen Sezessionsversuch Panamas zu inszenieren, diesmal mit massiver Unterstützung und deshalb erfolgreich. Die neue Regierung, die Panama am 3. November 1903 für selbstständig erklärte, gab den USA das gewünschte Land zur dauernden Nutzung als Dank für diese Hilfe. Der Kanal wurde 1914 fertig gestellt, und Panama wurde faktisch ein Protektorat der USA. Innenpolitisch kontrollierte eine kleine Gruppe reicher Familien das Land (die «Oligarchie»), wobei es diese verstanden, im Stile des *divide et impera* (teile und herrsche) Ressentiments zwischen den verschiedenen Ethnien der Bevölkerung zu schüren und die misslichen sozialen Verhältnisse Panamas den USA anzulasten, zumal wegen der ungerechten Verteilung der Erlöse aus dem Kanal. 1927, 1947, 1959 und wieder 1964 erschütterten schwere Unruhen das Land. 1968 putschte die Nationalgarde und ihr Chef, Brigadegeneral Omar Torrijos Herrera, übernahm die Führung des Landes, wobei er durchaus Erfolge vorweisen konnte. 1978 machten die USA Torrijos das Zugeständnis, die vollständige Kontrolle über den Kanal 1999 an Panama abzutreten.

Noriegas Aufstieg: Der Tod von Torrijos 1981 bei einem Flugzeugabsturz hinterließ ein Vakuum, das Manuel Antonio Noriega Moreno, ein Offizier der Nationalgarde, zu seinem Aufstieg nutzte. Er wurde Mitglied der herrschenden Junta, 1983 Kommandant der Nationalgarde und blieb bis zu seinem Sturz 1990 der starke Mann Panamas, der nach Belieben Präsidenten einsetzte und entließ. Seit 1971 besaßen die USA verlässliche Information über die Beteiligung Noriegas am Drogenhandel, was sie nicht davon abhielt, den ambitionierten General zum CIA-Spitzel zu befördern, um an Informationen aus der Junta zu kommen. Unter Präsident Carter ließ man ihn fallen; die Regierung Bush (Vater) hingegen glaubte, ohne seine Dienste nicht auskommen zu können, obschon man über seine Kontakte zum Medellin-Drogenkartell wohl informiert war. Als jedoch bekannt wurde, dass Noriega heimlich die Sandinisten Nicaraguas, die Rebellen El Salvadors und Kolumbiens unterstützte und Kuba bei der Umgehung des amerikanischen Embargos half, wollte man ihn loswerden. Auch rückte die Übergabe des Kanals an Panama näher, und dieser sollte nicht in unberechenbare Hände geraten.

Überraschungsschlag und Fall Noriegas: Im Februar 1988 wurde Noriega wegen Drogenhandels in den USA angeklagt, was in Panama aber nur eine Regierungskrise auslöste, Noriega aber nicht gefährdete. Im Herbst 1989 inszenierten die USA daraufhin einen Staatsstreich gegen Noriega, den dieser mit Glück jedoch abwehren konnte, obschon er kurze Zeit in die Hände seiner Gegner geraten war und diese den USA seine Auslieferung offerierten – warum die USA diese Chance nicht ergriffen, ist bis heute ein Rätsel. Mit dem kläglichen Scheitern des Putsches fiel in Washington die Entscheidung für eine Intervention. Am 20. Dezember 1989 begann eine massive Bombardierung des nachtschlafenden Panama City aus der Luft (Nr. 150). Ziel war die Machtbasis Noriegas, also die Streitkräfte; die Bomben fielen jedoch zumeist in dicht besiedelte Gebiete und töteten tausende Zivilisten. Rasch gelang es den USA, die Kontrolle im vollkommen schockierten Land zu übernehmen. Eine neue Regierung wurde etabliert, aber die Suche nach Noriega zog sich hin. Erst am 3. Januar konnte er im Haus einer Freundin gefasst werden. Abgeschoben in die

USA erhielt Noriega dort wegen Drogenhandels eine Haftstrafe von 40 Jahren.

Iraks Überfall auf Kuwait: Der Krieg Iraks mit Kuwait vom 2.–8. August 1990 war in gewisser Weise die logische Folge des irakisch-iranischen Krieges 1980–88 (vgl. 3.2.). Der Irak hatte diesen Krieg mit Glück und Hilfe des Westens überstanden, die Wirtschaft lag am Boden, die Staatskassen waren leer, das Militär aber stark und voll einsatzfähig. Da lag die Idee eines Übergriffes auf das benachbarte reiche Kuwait nicht fern. Zudem hatten sich Streitereien zwischen beiden Ländern zugespitzt. Kuwait weigerte sich, dem bedrängten Irak alle Schulden zu erlassen; der Irak beschuldigte Kuwait, den Ölpreis auf dem Weltmarkt absichtlich durch Überproduktion zu drücken und irakisches Öl durch Anzapfen des Rumaila-Ölfeldes direkt an der Grenze beider Länder zu stehlen. Zudem erhob der Irak seit der Unabhängigkeit Kuwaits 1961 Ansprüche auf das Emirat mit der Begründung, dieses gehöre als vormaliger Teil des osmanischen Reiches zum Irak. (Allerdings hatte der Irak bei Erlangung der eigenen Selbstständigkeit von Großbritannien 1932 explizit auf Kuwait verzichtet.) Zur Rückendeckung hatte Saddam Hussein sich in einem Gespräch mit der amerikanischen Botschafterin April Glasby am 25. Juli 1990 bestätigen lassen, die USA würden sich in innerarabische Streitigkeiten nicht einmischen. Als *carte blanche* zur Aggression war dies wohl nicht gedacht, wurde aber so gedeutet. In Kuwait bemerkte man den Aufmarsch irakischen Militärs, man nahm dies aber als bloßes Säbelrasseln nicht sonderlich ernst. Überraschend schlug Saddam Hussein dann zu; in sechs Tagen wurde die kleine Armee des Golf-Emirats vollkommen überrannt (Nr. 152), und am 8. August erklärt der Irak Kuwait zur Provinz des eigenen Landes. Der regionale Krieg löste damit jedoch eine globale Krise aus, die ein halbes Jahr später zum ersten Golfkrieg führte (vgl. 7.7.).

5.6.   Terrorismus – der Anschlag vom 11. September 2001

Schwierige Abgrenzung: Der Krieg hat viele Gesichter, und der Terrorismus ist eines davon. Der Brockhaus definiert Terrorismus als «politisch motivierte Form der Gewaltkriminalität» und grenzt diese damit nach unten von allgemeinen Gewalttaten ab, denen das

Motiv des Politischen fehlt. Die Abgrenzung nach «oben», in Richtung Krieg, ist schwieriger. Der Terrorismus bedient sich der Verbreitung von Angst und Schrecken durch die Androhung oder Anwendung von Gewalt auch und vorzugsweise gegenüber vollkommen Unschuldigen, und zwar willkürlich und wahllos, meist auch maßlos. Das Merkmal besonderer Rücksichtslosigkeit auch gegen Unschuldige reicht zur Abgrenzung des Terrorismus vom Krieg ganz offensichtlich nicht aus, weil in allen Kriegen (bis hin zum zweiten Golfkrieg) Opfer unter der Zivilbevölkerung zumindest in Kauf genommen werden; zudem gibt es genügend Beispiele, in denen die Kriegführenden sehr bewusst die Zivilbevölkerung ins Visier nehmen; man denke an die Flächenbombardierungen des Zweiten Weltkrieges oder die Exzesse marodierender Banden in afrikanischen Bürgerkriegen.

Massenvernichtungswaffen in Terroristenhand: Schon gar keinen Sinn hat es, den Begriff «Krieg» nur für Auseinandersetzungen zwischen Staaten zu reservieren (vgl. 1.3). Vielmehr muss Terrorismus dann als Krieg gelten, wenn dieser den Charakter des Krieges annimmt und dessen Merkmale zeigt. Dem «gewöhnlichen» Terrorismus der Zeit vor dem 11. September 2001 fehlte in dieser Hinsicht zumeist das Merkmal systematischer, andauernder und in größerem Stile stattfindender Gewalt. Gerade in dieser Hinsicht hat nun der Terrorismus des frühen 21. Jahrhunderts vollkommen neue Qualität, und zwar weil er nach Massenvernichtungswaffen strebt (Laqueur 1999) bzw. mit minutiöser Planung und großer Ausdauer äquivalente Zerstörungen erzeugt, wie der Anschlag auf die Zwillingstürme des World Trade Centers gezeigt hat. Die Welt hat es zweifellos mit einer neuen Qualität der Bedrohung zu tun, und wenn der amerikanische Präsident bereits am 15. September 2001 bemerkte, die USA befänden sich nun im Krieg, so hatte man zumindest dies sehr genau begriffen.

Ein neues Pearl Habor: Die Terror-Organisation al-Kaida sieht sich im Krieg mit den USA; die USA sehen sich im Krieg mit al-Kaida und ihren Helfershelfern. Also ist es nur folgerichtig, die Ereignisse um den 11. September 2001 in diese Untersuchung aufzunehmen. Klarerweise handelt es sich um einen Überfall. Dem Anschlag vom 11. September waren einige spektakuläre Anschläge vorausgegangen: Der Brandanschlag auf das World Trade Center vom 26. Februar 1993; der Anschlag vom 25. Juni 1996 auf die Khobar-Appartements in

Dhahran, Saudi Arabien, die US-Truppen galt; die Anschläge vom 7. August 1998 auf die US-Botschaften in Kenia und Tansania; das Attentat vom 12. Oktober 2000 auf den US-Zerstörer Cole im Hafen von Aden. Im Vergleich dazu hatte der Terrorakt vom 11. September nun eine neue Qualität: 3031 Personen starben in den Türmen des World Trade Centers, beim Anschlag auf das Pentagon und beim Absturz von Flug UAL 93. Mit den Ereignissen des 11. September 2001 waren die USA Opfer eines Überraschungsangriffs auf eigenem Territorium geworden (Nr. 163), eine Einsicht, die in einer Weise schockierte, die in Europa noch immer nicht vollständig verstanden wird. Sofort wurden Parallelen zum Überfall auf Pearl Harbor 1941 (siehe oben) gezogen. Der Anschlag vom 11. September 2001 hat die Welt verändert. Er hat sehr sichtbar vor allem die amerikanische Politik verändert. Wenn nötig, so die neue Verteidigungsdoktrin der USA, werde man ab sofort auf eigene Faust und präventiv gegen die Feinde der USA losschlagen (Weißes Haus 2002:15). Damit hat nun auch die Verteidigungspolitik der USA eine völlig neue Qualität.

6. Duellkriege und militärische Machtproben

6.1. Logik des Duells und historischer Hintergrund

«Gerechter» Krieg und Fehde: «Der Krieg ist nichts als ein erweiterter Zweikampf» schrieb Carl von Clausewitz in seinem Klassiker «Vom Kriege» (1966:89) zu Beginn des 19. Jahrhunderts; er sei «also ein Akt der Gewalt, um den Gegner zur Erfüllung unseres Willens zu zwingen.» Ihn dabei vollkommen zu vernichten, habe wenig Sinn. Seine Theorie des Krieges entwickelte Clausewitz nicht am Beispiel der napoleonischen Kriege, die er selbst miterlebt hatte, sondern an dem der eigentümlichen Duell- oder Kabinettskriege des späten 17. und 18. Jahrhunderts. Die Ursprünge dieser Art der Kriegsführung reichen bis zur Fehde des frühen Mittelalters zurück. Als integraler Bestandteil der früh- und hochmittelalterlichen Rechtsordnung war die Fehde ein durchaus normales Mittel, konkrete Rechtsstreitereien aller Art zwischen Adelspersonen auszufechten, wenn juristische Instanzen nicht verfügbar waren oder nicht infrage kamen. Zweck der Fehde war die Durchsetzung des eigenen Rechtsstandpunktes, nicht aber die Vernichtung des Gegners. Auswüchse dieser Praxis waren verständlicherweise dennoch nicht selten. Von Seiten der Landesherren begegnete man diesen mit Regelungsversuchen, etwa Geboten zur zeitlichen oder räumlichen Beschränkungen der Fehde. Nicht nur Gewalt und Recht vertrugen sich in der mittelalterlichen Gesellschaft also durchaus miteinander (Janssen 1982:570). Auch vom Standpunkt der damaligen christlichen Lehre und in guter Übereinstimmung mit der Theorie des gerechten Krieges (*bellum iustum*) war dann gegen die Praxis der Fehde nichts einzuwenden, wenn es eine gerechte Sache auszufechten galt (vgl. auch 9.3.).

Von der Fehde zum Krieg: Erst die allmähliche «Verstaatung» (Janssen) der mittelalterlichen Gesellschaft Europas, die wachsende Macht der Landesfürsten über immer größere, zusammenhängende Territorien machte dem Fehdewesen nach und nach ein Ende, indem die Landesherren das Monopol auf legitime Gewaltanwendung für sich beanspruchten und gegen ihre Rivalen durchsetzten. Der so erreichte innere Frieden, Voraussetzung wirtschaftlicher Prosperität, hatte freilich seinen Preis in der Entstehung des großen Krieges zwischen Staaten. Denn die militärischen Auseinandersetzungen zwischen den Landesherren waren ihrer Logik nach zwar immer noch Fehden, ein geregeltes, legitimes Ausfechten von Rechtsstreitigkeiten also, ihrem Umfang nach aber weit mehr als das.

Krieg als Voraussetzung inneren Friedens: Die Entwicklung dieser großen Fehden zu jenen Kabinettskriegen des Absolutismus, die Clausewitz das Anschauungsmaterial für seine Theorie vom Krieg boten, war konsequent, wenn auch nicht vollkommen ohne Brüche (vgl. Janssen 1982:576 ff.). Der zeitweilige Kollaps der politischen Ordnung Europas in den Konfessions- und Bürgerkriegen der frühen Neuzeit bekräftigte aber nur noch einmal drastisch jene ältere Erfahrung mit den Auswüchsen des Fehdewesens, dass nämlich Frieden im Inneren den Staat voraussetzt, auch wenn dies die Möglichkeit von Kriegen zwischen den Staaten einschließt oder diesen gar zwangsläufig macht, wie manche Denker der Zeit meinten, etwa Thomas Hobbes: «... leben doch Könige und alle souveränen Machthaber aus Furcht vor dem Verlust ihrer Unabhängigkeit in unaufhörlichem Argwohn und in Stellung und Haltung wie Gladiatoren; ihre Waffen sind gezückt, und einer belauert den anderen: durch Festungen, Heere und Geschütze an den Grenzen, durch Spione im Inneren. Es herrscht also Krieg» (Hobbes 1965:100 f.). Die regulierte Gewalt des zwischenstaatlichen Krieges war nach dem Urteil der Zeit aber allemal der rücksichtslosen und brutalen Gewalt des Bürgerkrieges vorzuziehen: «*La guerre civile est le plus des maux*» schrieb Pascal.

Söldnerheere: Die Entwicklung stehender Heere von Landsknechten war anfänglich eine Errungenschaft des Bürgertums der freien Städte, das auf den Gedanken gekommen war, Kriegsführung analog zur Unternehmensführung zu organisieren. Es besaß zudem das notwendige Geld zum Unterhalt derartiger ungemein schlagkräftiger, aber extrem teurer Kampfmittel. Die Söldnerheere waren dem altertümlichen Kriegswesen der Feudalgesellschaft des Mittelalters haushoch überlegen und wesentlich für deren Niedergang verantwortlich. Von dieser Entwicklung profitierten aber vor allem die Fürsten des Absolutismus, die selber nun noch größere Söldnertruppen aufstellten, während der Adel die Führungspositionen in diesen übernahm. Kein Wunder also, dass Krieg wieder im Stile der Fehde geführt wurde, als Duell oder Machtprobe, nun aber zwischen Staaten.

Begrenzte Gewalt: Die Söldnerheere des späten 17. und 18. Jahrhunderts waren den Herrschern der Zeit allerdings im buchstäblichen Sinne zu teuer, um sie leichtfertig aufs Spiel zu setzen. Truppen wurden vorwiegend in starken Festungen konzentriert, und wenn immer möglich vermied man offene Schlachten. Alles Mögliche wurde unternommen, um Verluste gering zu halten – sei es durch Kampfeinwirkung oder durch Desertion. Die Kabinettskriege, der «Sport der Fürsten und Könige» wie Arnold Toynbee diese in seiner *Study of History* nannte, zogen sich dabei zwar in die Länge, verliefen aber meist vergleichsweise glimpflich. Das Bürgertum war vom Krieg in der Regel nur indirekt über seine Finanzierung betroffen. Drückende Steuerlasten zeigten jedoch, dass Kriege dieser Art ein enorm teurer «Sport» waren.

Strukturfehler: Das Monopol des Fürsten auf legitime Gewaltanwendung geriet mit der Aufklärung nun aber in dem Maße unter Kritik, wie innerstaatliche Ruhe und Ordnung zur Selbstverständlichkeit und zwischenstaatliche Konflikte zur Regel wurden. Der Krieg wurde dabei zunehmend nicht mehr nur als Nebenprodukt des innerstaatlichen Friedens, sondern als Symptom schwerwiegender Strukturfehler der herrschenden Ordnung begriffen (Janssen 1982: 585). Die französische Revolution trat schließlich nicht allein mit der erklärten Absicht an, die herrschende Unterdrückung zu beseitigen, sondern Frieden zwischen den Völkern zu schaffen, indem man denjenigen den Krieg erklärte, die man für den Krieg verantwortlich machte, die Fürsten. Den Frieden schuf man so nicht, sondern ein neues Übel, den quasi internationalen Bürgerkrieg.

Totaler Krieg: Die Koalitionskriege zwischen dem revolutionären Frankreich und den *ancien régimes* wurden dennoch von beiden Seiten in der herkömmlichen Weise als militärisches Kräftemessen geführt. Der Krieg wurde beschlossen, offen vorbereitet und die Truppen zum Zweikampf in Stellung gebracht. An die «Spielregeln» der Kabinettskriege fühlte man sich dabei aber nicht mehr gebunden, denn kein Rechtsstreit war zu entscheiden; es ging vielmehr (zunächst nur für das revolutionäre Frankreich) ums nackte Überleben, und jede gemeinsame Rechtsgrundlage der Auseinandersetzung war verloren gegangen. Der Gegner – die verhassten Fürsten auf der einen, die fanatischen Revolutionäre auf der anderen Seite – schien keiner Zurückhaltung wert. «… das ganze Kriegssystem, welches aus der Beschränktheit (der) Mittel entsprang und in dieser Beschränktheit wieder seine Sicherheit fand, wurde gesprengt», schrieb Clausewitz (1966:474). Die Truppen wurden nun nicht mehr nur wie die Schachfiguren im Lande verschoben, man führte sie vielmehr direkt in die Schlacht, wo sie zu Zehntausenden starben. Als dies die Entscheidung nicht erbrachte, wurde das Volk zu den Waffen gerufen, erst in Frankreich (*levée en masse*), dann in den Befreiungskriegen auch im übrigen Europa. Der Krieg war damit nicht mehr begrenzt, sondern total.

Diffusion und Tradition von Verhaltensmerkmalen: Von den 165 untersuchten Kriegen begannen 26 Kriege (knapp 16 %) im Stile eines Duells mit einer offenen vorbereiteten und z. T. vorweg angekündigten Machtprobe. Die nachfolgend zunächst beschriebenen neun Kriege des späten 18. und frühen 19. Jahrhunderts wurden im Stile der Duell- oder Kabinettskriege des 18. Jahrhunderts geführt, allerdings ohne deren Zurückhaltung bei der Anwendung von Gewalt (siehe oben). Mit dem Ende der napoleonischen Kriege hatte sich diese Form der Kriegsführung freilich keinesfalls diskreditiert, wie man meinen könnte; Verhaltensmuster tradieren sich, wenn man nicht gründlich mit ihnen bricht. So kam es vornehmlich gegen Ende des 19. Jahrhunderts in den Auseinandersetzungen zwischen Österreich, Preußen, Frankreich und Italien zu einer Renaissance des Duellkrieges und deren Imitation bei den Auseinandersetzungen der jungen Staaten des Balkans untereinander (8 Kriege). Ein Spezialfall waren die Syrienkriege (2), in denen sich der ägyptische Vizekönig gegen seinen formellen Herren, den Sultan, erhob. Vier Kolonialkriege, in denen die britischen Truppen auf gleichrangige und z. T. überlegene Gegner trafen (Sikhs, Burma, Buren) begannen ebenfalls ganz im Stil der Duellkriege. Die Duellkriege der Zeit nach dem Zweiten Weltkrieg (3 Fälle) sind hingegen auf spezifische Umstände zurückzuführen, die einen Blitzkrieg zu führen verunmöglichten (z. B. im Falklandkrieg).

6.2.   Koalitionskriege

Zweiter Koalitionskrieg: Der erste Koalitionskrieg 1792–98 (Nr. 1) war seinem Beginn nach kein eigentlicher Duellkrieg. Er begann vielmehr auf Initiative der jungen französischen Republik. Im Nervenkrieg mit Preußen und Österreich ergriff man die Flucht nach vorn und begann einen Krieg (vgl. 7.6.), den man für ohnehin unvermeidlich hielt. Die zweite anti-französische Koalition war ein Werk des exzentrischen Zaren Paul I., der 1797 das ihm angetragene Amt eines Großmeisters des Malteser-Ordens akzeptiert hatte und sich in dieser Eigenschaft nun verpflichtet fühlte, nach der Einnahme Maltas durch die französische Flotte, die sich auf dem Weg nach Ägypten befand, gegen die französische Republik vorzugehen. Sein Hauptverbündeter war England, dessen koloniale Interessen durch die Ägypten-Expedition Bonapartes bedroht waren. Österreich, Portugal, Neapel, der Vatikan und das Ottomanische Reich schlossen sich an. Die Letzteren drei befanden sich ohnehin noch im Kriegszustand mit Frankreich. Nichts hätte den Krieg verhindern können, denn beide Seiten waren entschlossen, diesen zu führen. Das Zeichen zum Beginn der Kampfhandlungen war ein Angriff Neapels auf die Römische Republik, einen im Februar 1798 errichteten französischen Satellitenstaat, sowie französische Operationen gegen Piemont. Die Koalition war nach anfänglichen Erfolgen, die zum größten Teil auf das Konto des russischen Generals Suworows und seiner Truppen gingen, nicht in der Lage, diese zu konsolidieren, und Russland zog sich verärgert aus der Koalition zurück (Nr. 5).

Dritter Koalitionskrieg: Der dritte, vierte und fünfte Koalitionskrieg waren Versuche Österreichs bzw. Preußens, mit Hilfe ihrer Verbündeten gegen Frankreich vorzugehen – in Verkennung der tatsächlichen Machtverhältnisse allerdings. Der dritte Koalitionskrieg sollte Napoleon überraschen. Bei Boulogne hatte er 1805 eine für damalige Verhältnisse gigantische Armee zusammengezogen und bereitete die Invasion Großbritanniens vor, sandte diese Armee aber dann in Eilmärschen nach Süddeutschland (Nr. 8), als Österreich und Russland den Krieg mit einem Vorstoß nach Bayern und Oberitalien eröffneten, und überraschte seinerseits die Koalition (vgl. 5.2.).

Vierter Koalitionskrieg: Der vierte Koalitionskrieg 1806/07 (Nr. 9) war eine Herausforderung Preußens an das im Verlauf der vorhergehenden Kriege zur Hegemonialmacht aufgestiegene Frankreich und endete mit der vollkommenen Niederlage des Herausforderers. Preußen war der zweiten und dritten Koalition nicht beigetreten, aber dennoch in Abhängigkeit von Frankreich geraten, das 1806 auf rechtsrheinischem Gebiet unter Einschluss preußischen Besitzes den Rheinbund gegründet hatte. Nach dem Zusammenbruch der dritten Koalition bei Austerlitz am 2. Dezember 1805 war ein weiteres Abgleiten in französische Abhängigkeit absehbar. Von England ermutigt verband sich Preußen nun aber mit Sachsen und Russland zur vierten Koalition und begann mit Kriegsvorbereitungen. Mit neuem Selbstvertrauen – aber in völliger Verkennung seiner militärischen Möglichkeiten – wurde Frankreich ultimativ zum Abzug aller französischen Truppen von rechtsrheinischem Gebiet aufgefordert. Dabei blieb völlig unbemerkt, dass Napoleon über die preußischen Kriegsvorbereitungen informiert war und die Große Armee aus Süddeutschland bereits in Richtung Nordosten und damit in gefährliche Nähe Sachsens und Preußens verlegt hatte. Bei Jena und Auerstedt (14. Oktober 1806) erlitten die beiden Verbündeten, wie abzusehen, eine vernichtende Niederlage, ebenso die russische Armee am 14. Juni 1807 bei Friedland. Zar Alexander wechselte darauf im Frieden von Tilsit die Fronten.

Fünfter Koalitionskrieg: Ähnlich wie Preußen erging es Österreich im fünften Koalitionskrieg 1809 (Nr. 14). Die französischen Schwierigkeiten in Spanien schienen das Unternehmen zu begünstigen. Zudem hoffte Österreich auf den Beistand Preußens und Russlands. Der Krieg begann ganz nach der Art des dritten Koalitionskrieges mit offenen österreichischen Kriegsvorbereitungen und nachfolgenden Operationen gegen Bayern und Norditalien. Nach anfänglichen Erfolgen in der Schlacht bei Aspern vom 21.–22. Mai 1809 geriet das allein vollkommen überforderte Österreich aber wiederum in Schwierigkeiten, da sich Preußen und Russland entgegen der Erwartung zurückhielten. Nach der Schlacht bei Wagram vom 5.–6. Juli 1809 musste Österreich ein weiteres Mal seinen Widerstand gegen Napoleon einstellen und einen ungünstigen Frieden akzeptieren.

Russlandfeldzug und Befreiungskriege: Was seine Motive betrifft, so ist die Entscheidung Napoleons, schließlich auch Russland 1812 anzugreifen (Nr. 15) und sich gefügig zu machen, noch immer ein

Rätsel (Taylor 1979:37f.). Die Schwierigkeiten mit dem Zaren, der die Kontinentalsperre aufgehoben hatte und weder der gewünschten Allianz mit dem Frankreich freundlich gesonnenen Schweden (Bernadotte) noch einem Frieden mit den Türken zustimmen wollte, erklären das gewaltige Unternehmen sicherlich nicht vollkommen. Eher war die sich anbahnende britisch-russische Annäherung wohl geeignet, Napoleon Sorgen zu bereiten. Hinzu kamen vermutlich wachsende innerfranzösische Unzufriedenheit und der andauernde, an der militärischen und moralischen Substanz des Reiches zehrende Konflikt auf der iberischen Halbinsel. Das Unternehmen endete in einer Katastrophe, die mehr mit dem russischen Winter und der feindlichen Umgebung zutun hatte, als mit militärischem Widerstand. Die Befreiungskriege 1813–1815 (Nr. 17) nutzten das Debakel der großen Armee nun anders als im vierten Koalitionskrieg mit Erfolg, obschon die neuerliche Herausforderung Frankreichs nur zögernd Gestalt annahm. Zunächst erklärte Friedrich Wilhelm III. auf Druck seiner Generäle Frankreich den Krieg. Österreich folgte diesem Beispiel aber erst, nachdem die Friedensverhandlungen mit Napoleon nicht die gewünschten Resultate erbrachten.

Herrschaft der hundert Tage: Die Rückkehr Napoleons von Elba 1815 schließlich war von Beginn an ein Abenteuer, dessen Ende im Krieg absehbar war. Nach allen Erfahrungen waren die europäischen Mächte nicht mehr bereit, Napoleon noch als Herrscher Frankreichs zu dulden. Sogleich nach seiner Landung traf er in Erwartung des kommenden Konflikts die notwendigen militärischen Vorkehrungen mit dem Aufbau einer neuen Armee und begann den Krieg wie 23 Jahre vorher die junge französische Republik ohne zu zögern mit einem Feldzug gegen Belgien (Nr. 18). Waterloo am 18. Juni 1815 markierte nicht nur das Ende der Ambitionen Napoleons, sondern den Abschluss des ersten Krieges der Neuzeit, der hinsichtlich Dauer, Beteiligung und geographischer Ausdehnung ohne Zweifel als Weltkrieg bezeichnet und mit den beiden Weltkriegen des 20. Jahrhunderts verglichen werden darf.

Zweiter Unabhängigkeitskrieg: Der englisch-amerikanische Krieg 1812–1814 war ein Parallelkonflikt der Koalitionskriege und kann mit diesen hinsichtlich Beginn und Verlauf durchaus verglichen werden. Die Vereinigten Staaten waren als Handelsnation durch die

Blockade- und Kontinentalsperre-Politik der europäischen Kriegs-
gegner empfindlich betroffen. So nahm sich Großbritannien z. B. das
Recht heraus, amerikanische Handelsschiffe (und im sog. *Chesapeake*-
Zwischenfall von 1807 sogar ein Kriegsschiff der USA) anzuhalten und
nach britischen «Deserteuren» zu durchsuchen, *de facto* Seeleute und
zivile Reisende britischer Nationalität, die dann zum Dienst in der
Flotte Großbritanniens gepresst wurden. Im Westen waren Probleme
mit den durch die Briten kräftig unterstützten Indianern entstanden.
In Washington wurde zudem der Plan populär, die britische Kolonie
Kanada mit ihren reichen Wäldern und unbesiedelten Weiten im Verlauf eines Krieges mit Großbritannien vom kolonialen Joch zu «be-
freien» und selbst zu übernehmen. Nach langem Hin und Her erklärten die USA schließlich am 19. Juni 1812 Großbritannien den Krieg
(Nr. 16), ohne dass es dafür zu diesem Zeitpunkt einen anderen Grund
als die schon genannten Provokationen der britischen Flotte und die
Begehrlichkeiten der USA gegeben hätte (vgl. 9.2.). Großbritannien,
das hauptsächlich mit seinem Krieg gegen Frankreich beschäftigt war,
nahm die Herausforderung eher halbherzig an. Im Friedensvertrag
von Gent wurde der Krieg wie ein fair und glücklich verlaufenes
Duell für «unentschieden» erklärt: Die USA hatten sich behauptet,
aber keines ihrer sonstigen Kriegsziele erreicht.

Russisch-schwedischer Krieg: Wie die USA geriet auch Schweden zwischen die Fronten der Koalitionskriege. 1805 war Schweden
ein Mitglied der dritten Koalition gewesen und hatte dabei militärisch nicht brilliert. Auch nach dem Umschwenken Russlands in das
Lager Napoleons 1807 im Frieden von Tilsit blieb Schweden entgegen
der geostrategischen Vernunft dem Bündnis mit den Briten treu und
geriet damit in eine schwierige außenpolitische und militärisch heikle
Lage. Als es 1808 der ultimativen Aufforderung Russlands, der Kontinentalsperre beizutreten, nicht nachkam, nutzten Russland und Dänemark die Gelegenheit, den alten Rivalen zum Duell (Nr. 13) herauszufordern und in der Zeit seiner Schwäche zu übervorteilen: Schweden
verlor in der Folge der Auseinandersetzung Finnland und die Åland-
Inseln, also ein ganzes Drittel seiner Bevölkerung und seines Territoriums.

6.3. Duellkriege des 19. Jahrhunderts

Restauration des Duellkriegs: Wenn sich auf beiden Seiten hochgerüstete Mächte oder Bündnisse gegenüberstehen, die beide die Fähigkeit zur Vernichtung der anderen Seite besitzen, ergibt Krieg auch seiner eigenen Logik nach wenig Sinn; ein solcher Krieg wird eskalieren, und beide Seiten werden bei zunehmenden Risiken nichts gewinnen, sondern nur verlieren. Diese historische Erfahrung wurde jedoch erst im Verlauf der letzten beiden Weltkriege gewonnen. Der erste große Weltkrieg der modernen Geschichte, der Krieg der alten Regime Europas gegen das revolutionäre Frankreich, erbrachte diese Erfahrung noch nicht. Das Ausufern des «Sports der Könige» zum nahezu totalen Krieg in den Jahren 1792 bis 1815 erschien nicht als das, was es wirklich war, nicht als Säkulartrend infolge raschen wirtschaftlichen, sozialen und politischen Wandels also, sondern als zeitweiliger Exzess. Der Krieg sei im Zuge des Konflikts mit dem revolutionären Frankreich «zu etwas anderem» verkommen, «als er dem Begriff nach sein sollte,» stellte Clausewitz (1966:851) als beteiligter Augenzeuge dieser Entwicklung fest (vgl. oben). Mit der Restauration der alten Ordnung nach deren Sieg über die Revolution (1815 und 1848) erwartete man auch auf dem Gebiet der Kriegsführung eine Rückkehr zu den alten Verhältnissen; und tatsächlich fand in begrenztem Rahmen eine Renaissance des zwischenstaatlichen Duellkrieges statt (Janssen 1982:596ff.).

Politisches Geschick: Die Möglichkeiten der Kriegsführung des späteren 19. Jahrhunderts unterschieden sich von jenen des 18. Jahrhunderts aber nun enorm. Keine teuren Landsknechtsheere wurden mehr unterhalten, die der Bürger durch seine Steuern zu finanzieren hatte. Man zog ihn vielmehr selbst zum Kriegsdienst heran. Die Technisierung der Armee hatte begonnen und die Vernichtungskraft der Waffen war enorm angewachsen. Es bedurfte viel politischen und diplomatischen Geschicks, die nun im Krieg entfesselten Kräfte im Zaum zu halten und jene politischen Voraussetzungen zu schaffen, die einen Duellkrieg im europäischen Staatensystem des späten 19. Jahrhunderts überhaupt noch möglich machten. Bismarck und auch die österreichische Führung (in den Konflikten um die oberitalienischen Besitzungen der Donaumonarchie) besaßen dieses Geschick. Es bestand vor allem in der Fähigkeit, Maß zu halten, d. h. den Krieg zu beenden, wenn der direkte Zweck erreicht oder nicht mehr zu erreichen war. Es bestand zudem aber in der Fähigkeit, vorweg für jene politisch-diplomatischen Rahmenbedingungen zu sorgen, die einen Duellkrieg im Staatensystem des späten 19. Jahrhunderts überhaupt noch durchführbar machten, d. h. Vorsorge gegen eine mögliche Ausweitung des Krieges auf dritte und weitere Parteien zu treffen – oder den Krieg erst gar nicht zu beginnen. Die Nachfolger Bismarcks missachteten diese Regel aufs Gröbste und entfesselten damit den Ersten Weltkrieg.

Österreichisch-preußischer Krieg von 1866: Der vielleicht klassische Duellkrieg neuerer Art war der Krieg Preußens mit Österreich (Nr. 57). Er war absehbar, denn beide Parteien standen sich mit voll mobilisierten Streitkräften gegenüber, doch er begann, ganz ohne ersichtlichen Anlass, wie auf Verabredung: Preußen setzte seine Truppen in Marsch, und der erste Offizier des Gegners, auf den man traf, erhielt die Nachricht für seine Vorgesetzten mit auf den Weg, man befinde sich nun im Kriegszustand. Nachdem diese Formalität erledigt war, konnte der Kampf beginnen.

Führungskrise: Preußen hatte sich in den beiden Kriegen mit Dänemark (siehe unten) als Exponent der deutschen Sache profiliert, während Österreich, das seit dem Wiener Kongress den Vorsitz im Deutschen Bund, einem losen politischen Zusammenschluss unabhängiger deutscher Staaten bzw. Fürsten, besaß, eher bremste: Der Vielvölkerstaat Österreich war nur mit einem Teil seines Territoriums Mitglied des Bundes und hatte an weitergehenden Einigungsbestrebungen verständlicherweise kein Interesse. Nun stellte das immer stärker werdende Preußen die Führung des im Krieg mit Italien 1859 geschwächten Österreichs im Bund infrage und verwandte dabei dessen Einstellung zur Einigungsproblematik als Hebel – an einem deutschen Bundesstaat war Preußen selbst nicht unbedingt interessiert (vgl. 9.2.).

Mobilisierungs-Fahrpläne: Ein Konflikt über die Verwaltung des gemeinsam (von Dänemark) eroberten Schleswig-Holsteins wurde zum Prinzipienstreit des Bundes emporstilisiert. Preußen rechnete aber bereits fest mit Krieg und brachte (auf Vermittlung Napoleons III.) Italien auf seine Seite. Damit drohte Österreich nun seinerseits in die

«Zange» zu geraten, wurde nervös und begann mit der teilweisen und dann vollen Mobilisierung seiner Truppen – an seiner Seite die kleinen Staaten des Bundes, aus dem Preußen inzwischen unter Protest ausgeschieden war. Auf österreichischer Seite erforderte die volle Mobilisierung nach Plan sechs Wochen; Preußens moderne Armee kam mit der Hälfte der Zeit gut aus. So konnte es gelassen die Anstrengungen des Gegners zur Kenntnis nehmen und propagandistisch dazu nutzen, diesen als den Kriegstreiber hinzustellen. Begonnen wurde der Krieg dann aber von Preußen, und beendet war er in sieben Wochen, ehe Frankreich als lachender Dritter hätte in Aktion treten können.

Deutsch-dänische Kriege: Die beiden Kriege Preußens mit Dänemark 1848–49 und 1864 waren Profilierungsprojekte, die den Beifall der deutschen Nationalisten ernteten und Österreich den Rang als Führungsmacht des Deutschen Bundes abliefen. Sie gehören somit zur Vorgeschichte des Krieges von 1866 und waren wie dieser dosierte Machtproben. Seit dem Spätmittelalter (1460) waren die Könige Dänemarks auch Herzöge von Schleswig und Holstein, die zu einer Realunion zusammenschmolzen. Die sog. Eiderdänen Schleswigs setzten im März 1848 den Anschluss Schleswigs an Dänemark durch, was zur preußisch inspirierten Erhebung der deutschen Bevölkerung führte, die weiterhin auf der Realunion mit Holstein bestand. Im Auftrag des Deutschen Bundes kam daraufhin Preußen den Schleswig-Holsteinern zur Hilfe und besetzte die Herzogtümer (Nr. 36). Im Gegenzug sandte Schweden den Dänen nun Hilfstruppen, während England mit Gegenmaßnahmen von See aus drohte; Österreich, Frankreich und Russland stellten sich ebenfalls auf die Seite Dänemarks. Der Rückzug Preußens aus dem Krieg war damit unvermeidlich. Der deutsch-dänische Krieg von 1864 (Nr. 54) entstand aus dem neuerlichen Versuch Dänemarks, Schleswig anzugliedern und damit von Holstein zu trennen; dies war in der Tat eine Verletzung des Londoner Protokolls von 1852, das nach dem letzten preußisch-dänischen Krieg die Frage Schleswig-Holsteins regelte, aber den willkommenen Anlass zur Profilierung Preußens in der Einigungsfrage und zum Ausbau seiner Hegemonie abgab, zumal Österreich in diesem zweiten Krieg gegen Dänemark als Mitglied des Deutschen Bundes mitzumachen gezwungen war. Dänemark trat im Frieden von Wien (Oktober 1864) Schleswig-Holstein und Lauenburg zur gemeinsamen Verwaltung an Preußen und Österreich ab.

Thronfolgefrage als Vorwand: Der Konflikt des mächtiger werdenden Preußens mit der alten Hegemonialmacht Frankreich setzte 1870 über die Frage der spanischen Thronfolge ein. Die exzentrische Königin Isabella war 1868 abgesetzt worden, und die Spanier suchten einen Nachfolger für den Thron, der möglichst nicht zu eng mit den großen Herrscherfamilien Europas verwandt sein sollte, um internationale Verwicklungen zu vermeiden. Gerade diese setzten nun aber ein. Napoleon III. schlug seinen Cousin vor, aber dies hätte Spanien *de facto* unter Kontrolle Frankreichs gebracht und damit empfindlich das Gleichgewicht der Mächte gestört. Ein junger Mann aus katholischer Nebenlinie des Hauses Hohenzollern wurde nun von Preußen in aller Eile und mit der nötigen Geheimhaltung den spanischen Cortes angeboten. Die Nachricht sickerte aber durch und wurde in Paris sofort als preußisches Komplott gedeutet. Dem galt es zuvorzukommen, und nicht nur dies. Der alternde französische Kaiser und seine Berater sahen eine letzte Chance, das schwindende Prestige des innenpolitisch stark unter Druck geratenen Regimes durch außenpolitische Erfolge aufzupolieren. Der Streit mit Preußen kam also gerade recht.

Emser Depesche und Krieg: Die französische Regierung protestierte nun beim preußischen König, der auf Verlangen die Thronkandidatur seines fernen Verwandten sofort zurückzog; er hatte diese von Anfang an missbilligt. Das Problem war damit eigentlich vom Tisch, allerdings für Frankreichs Führung allzu rasch und glatt, als dass man damit hätte renommieren können. So wurde die Sache weiter aufgebauscht. Man verlangte von Preußen zusätzlich noch eine Entschuldigung und Garantien gegen ähnliche Vorfälle in der Zukunft. Der preußische König, in Bad Ems zur Kur und dort vom französischen Botschafter in der Angelegenheit bedrängt, ging zwar nicht vollkommen auf das Ansinnen ein, wollte die Sache aber auch nicht weiter aufbauschen: «Ich wies ihn zuletzt, etwas ernst, zurück ...» Der Bericht des Begleiters des Königs, Ministerialrat Heinrich Abeken, über das Ansinnen des französischen Botschafters und die Antwort des Königs wurden von Bismarck (durch Streichung und Straffung) so überarbeitet, dass sie dem Sinne nach eher einem Affront entsprachen, und danach veröffentlicht. Postwendend erklärte das empörte, aber militärisch vollkommen unvorbereitete Frankreich Preußen am 19. Juli 1870 den Krieg (Nr. 59). Nach z. T. brutalem Gemetzel war der Waffengang für das kaiserliche Frankreich bereits am 1. September in der Schlacht bei Sedan verloren, nachdem Napoleon III. in deutsche Gefangenschaft geraten war. Am 4. September wurde in Paris die Republik ausgerufen, und für Preußen und seine Verbündeten hätte der Krieg damit zu Ende sein können. Reaktionäre Kreise Preußens forderten jedoch territoriale Gewinne, und so wurde der Krieg fortgeführt, diesmal gegen die junge französische Republik. Am 28. Januar 1871 musste diese in einen Waffenstillstand einwilligen, und am 28. Februar in einen Frieden, der mit der Abtretung des Elsass und einiger Gegenden Lothringens den Keim zur Revanche in sich trug. Am 18. Januar 1871 wurde der preußische König Wilhelm im Spiegelsaal des Versailler Schlosses zum deutschen Kaiser proklamiert.

Italienische Einigung: Die Einigungsbestrebungen Italiens waren 1848 am inneren Zwist der Italiener und dem militärischen Genie des Feldmarschalls Radetzky gescheitert (vgl. 3.5.). Zehn Jahre später schienen die Umstände günstiger, da Frankreich dank geschickter Diplomatie des sardinisch-piemontesischen Ministers Camillo Cavour für die Sache der italienischen Einigung gewonnen werden konnte und in einem Geheimvertrag Hilfe gegen die österreichische Besatzungsarmee in Oberitalien zugesichert hatte (vgl. 7.2.). Damit war Sardinien nun in der Lage, den alten Gegner Österreich ganz offen herauszufordern und begann mit Kriegsvorbereitungen. Diese blieben jedoch nicht unbemerkt, und Österreich forderte ultimativ deren sofortigen Abbruch. Sardinien-Piemont ignorierte das Ultimatum, und österreichische Truppen begannen mit dem Einmarsch in Piemont (29. April 1859) – etwas zu früh allerdings, denn Napoleon III. war bereits im Begriff, sich aus dem Unternehmen zurückzuziehen, was die Italiener wohl von ihrem Vorhaben abgebracht hätte. So erfüllte er dann aber seine eingegangenen Verpflichtungen (Nr. 46). Der im November 1859 in Zürich ausgehandelte Friede war nicht nach dem Geschmack der italienischen Nationalisten: Die Lombardei wäre an Frankreich gefallen und Venetien bei Österreich geblieben. So blieb die Situation in Italien volatil. Frankreich tauschte im Vertrag von Turin 1860 die Lombardei gegen Savoyen und Nizza; in Süditalien gewann der «Zug der Tausend» Garibaldis weiter Zulauf (vgl. 3.3); 1861 stürzte die Bourbonen-Herrschaft in Neapel, und im März 1861 wurde Viktor Emanuel II. zum König Italiens mit der Hauptstadt Rom erklärt. Venetien blieb noch bis 1866 bei Österreich und wurde erst nach dem verlorenen Krieg Österreichs gegen Preußen (siehe oben) aufgegeben.

Imitation: Wie die Großmächte des späten 19. Jahrhunderts trugen auch die jungen Staaten des Balkans ihre Konflikte untereinander aus: Im Stile des Duellkrieges, wenn Diplomatie und Ultimaten versagt hatten. Bulgarien war in der Folge des russisch-türkischen Krieges (1877) selbstständig geworden. Der Anschluss Ostrumeliens an Bulgarien (1885) war nun der Anlass eines Streits mit Serbien (Nr. 71). Serbien verlangte territoriale Kompensation für die Gebietsgewinne Bulgariens und erklärte Bulgarien, als dieses ablehnte, am 13. November 1885 den Krieg. Obschon von Russland allein gelassen, das wegen der liberalen innenpolitischen Entwicklung des Landes alle Berater abgezogen hatte, behauptete sich Bulgarien nicht nur, sondern drängte Serbien in die Defensive. Die österreichische Intervention rettete Serbien schließlich vor der vollkommenen Niederlage.

Kriege des ersten und zweiten Balkanbundes: Die beiden Balkankriege 1912–13 und 1913 waren ebenfalls Imitationen jener Duellkriege des späteren 19. Jahrhunderts, in denen die europäischen Mächte Frankreich, Preußen, Österreich und Italien ihre Rangordnung reorganisierten. Wegen der Schwäche der Balkanstaaten entwickelten sich daraus allerdings nur sehr begrenzte militärische Konflikte. Die Mitgliedsländer des ersten Balkanbundes (Montenegro, Serbien, Bulgarien und Griechenland) begannen 1912 einen koordinierten Krieg gegen das osmanische Reich, dessen letzte Gebiete auf dem Balkan zur Verteilung anstanden (Nr. 88). Nach Abschluss der Aktionen führte der Streit über die Beute sofort zum zweiten Balkankrieg 1913 (Nr. 89): In Überschätzung seiner eigenen Kraft begann Bulgarien einen Krieg mit Serbien, das wiederum von Griechenland, Montenegro und (um die Verwirrung komplett zu machen) dem osmanischen Reich gestützt wurde. Noch sahen die Großmächte zu und hielten sich zurück. Die folgende Balkankrise stand dann unter ihrer Regie, und dies führte in den Weltkrieg.

6.4. Syrienkriege

Zentrifugale Tendenzen: Duellkriege finden zwischen Staaten statt, nicht innerhalb von Staaten. Eine Ausnahme von dieser Regel waren die Syrienkriege. Der Nahe Osten (Syrien, Ägypten und Arabien) war zur Blütezeit des osmanischen Reiches unter Selim I. an die

Türken gefallen. Durch die Auswirkungen der napoleonischen Kriege, den Dauerkonflikt mit Russland und den griechischen Freiheitskrieg geschwächt, verstärkten sich Mitte des 19. Jahrhunderts die zentrifugalen Tendenzen, sodass dem Sultan im eigenen Reich, und zwar in der Person seines ägyptischen Vizekönigs, ein quasi unabhängiger Rivale entstehen konnte.

Syrienkriege: Mohammed Ali, ein Offizier albanischer Abstammung, der im Krieg gegen die Expeditionsarmee Napoleons gekämpft hatte, war auf der politischen Szene Kairos bei den Machtkämpfen zwischen Mamelucken und Türken zu Einfluss gekommen und schließlich von der Hohen Pforte bestätigter Vizekönig geworden. Für seine Beteiligung am Krieg gegen die Griechen 1821–32 verlangte er nun vom Sultan Anerkennung in Form territorialen Zugewinns, und zwar Syrien. Als Sultan Mahmud II. sich weigerte, ihm wie versprochen Syrien zu überlassen, schickte er (von Frankreich bestärkt) ohne zu zögern eine Armee gegen seinen formellen Oberherrn (Nr. 27); nur die russische Interventionsdrohung rettete Mahmud II. womöglich vor dem Verlust des Throns. Der erste Syrienkrieg 1831–32 endete mit einem Kompromiss: Frieden gegen Abtretung Syriens an Ägypten. Der zweite Syrienkrieg 1839–40 (Nr. 30) war der Versuch einer türkischen Revanche, die günstig schien, weil Frankreich seine Unterstützung Mohammed Alis auf britisch-preußischen Druck aufgeben musste. Den Türken, durch Ibrahim Pascha, den Stiefsohn und General Mohammed Alis an den Rand der Niederlage gebracht, kam eine vereinigte britisch-österreichische Flotte zu Hilfe und rettete damit das osmanische Reich womöglich vor dem Kollaps.

6.5. Koloniale Duellkriege

Starke Gegner: Kriege begleiteten überall die koloniale Expansion des neunzehnten und frühen zwanzigsten Jahrhunderts, doch waren dies zumeist begrenzte Militärexpeditionen in bislang noch «besitzlose» und oft auch strukturschwache oder durch innere Wirren geschwächte Länder. Wo die europäischen Kolonialmächte hingegen auf relativ stabile staatliche und militärische Strukturen trafen, entstanden mitunter Konflikte, die ganz im Stile der europäischen Duellkriege ausgetragen wurden, weil dies für die Kolonialmächte die übliche

Form der Kriegsführung im 19. Jahrhundert war, allerdings ohne sich dabei der in Europa üblichen Zurückhaltung zu befleißigen (vgl. 9.3.).

Machtprobe mit Burma: Burma war zu Beginn des 19. Jahrhunderts ein militanter, expansiver Staat und Hegemonialmacht Hinterindiens. Es hatte Assam erobert und war damit ein Nachbar Britisch-Indiens geworden. Der Machtprobe Burmas mit dem britischen Empire gingen zahllose Streitigkeiten über Grenzprobleme voraus, die Großbritannien auf diplomatischem Wege beilegen wollte, damit aber scheiterte. Der «starke Mann» Burmas und Gouverneur von Assam, General Maha Bandula, griff 1823 schließlich Bengalen an und bedrohte Chittagong. Daraufhin erklärte Großbritannien Burma den Krieg. Im Verlauf der bis 1826 andauernden Kämpfe zog sich Burma zurück und überließ weite Gebiete den Briten (Nr. 22).

Machtprobe mit den Sikhs: Auf dem indischen Subkontinent entstand den Briten zu Mitte des 19. Jahrhunderts in den Sikhs des Pandschabs ein ernst zu nehmender Gegner. Die Spannungen setzten nach dem Tode des Maharadschas Ranjit Singh ein, der das Sikh-Reich (das Pandschab) geeint und beträchtlich ausgedehnt hatte. Als überragender Feldherr genoss er großen Respekt bei den Briten, und man einigte sich mit ihm auf eine Abgrenzung der beiden Einflussgebiete. Die untereinander zerstrittenen Nachfolger Ranjit Singhs gedachten sich hingegen mit kriegerischen Unternehmungen gegen die britischen Nachbarn zu profilieren. So kam es zu einer umfassenden militärischen Machtprobe zwischen den Briten und den Sikhs. Am 11. Dezember 1845 überschritten starke Truppen der Sikhs die vereinbarte Grenze zu Britisch-Indien und verwickelten die dortigen Truppen in schwere Gefechte. Den ersten Krieg mit den Sikhs (Nr. 33) vermochte England nur unter großen Verlusten für sich zu entscheiden. Das Pandschab wurde in der Folge ein schwer kontrollierbares britisches Protektorat.

Burenrepubliken: Im Süden Afrikas waren zu Mitte des 19. Jahrhunderts von europäischen Siedlern zwei unabhängige Staaten gegründet worden. Buren (Siedler holländischer Abstammung) hatten im «Großen Treck» die britische Kapkolonie verlassen und auf Zulu-Gebiet 1842 den Oranje-Freistaat und 1853 die Südafrikanische Republik (Transvaal) gegründet. Großbritannien annektierte Transvaal 1877, zog sich aber nach Aufständen der Buren in den darauf folgenden Jahren wieder zurück und entließ diese in eine begrenzte Unabhängigkeit. Der Burenkrieg von 1899–1902 war nun kein Kolonialkrieg im üblichen Sinne. Der Konflikt trug vielmehr in seinem Beginn alle Merkmale eines Duellkrieges und entwickelte sich in einer für die britische Großmacht eher ungewohnten und unerwarteten Weise.

Burenkrieg: Großbritannien, nach Gold- und Diamantfunden in den Burenrepubliken an diesen wieder stark interessiert, beharrte auf seinem Standpunkt, diese seien noch immer Teil der britischen Kapkolonie. Die Briten waren sich wohl bewusst, dass sie auf einen ernst zu nehmenden Gegner trafen. Die Schlagkraft der Buren war seit der britischen Niederlage am Majuba Hill (27. Febr. 1881) bekannt: Berittene Milizen, hochbeweglich, mit modernem Repetiergewehr und z. T. auch Feldartillerie ausgerüstet, waren geschlossenen britischen Truppenformationen überlegen. In der Kapkolonie begann man offen mit umfassenden Kriegsvorbereitungen gegen die «Rebellen», die prompt ein Ultimatum der Buren auf deren sofortigen Abbruch auslösten. Als dieses abgelehnt wurde, begannen die verbündeten beiden Burenrepubliken den Krieg (Nr. 80). Über zwei Jahre andauernden Kampfes (mit fast einer halben Million Verlusten) benötigte das britische Empire, um einen beweglichen und modern ausgerüsteten Gegner von selten mehr als 40000 Mann niederzuringen.

Zwangsverkauf: Der mexikanisch-amerikanische Krieg (1846–48) entstand als Folgeproblemen des Anschlusses von Texas an die Union (vgl. 3.3). Anlass war ein Streit über ein Stück angeblich texanischen Grenzlandes zwischen Nueces und Rio Grande, dessen Abtretung von Mexiko beansprucht wurde. Tatsächlich ging es aber darum, Mexiko zur Herausgabe seiner Besitzungen an der Westküste Nordamerikas zu bewegen. Motor des Unternehmens war der 1844 ins Präsidentenamt gewählte Außenseiter James Polk, der sich für seine Wahl mit radikaler Rhetorik profiliert hatte und dieser nun Taten folgen ließ. Die USA zeigten sich im Streit mit Mexiko zunächst verhandlungsbereit, brachten aber gleichzeitig eine Armee in Position, die ihren Forderungen Nachdruck verleihen sollte. Die innenpolitische Stimmung in Mexiko war jedoch für Verhandlungen mit den USA über Gebietsabtretungen und -verkäufe nicht günstig; eher schon fasste man eine militärische Auseinandersetzung ins Auge, auch in Verkennung der eigenen Stärke. Präsident Herrera weigerte sich, den amerikanischen Gesandten überhaupt zu empfangen. Daraufhin wurden die amerikanischen Truppen von Polk in Marsch gesetzt, ohne dass der Kongress vorher dazu befragt worden wäre oder eine sicherheitspolitische Notwendigkeit bestanden hätte. Der Vertrag von Guadalupe-Hidalgo beendete den Krieg, der den USA neben dem umstrittenen texanischen Landzipfel auch noch Kalifornien und Neumexiko einbrachte (Nr. 34).

6.6. Moderne Duellkriege

Anachronismus: Duellkriege im Zeitalter von Überraschungsanschlägen, Blitzkriegen, unkonventionellen («neuen») Kriegen und Terrorismus sind ohne Zweifel ein Anachronismus; Duellkriege entstanden jedoch auch im 20. Jahrhundert zwangsläufig dann, wenn mindestens zwei Staaten zur mehr als nur begrenzten Kriegsführung gegeneinander entschlossen waren und andere Formen des Kriegsbeginns (vor allem die Überraschung) aufgrund der Umstände ausschieden. Drei Fälle gelangen in diese Auswahl von Kriegen.

Tansanisch-ugandischer Krieg: Ugandas Diktator Idi Amin hatte im Oktober 1978 zu Profilierungszwecken weite Gebiete im Nordwesten Tansanias am Kagera-Fluss besetzen lassen. Ein größerer Teil der Bevölkerung des besetzten Gebiets wurde durch die ugandischen Truppen vertrieben, ein anderer Teil umgebracht. Nach einem Monat zogen sich die Truppen Idi Amins aus dem inzwischen völlig verwüsteten Gebiet wieder zurück. Nachdem Hilfsgesuche Tansanias an die OAU keine Resonanz zeigten, wurde die Mobilmachung befohlen. Am 20. Februar 1979 begann der Krieg Tansanias gegen Uganda. Bereits nach den ersten Gefechten begann die ugandische Armee auseinander zu laufen; einzelne Truppenteile leisteten jedoch monatelang noch Widerstand (Nr. 145).

Siebzehn-Tage-Krieg: Völlig überraschend führte der Sieg des von China stark unterstützten Nordvietnams im Vietnamkrieg (vgl. 3.5.) zu Spannungen zwischen beiden Ländern. Anlass des Konflikts war die Behandlung der chinesischen Minderheit Südvietnams durch das neue Regime und der dadurch ausgelöste Flüchtlingsstrom in Richtung der Volksrepublik China. Die vietnamesische Intervention in

Kambodscha, die das von China gestützte Pol-Pot-Regime beseitigte, hatte zudem für Konfliktstoff gesorgt. Tiefere Ursache des Konflikts war jedoch der Aufstieg Vietnams zur regionalen Hegemonialmacht und die befürchteten Auswirkungen auf die Stellung der Volksrepublik China. Grenzzwischenfälle und der durch beide Seiten argwöhnisch beobachtete Aufmarsch von Truppen des Gegners gingen dem Ausbruch der Kämpfe voraus. Am 17. Februar 1979 begann China die Auseinandersetzung, deren Ziel es nach offizieller chinesischer Sprachregelung allein war, Vietnam eine «Lektion» zu erteilen. Die kampferprobten vietnamesischen Streitkräfte waren trotz zahlenmäßiger Unterlegenheit in der Lage, den chinesischen Vormarsch aufzuhalten (Nr. 146) und eine Gegenoffensive einzuleiten. Am 6. März 1979 erklärte China das Ende der Operation; ihr Ziel sei «erreicht».

Falkland-Malvinen: Der Falklandkrieg vom Frühjahr 1982 war nicht wie vielfach behauptet ein «verspäteter» Kolonialkrieg, ein letztes Aufbäumen des britischen Empire, sondern ein Rechts- und Prinzipienstreit um den Besitz einiger weltabgelegener Inseln bzw. die Modalitäten ihrer Übergabe, den beide Seiten mit Waffengewalt austrugen, nachdem alle diplomatischen Mittel ausgeschöpft waren (vgl. 7.2.). Wegen der Vorbereitungszeit der britischen Operation und des langen Anmarschweges der *Task Force* in den Südatlantik war die militärische Auseinandersetzung bereits Wochen voraus absehbar; der Konflikt entwickelte damit alle Merkmale eines echten, wenn auch anachronistischen Duellkrieges (Nr. 148).

7. Risikopolitik: Nervenkrieg am Rande des Abgrundes

7.1. Logik des Brinkmanship

Vermeintliche Unvernunft: Wer sich in Gefahr begibt, kommt darin um. Diese Volksweisheit gilt auch für Staaten, wenn diese politischer oder sonstiger Zwecke wegen große Risiken auf sich nehmen, die in den Krieg führen. Der Begriff der Risikopolitik, den man heute vor allem in der betriebswirtschaftlichen Risikoforschung antrifft, wird in der Geschichte u. a. zur Bezeichnung der risikoreichen Außenpolitik des deutschen Kaiserreichs (Wehler 1994) benutzt, das Krisen anzettelte, um inneren Druck nach außen abzulenken (siehe unten). In der englischsprachigen Fachliteratur entspricht dem etwas farblosen «Risikopolitik» von seiner Bedeutung her das sehr viel anschaulichere *brinkmanship*, ein Begriff, der aus den Zeiten des Kalten Krieges stammt und ein politisches Lavieren am Abgrund *(brink)* bezeichnet. Der Begriff geht zurück auf John Foster Dulles (1888–1959), den US-Außenminister unter Eisenhower: «*The ability to get to the verge without getting into the war is the necessary art ... If you try to run away from it, if you are scared to go to the brink, you are lost.*» (vgl. Lebow 1981:57). Gemeint sind Versuche einer Konfliktpartei oder beider Parteien, durch Demonstrationen unbedingter Kriegsbereitschaft die andere Seite so einzuschüchtern, dass diese nachgibt. Unbedingte Entschlossenheit, ja geradezu rücksichtsloses Auftreten, ist die Voraussetzung, hierbei die Oberhand zu gewinnen. Der Gegner wird sich beeindruckt zeigen und selbst «vernünftig» werden, also einlenken.

Feiglingsspiel: Die vermeintliche Unvernunft hat also durchaus ihre Logik. Wenn beide Seiten dieses Spiel unter allen Umständen gewinnen wollen und Rückzugsmöglichkeiten verbaut sind, wird der Sturz in den Abgrund unvermeidlich. In der Verhaltensforschung ist diese Dilemma-Situation als Feiglings-Spiel *(chicken game)* bekannt. Im Filmklassiker *«Denn sie wissen nicht, was sie tun»* (1955, mit James Dean und Natalie Wood) wurde sie als Szene verewigt. Die Protagonisten, zwei junge Männer, vertreiben sich die Zeit mit einer

Mutprobe: Jeder steigt in ein gestohlenes Automobil, eine junge Frau gibt das Startsignal, beide rasen auf einen Abgrund zu. Die Spielregel ist einfach: Wer zuerst aussteigt, hat verloren. Die Sache hat einen Haken: Wer zu spät aussteigt, überlebt womöglich nicht. *Brinkmanship* gibt es in vielen Varianten und Intensitäten, angefangen mit zaghaften Schritten in Richtung Abgrund bis zur wilden Entschlossenheit.

Kompensation mangelnder Macht: Die Attraktivität des *brinkmanship* für die Politik besteht in der scheinbaren Möglichkeit, mangelnde Macht und Einfluss durch eine Politik des dosierten Bluffs zu kompensieren. *Brinkmanship* in internationalen Krisen ist keine Seltenheit. Oft geht die Rechnung auf, wie eine ganze Reihe von Beispielen erfolgreicher Risikopolitik zeigen (vgl. Lebow 1981:59): Faschoda 1898, die erste und zweite Marokko-Krise 1905–06 bzw. 1911 («Panthersprung»), die bosnischen Krisen 1908, die Remilitarisierung des Rheinlandes 1936, München 1938, die Kubakrise 1962. In diesem Zusammenhang interessieren jedoch nur solche, ebenfalls nicht gerade seltenen Fälle des *brinkmanship*, die den Beginn von Kriegen markierten, wo also aus bösem Spiel schließlich bitterer Ernst wurde. Meist schließt der Beginn bewaffneter Feindseligkeiten (vor allem durch Eskalation oder Duell bzw. Machtprobe) eine Phase vorausgehender Risikopolitik ein. Die folgende Beschreibung beschränkt sich deshalb auf die 14 offensichtlichsten Fälle (etwa 8.5 % der untersuchten 165 Kriege) und unterscheidet dabei fünf Ursachen, die zum Fehlschlag des *brinkmanship* führten: Festbluffen, d. h. die Notwendigkeit, die ausgesprochene Drohung wahr machen zu müssen (3 Fälle); unbedingte Kriegsbereitschaft auf beiden Seiten (2); unglaubwürdige Risikopolitik (1 Fall), Unterschätzen der Entschlossenheit des Gegners (5 Fälle einschließlich der beiden Golfkriege); und kontraproduktive Wirkungen (3 Fälle).

7.2. Festgeblufft – Farbe bekennen

Festbluffen: So nannte Kurt Riezler, der Berater des reichsdeutschen Kanzlers Bethmann-Hollweg, in einem 1914 unter Pseudonym veröffentlichten Traktat jene aussichtslose Situation infolge von Risikopolitik, die dann entsteht, wenn sich mindestens die eine

Seite zu weit vorgewagt hat. Nicht mehr imstande, ohne großen Schaden den Rückzug anzutreten, muss sie nun Farbe bekennen und versprochene Konsequenzen wahr machen. Riezler wusste, wovon er schrieb, denn die Außenpolitik des Deutschen Reiches bestand zum nicht geringen Teil eben aus Risikopolitik, und sie hatte sich verschiedentlich dabei schon sehr weit vorgewagt. In der Julikrise nun wurde die Grenze überschritten, und als die Politiker begriffen, in welches Desaster sie das Reich gebracht hatten, übergaben sie willig das Steuer den Militärs, die nun nach Plan den lange erwarteten Präventivkrieg (Nr. 90) in Gang brachten und damit den Ersten Weltkrieg entfesselten (vgl. 4.8.).

Präventivkriegsgedanken: Spätestens seit 1912 spielte die militärische Führung zwar mit dem Gedanken eines Präventivkrieges, aber das Ziel der politischen Führung unter Bethmann-Hollweg war zunächst nicht der Krieg, schon gar nicht der Weltkrieg, sondern die Aufwertung der eigenen politischen Position, und zwar durch Demütigung Russlands bei gleichzeitiger Rückenstärkung des österreichisch-ungarischen Bündnispartners. Die Politik des kalkulierten Risikos wurde mit dem «Blankoscheck» für Österreich-Ungarn eingeleitet, das freilich vollkommen unvorbereitet für einen Krieg war und in den Konflikt mit Serbien geradezu gestoßen werden musste. Schließlich wurden englische Vermittlungsbemühungen konterkariert, während Österreich seinen Krieg mit Serbien begann. Nun war Russland an der Reihe, das freilich nicht wie erwartet mit «einigem Gepolter» (Staatssekretär v. Jagow) die Kriegshandlungen gegen seinen Klienten Serbien hinnahm (am 29. Juli 1914 war Belgrad beschossen worden), sondern Stärke zeigte und die Mobilmachung befahl. Damit war nun das Zeichen für die Militärs gegeben, das Steuer zu übernehmen. Die Risiken ihres politischen Kurses waren den Verantwortlichen dabei sehr wohl bewusst. V. Jagow, der am 18. Juli 1914 noch bemerkt hatte: «Ich will keinen Präventivkrieg, aber wenn der Kampf sich bietet, dürfen wir nicht kneifen», äußerte sich rückblickend 1919, er habe bis zuletzt gehofft, dass sich ein allgemeiner Krieg würde vermeiden lassen, falls nicht, so habe die Erinnerung an die Äußerungen Moltkes aus dem Jahr 1914, man müsse den Präventivkrieg führen, solange der Kampf noch einigermaßen zu bestehen sei, ihm (v. Jagow) «einiges Vertrauen in einen günstigen Ausgang gegeben» (zitiert bei Hillgruber 1979:49f).

Italienische Einigung: Das österreichische Ultimatum, das dem Krieg der Donaumonarchie mit Sardinien-Piemont und seinem Verbündeten Frankreich 1859 (Nr. 46) vorausging, war subjektiv ohne Zweifel Risikopolitik auf österreichischer Seite, denn diese hatte keine Kenntnis vom Geheimabkommen Cavours mit Napoleon III. Sardinien-Piemont hingegen war an einer Machtprobe mit Österreich interessiert und bereitete nach Absprache mit Frankreich auch offen den Krieg vor, allerdings durchaus zu dem Zweck, Österreich so zu provozieren, dass es einen hinreichend plausiblen Anlass für den Waffengang selbst lieferte. Diplomatisch «festgeblufft» hatte sich hingegen Napoleon III.; nach dem österreichischen Ultimatum an Sardinien-Piemont versuchte er zwar, die Cavour gegebenen Zusagen rückgängig zu machen, um einen Krieg mit Österreich zu vermeiden. Aber auch davon erfuhren die Österreicher nichts. Am 29. April 1859 marschierten österreichische Truppen in Piemont ein, und Frankreich war gezwungen, an einem Krieg teilzunehmen, den es noch in letzter Minute hatte verhindern wollen.

Falklandkrieg 1982: Die militärische Phase des Konflikts begann mit dem Überfall Argentiniens auf die Falklandinseln, ein relativ risiko- und müheloses Unternehmen, das militärisch jenen Zustand schaffen sollte, dem Großbritannien freiwillig nicht zustimmen wollte. Der eigentliche Krieg begann aber wegen der großen Distanz des späteren Kriegsschauplatzes von England nicht sofort. Vielmehr wäre bis zum Eintreffen der britischen Flotte im Südatlantik genügend Zeit verblieben, die ganze Angelegenheit auf dem Verhandlungsweg zu lösen. Statt dessen «nutzte» man sie für einen Nervenkrieg, in dessen Verlauf sich beide Seiten in Positionen verstiegen, die keiner mehr einen Rückzug ohne einen innenpolitisch verheerenden Prestigeverlust ermöglichte: Die britische Premierministerin hatte unter dem Jubel des Volkes nicht eine Flotte um die halbe Welt geschickt, um einem demütigenden Kompromiss zuzustimmen; die argentinischen Militärs besaßen innenpolitisch keinen Verhandlungsspielraum: Ein Rückzug der argentinischen Truppen hätte aus der Sicht der Junta wohl jene Folgewirkungen für ihre Existenz erzeugt, die nach der Niederlage Argentiniens dann tatsächlich eintrafen (Nr. 148).

7.3. Kriegsbereitschaft auf beiden Seiten

Guter Hoffnung für den Ernstfall: Erfolgreiche Risikopolitik setzt voraus, dass der «Klügere» im Verlauf der Auseinandersetzung nachgibt. Ist dies nicht der Fall, so geht die Risikopolitik zwangsläufig in einen Duellkrieg über. Risikopolitik auf Biegen und Brechen ist vornehmlich dann zu erwarten, wenn beide Parteien mit hohen Einsätzen spielen und guter Hoffnung sind, einen allfälligen Krieg auch erfolgreich durchzustehen – oder wenn es für sie subjektiv keinen anderen Ausweg als Risikopolitik und allenfalls auch Krieg gibt.

Preußisch-französischer Krieg: Der Krieg Preußens gegen Frankreich 1870/71 (Nr. 59) war von beiden Seiten nicht geplant, aber beide Seiten riskierten im diplomatischen Nervenkrieg um die spanische Thronfolge mit voller Absicht den Krieg, und niemand war überrascht, als es dann auch zum Krieg kam. Tatsächlich ging es um die Frage der europäischen Hegemonie und Frankreichs Furcht, auf den zweiten Platz verdrängt zu werden; England hatte nach dem Krimdebakel weitgehend das Interesse an kontinentaleuropäischen Problemen verloren. Zudem war Napoleon III. innenpolitisch unter Druck geraten. Preußen war an einem Prestigeerfolg durchaus interessiert, auch wenn dies nicht unbedingt einen Krieg hätte implizieren müssen. Vordergründiges Streitobjekt war die spanische Thronfolge, um die eine französisch-preußische Kontroverse entstand (vgl. 6.3.), deren Schlusspunkt die berühmte Emser Depesche darstellte. Die Veröffentlichung dieses Dokuments versetzte ganz Frankreich in Aufruhr, und Napoleon III. ließ mit allgemeiner Zustimmung Preußen den Krieg erklären. Ähnliche Empörung verbreitete sich in Deutschland über die Impertinenz der Franzosen, die den alten preußischen König in seinem Kurort mit absurden Forderungen bedrängt und nach weit verbreiteter Ansicht eine Lektion verdient hatten.

Kosovo 1999: Bei nüchterner Betrachtung war der Kosovo-Krieg vom Frühjahr 1999 eine Militäroperation, die ein Bündnis westlicher Staaten gegen einen anderen souveränen Staat nach Ausschöpfung aller diplomatischen Mittel, wie man glaubte, und aus humanitären Motiven in Gang setzte: Krieg als Mittel der Politik. Die Entscheidung für ein militärisches Vorgehen erfolgte ohne Mandat des UNO-Sicherheitsrates. Etwas verlegen sprach man von einer «Selbstmandatierung» der NATO. Das Jugoslawien Milosevićs war ebenfalls entschlossen, in der Frage des Kosovo keine weiteren Zugeständnisse zu machen und eine Militäroperation der NATO dabei in Kauf zu nehmen. Wie war es zu dieser ausweglosen Situation gekommen? Im Verlauf des Jahres 1998 waren die Auseinandersetzungen zwischen den Volksgruppen im Kosovo eskaliert. Serbische Polizei und Paramilitärs drangsalierten ethnische Albaner und machten Jagd auf die «Terroristen» der Befreiungsbewegung UCK, diese wiederum verübte Anschläge. Im Herbst erklärte sich der serbische Präsident Milosević zu einem Waffenstillstand bereit, der von einer 2000 Mann starken OSZE-Streitmacht beobachtet («verifiziert») werden sollte. Die Lage verbesserte sich jedoch nicht. Das Massaker serbischer Polizei an den Zivilisten von Racak vom Januar 1999 (nach serbischer Lesart war dies ein Gefecht mit UCK-Kämpfern) festigte schließlich die Entschlossenheit der amerikanischen Regierung und ihrer Verbündeten, etwas zu unternehmen: Genug war genug.

Ultimatum: Die Kosovo-Kontaktgruppe (USA, Russland, Großbritannien, Deutschland, Frankreich und Italien) lud die Streitparteien ultimativ auf den 6. Februar 2002 zu einer Konferenz ins französische Rambouillet ein. Präsidiert wurde diese vom britischen Außenminister Cook und seinem französischen Kollegen Vedrine. Beide Seiten, die Serben und die UCK, zeigten wenig Neigung zu Kompromissen. Am 23. Februar wurden die Gespräche für Beratungen aller Seiten unterbrochen und am 15. März im Centre Kléber in Paris fortgesetzt, wobei nun die amerikanische Außenministerin Madeleine Albright Regie führte. Am 18. März unterzeichnete die UCK nach starkem Druck den Friedensplan, die serbische Delegation ließ sich durch Drohungen und Ultimaten nicht beeindrucken. Am 19. März reiste sie unter Protest ab: Dem Friedensplan hätten die Serben noch zugestimmt, so die Meinung von Beobachtern, aber nicht der darin vorgesehenen NATO-Schutztruppe für Kosovo, was als faktische Aufgabe der Souveränität Jugoslawiens über Kosovo schroff abgelehnt wurde. Im Kosovo hatten die Serben inzwischen Fakten geschaffen: Ein Drittel der Streitkräfte Rest-Jugoslawiens war in das Krisengebiet verlegt worden einschließlich 300 Panzer. Am 20. März begannen diese Truppen eine Offensive mit Massenvertreibungen, Exekutionen bei Widerstand und der wahllosen Zerstörung von Häusern. Am 21. März reiste der amerikanische Sonderbotschafter Holbrooke nach Belgrad und lieferte dort eine «letzte Warnung» ab, kehrte 2 Tage später aber unverrichteter Dinge zurück. Am 24. März begannen die Luftangriffe der NATO (Nr. 162).

Logik der Drohungen: Fünf Gründe bewogen die NATO-Staaten zu diesem Schritt: Erstens reagierte man auf die wachsende Empörung in der westlichen Öffentlichkeit angesichts der Gräueltaten im Kosovo. Zweitens sahen sich die westeuropäischen Staaten mit wachsenden Flüchtlingsströmen konfrontiert. Eine ethnische «Säuberung» Kosovos wollte und konnte man nicht dulden. Drittens verknüpften westliche Entscheidungsträger das serbische Vorgehen in Kosovo mit den Erfahrungen in Bosnien. Wenn man Milosević nicht Einhalt gebiete, würde der Konflikt den gesamten Balkan destabilisieren – eine Art Domino-Theorie. Viertens hatten die NATO-Staaten der Belgrader Führung zu oft bereits mit militärischen Aktionen gedroht, als dass man die neuerlichen Provokationen Milosevićs hätte durchgehen lassen können. Wer Drohungen ausspricht, muss damit rechnen, diese auch wahr machen zu müssen. Fünftens machte man sich Illusionen, was die Umsetzung der Drohungen betraf: Ein paar wenige Bomben hätten Milosević zur Vernunft bringen sollen, dies zumindest wurde der zunächst noch skeptischen Öffentlichkeit suggeriert. Stattdessen entstand ein Bombenkrieg, der 78 Tage andauerte, riesige Flüchtlingsströme auslöste und zivile Infrastruktur (Donaubrücken, Kraftwerke, Radiostationen, Fabriken) in Schutt und Asche legte. Menschenrechtsorganisationen gehen von mindestens 500 zivilen Opfern aus; die jugoslawischen Truppen verloren nach Schätzungen mehrere tausend Mann, die Streitkräfte der NATO zählten keine Opfer durch Feindeinwirkung. Ein spätes «Opfer» des Krieges wurde hingegen der serbische Präsident Milosević: Die Schäden des verlorenen Krieges verschärften noch einmal die Wirtschaftskrise Serbiens, diese wiederum die Unzufriedenheit mit dem Regime, was letztlich zu seinem Sturz am 5. Oktober 2000 führte. Milosević wurde ein halbes Jahr später, am 1. April 2001, verhaftet und am 28. Juni 2001 an das Haager Kriegsverbrecher-Tribunal überstellt.

7.4. Unglaubwürdige Risikopolitik

Vierter Koalitionskrieg: Um glaubwürdig zu sein, verlangt Risikopolitik eine angemessene Machtbasis oder zumindest den Schein einer solchen. Besitzt sie diese nicht, wird sie tendenziell unglaubwürdig und fordert Vergeltung heraus. In vollkommener Verkennung der eigenen Machtposition forderte Preußen im Vorfeld des vierten Koalitionskrieges 1806/07 Frankreich heraus und büßte mit einer schweren Niederlage, von der sich das Land erst in der Folge der Freiheitskriege wieder erholte (vgl. 6.3.). Der Krieg der Koalition mit Frankreich war abzusehen, aber zunächst forderte Preußen Napoleon ultimativ zum Abzug aller Truppen vom rechtsrheinischem Gebiet auf. Dies war ein risikoreicher diplomatischer Schachzug Preußens, weil ihm entgangen war, dass Napoleon über die Kriegsvorbereitungen der Koalition informiert war und eigene Vorsorge getroffen hatte (Nr. 9).

7.5. Unterschätzen der Entschlossenheit des Gegners

Krimkrieg: Brinkmanship unterstellt, dass mit wachsendem Risiko einer militärischen Auseinandersetzung der Gegner «vernünftig» reagiert und um des lieben Friedens willen zurücksteckt. Aus dem Blickwinkel des Betroffenen kann es möglicherweise aber genauso vernünftig sein, dem bösen Spiel ein militärisches Ende zu setzen, wenn man sich dazu stark genug fühlt. In genau dieser Weise handelte das osmanische Reich zu Beginn des Krimkrieges (vgl. 4.7.) Der russische Truppenaufmarsch an der Donau und der Einmarsch in die Donaufürstentümer waren nicht als Kriegsbeginn gedacht, sondern als Druck auf die Türken und damit Risikopolitik. Zur allgemeinen Überraschung erklärten diese daraufhin aber Russland den Krieg. Der versprochene britisch-französische Beistand mag hierbei ausschlaggebend gewesen sein (Nr. 42).

Zweiter Weltkrieg: Hitlers Krieg gegen Polen verfolgte rein expansive Zwecke und war technisch gesehen ein Überfall (vgl. 5.4). Bezüglich England und Frankreich war das Unternehmen jedoch Risikopolitik. Welche Gefahren mit der Durchführung von «Fall Weiß» verbunden waren, falls England und Frankreich ihre kurz zuvor Polen gegenüber abgegebenen Garantien erfüllen sollten, war Hitler vollkommen klar. Was ihn dazu bewog, das Risiko eines großen Krieges mit den Westmächten einzugehen, sind vor allem seine positiven Erfahrungen mit einer solchen Politik, die bisher von Frankreich und England hingenommen worden war. Noch im Frühjahr 1939 schien der deutschen Wehrmacht ein militärisches Vorgehen gegen Polen wegen der Gefahr eines Zweifronten-Krieges zu riskant. Der Hitler-Stalin-Pakt änderte diese Einschätzung der Lage grundlegend. Noch nach Eintreffen der Kriegserklärung Englands und Frankreichs betonte Hitler, dies bedeute nicht unbedingt, dass beide Länder dann auch den Krieg zu führen gedächten. Es wäre jedoch völlig falsch, aus diesen und anderen Äußerungen Hitlers auf eine folgenschwere Fehleinschätzung der Absichten Englands und Frankreichs zu schließen und den Zweiten Weltkrieg zum «ungewollten» Krieg umzudeuten; das Gegenteil ist richtig. In einer geheimen Besprechung vom 23. Mai 1939, die aktenmäßig dokumentiert ist, äußerte sich Hitler zur Frage eines Krieges mit den Westmächten in einer Weise, die keine Wünsche bezüglich Klarheit und Eindeutigkeit offen lässt: Die Auseinandersetzung mit Polen sei nur dann von Erfolg, wenn der Westen aus dem Spiel zu halten sei. Wenn dies hingegen nicht möglich sei, dann sei es besser, den Westen anzufallen und dabei Polen gleich mit zu «erledigen», so Hitler wörtlich (Nr. 104).

Afghanistan-Krieg 2002: Eine Phase der Risiko-Politik mit unterschätzter Entschlossenheit des Gegners ging auch der militärischen Phase des Afghanistan-Krieges voraus (Nr. 164). Am 20. September wurde die Taliban-Regierung von den USA ultimativ zur Herausgabe von bin Laden aufgefordert. Diese war ihrer Sache nach den Erfolgen im Krieg mit der Sowjetunion und im Bürgerkrieg nach 1989 jedoch enorm sicher, zumal auch im Westen Experten vor einer Wiederholung der Vietnam-Erfahrung warnten. Während die Taliban auf Beweisen zur Täterschaft bin Ladens beharrten, der ihr «Gast» sei, bestanden die USA auf Auslieferung. Das Ziel der Taliban war durchsichtig: Hinhalten der USA bis in den afghanischen Winter, der militärische Operationen unmöglich gemacht hätte. Stattdessen engagierten sich die USA auf Seiten der Nordallianz und brachten den Bürgerkrieg wieder in Gang. Nach gut zwei Monaten war der Krieg entschieden (vgl. 3.5.).

7.6.   Kontraproduktive Wirkungen

Nicht mitgespielt: Erfolgreiches *brinkmanship* setzt voraus, dass der Gegner die wichtigste Spielregel beachtet: Er muss den Krieg als Eventualität betrachten, die zu vermeiden ist – wenn nicht um jeden, so doch um einen verhältnismäßig hohen Preis. *Brinkmanship* erzeugt dann jedoch kontraproduktive Wirkungen, wenn sich der Gegner nicht einschüchtern lässt, sondern erst recht in Alarmbereitschaft versetzt wird, den Ernstfall für eingetreten hält und den Krieg dann in einer Weise beginnt, die es ihm erlaubt, den Gang der Ereignisse so weit wie eben möglich zu diktieren.

Erster Koalitionskrieg: Die Koalitionskriege waren von Beginn und Verlauf her «missratene» Duellkriege (vgl. Kapitel 6.2.); eine Ausnahme bildet dabei der erste Koalitionskrieg, der eher als eine Folge misslungener Risikopolitik bezeichnet werden muss. Erklärt und begonnen wurde der erste Koalitionskrieg (1792–97) erstaunlicherweise durch die französische Republik, die damit der Drohung des österreichischen Kaisers Franz II., die Revolution zu zerschlagen und gegen diese Krieg zu führen, zuvorkam – vorausgesetzt, die Drohung war tatsächlich ernst gemeint und nicht nur Bluff. Im ausgehenden Zeitalter der Kabinettskriege war es nicht leicht, zwischen Kriegsabsicht und Einschüchterungsversuch zu unterscheiden; beides ging Hand in Hand.

Herausforderung: Bereits im Juli 1791 hatten sich die Fürsten in Pillnitz getroffen und ultimativ die Wiederherstellung der vorrevolutionären Zustände in Frankreich verlangt, namentlich die Wiedereinsetzung des Königs in seine Rechte (eine Forderung, die freilich nur den König kompromittierte). Einmischung in innerfranzösische Angelegenheiten war dies nicht, denn die Revolution war bereits zu einer Herausforderung der herrschenden Ordnung des europäischen Staatensystems geworden, und zwar gleich in doppelter Hinsicht: Einerseits stellte die Art und Weise, wie mit dem französischen Monarchen umgesprungen worden war, nicht nur ein negatives Beispiel und Verstoß gegen das Grundprinzip der politischen Ordnung dar; die französische Verfassung vom 3. September 1791 erklärte Frankreich zwar zu einer (parlamentarischen) Monarchie, die dem König seinen Platz zuwies, wenn auch nur den eines «Automaten der Verfassung». Seit seinem Fluchtversuch vom Juni desselben Jahres wurde er aber praktisch gefangen gehalten. Die zweite Herausforderung bestand in der erklärten Absicht der französischen Revolutionäre, ihr System zu exportieren, was als Gefahr für die Ordnung auch außerhalb Frankreichs und darüber hinaus auch als Expansion gedeutet werden konnte. Die Risikopolitik der alten Regime scheiterte 1792, weil sich die französischen Revolutionäre nicht gemäß Regeln verhielten, also angesichts ihrer militärischen Unterlegenheit nicht zurücksteckten, sondern mit Sendungsbewusstsein (und auch aus innenpolitischen Gründen) den Krieg erklärten und sich sofort an die «Befreiung» Belgiens machten (Nr. 1).

Nassers Fehlkalkulation: Bereits im Vorfeld des zweiten Nahostkrieges 1956 war der ägyptische Präsident Nasser mit seinem Lavieren zwischen den Großmächten und seinen impulsiven Entscheidungen ein sehr hohes Risiko eingegangen. Seit Dezember 1955 nahmen die Zwischenfälle an den Grenzen Israels ständig zu; Überfälle arabischer Freischärler beantwortete Israel mit Vergeltungsschlägen gegen Grenzpositionen der ägyptischen, syrischen und jordanischen Streitkräfte. Im Oktober nun begann Ägypten, Truppen im Sinai zu massieren. Ob dies in Vorbereitung eines vereinten arabischen Angriffs auf Israel geschah, ist selbst im Nachhinein schwer feststellbar. Durch die britisch-französische Rückendeckung Israels sank jedoch dessen Toleranzbereitschaft in einer Weise, die Nasser nicht berücksichtigt hatte, zumal weil er von den Absprachen Israels mit Frankreich und England nichts wusste (Nr. 122; vgl. auch 5.4.).

Fehler wiederholt: 1967 beging die ägyptische Führung den selben Fehler wie 1956. Seit dem Beginn des Jahres wuchsen die Spannungen zwischen Israel und Ägypten ständig an. Nasser fühlte sich stark genug, die Kraftprobe hart am Rande des Krieges durchzustehen und mit einer Demütigung Israels zu beenden, zumal die arabische Welt geschlossen hinter ihm stand und mit einer Einmischung der Supermächte oder europäischer Staaten wie 1956 nicht zu rechnen war. Auf Weisung Ägyptens mussten im Frühjahr die UNO-Truppen, die in der Folge des zweiten Nahostkrieges im Sinai als Pufferstreitmacht fungierten, zurückgezogen werden. Am 22. Mai schließlich wurde die Straße von Tiran für israelische Schiffe gesperrt, und am 29. Mai folgten Scharmützel mit dem Gegner im Raum des Gaza-Streifens. Anders als erwartet wählte Israel nun aber nicht den Rückzug, sondern die Flucht nach vorn, und zwar am 5. Juni mit einem Überraschungsangriff auf die Flugplätze und andere militärische Einrichtungen seiner Gegner, die zu einem großen Teil zerstört wurden. Damit war die Möglichkeit zur Durchführung eines Blitzkrieges geschaffen (Nr. 129; vgl. 5.4.).

7.7. Golfkriege: Von Krieg zu Krieg

Saddams Kriege: Die Kriegsursachenforschung hat festgestellt, dass einige Staaten und Paare von Gegnern immer wieder Krieg führen (*enduring rivalries*). Der Irak Saddam Husseins war ein entsprechendes Land, und die Gegnerschaft zu den USA kennzeichnet das letzte Jahrzehnt dieser Geschichte. Von ihrer Logik her waren die beiden Golfkriege 1991 und 2003 Fälle krass unterschätzter Entschlossenheit; sie werden ihrer Bedeutung wegen in diesem separaten Unterkapitel behandelt.

Periodisierung: Der historischen Logik entsprechend war der Golfkrieg vom Frühjahr 2003 nicht eigentlich der zweite, sondern der vierte Golfkrieg, weil der fast verlorene Krieg Saddam Husseins gegen den Iran 1980–86 (Nr. 147) als erster Golfkrieg dann den Keim für den Überfall auf Kuwait vom Sommer 1990 in sich barg (den zweiten Golfkrieg, Nr. 152, vgl. 3.2.) und dieser wiederum den jetzt so genannten ersten Golfkrieg vom Frühjahr 1991 (den eigentlich dritten) zur Folge hatte (Nr. 154). Dieser dritte Golfkrieg steht nunmehr in enger Beziehung zum Krieg vom Frühjahr 2003. Die dominante amerikanische Berichterstattung und Forschung spricht jedoch vom zweiten Golfkrieg und meint damit aus ihrer Sicht jenen vom Frühjahr 2003. Man kann sich dem wohl anschließen, wenn die fatale Logik der Herrschaft Saddam Husseins dabei nicht in Vergessenheit gerät, der Kriege zur Sicherung der Macht anzettelte und bis auf den letzten Fall dabei selbst als Kriegsverlierer erfolgreich war. Der Krieg Saddam Husseins gegen den Iran entwickelte sich eskalatorisch (vgl. 3.2.), der Krieg gegen Kuwait vom Sommer 1990 war ein Überfall (vgl. 5.5.). Die beiden sog. Golfkriege jedoch entstanden aus einer Situation der Risikopolitik heraus, wobei in beiden Fällen Saddam Hussein die Entschlossenheit der USA unterschätze.

Erster Golfkrieg: Die Planung des sog. ersten Golfkrieges vom Januar bis März 1991 begann bereits im August 1990, nachdem sich die Anzeichen mehrten, dass irakische Truppen den gelungenen Überfall auf Kuwait vom August womöglich zu einem Blitzkrieg gegen die Golfemirate und Saudi Arabien nutzen könnten (Atkinson 1993). Rasch wurden amerikanische Truppen an den Golf verlegt, die zwar keinen eigentlichen Schutz vor den Truppenmassen des Irak geboten hätten, aber eine Art Rückversicherung darstellten; sollte der Irak diese Truppen angreifen, wären die USA mit im Kriege. Nach und nach bauten die USA ihren «Wüstenschild» (*desert shield*), wie man die Operation nannte, zu einem glaubhaften Schutz aus. Währenddessen nahm der diplomatische Druck auf Saddam Hussein zu; dieser schlug mit der Geiselnahme westlicher Staatsangehöriger zurück, die er für den Fall des Angriffs auf sein Land zu menschlichen Schutzschilden zu machen drohte. Ende November autorisierte der Sicherheitsrat der UNO schließlich «alle notwendigen Maßnahmen», um den Irak zum Abzug aus Kuwait zu bewegen, faktisch eine Drohung mit Krieg. Ein Ultimatum wurde auf den 15. Januar 1991 datiert. Am 9. Januar 1991 kam es zu einem letzten Gespräch zwischen US-Außenminister Baker und Tarik Aziz, dem damaligen irakischen Außenminister; Zugeständnisse des Irak gab es keine. Auch die Autorisierung eines möglichen Krieges durch den amerikanischen Kongress drei Tage später wurde in Bagdad immer noch nicht als Signal zum Einlenken verstanden. Daraufhin begannen die USA und ihre Verbündeten, darunter auch etliche arabische Staaten, am 17. Januar mit dem Luftkrieg gegen den Irak (Nr. 154).

Zu frühes Kriegsende? Die Operation Wüstensturm (*desert storm*) war der erste Krieg der USA, bei dem Präzisionsmunition in großer Zahl zum Einsatz kam und journalistische Berichterstattung von der Front möglich war. Das amerikanische Militär führte hierbei Regie und präsentierte dem Zuschauer ein Kriegsbild wie im Videospiel. Die realen Schrecken des Krieges störten nur ab und an die Szene wie nach dem Treffer des Amiriyah-Bunkers in Bagdad durch eine «intelligente» Bombe, die über 400 Zivilisten das Leben kostete. Nach 14 Tagen war der Luftkrieg faktisch vorbei und die Bodenoffensive, die «Mutter aller Schlachten» in Saddam Hussein Diktion, begann. Sie dauerte noch einmal vier Wochen, dann musste das Regime sich geschlagen geben. Während Präsident Bush (Vater) am 28. Februar 1991 den Sieg über den Irak und einen Waffenstillstand verkündete («*Kuwait is liberated. Iraq's army is defeated. Our military objectives are met.*»), betrachteten andere Mitglieder der Regierung dies als einen groben Fehler; General Schwartzkopf könne mit seinen Panzern in wenigen Tagen Bagdad erreichen und Saddam Hussein absetzen. Der Präsident zog auf Rat seiner engsten Mitarbeiter, namentlich Colin Powells, des damaligen Generalstabschefs, ein «sauberes» Ende des Krieges mit ordentlicher Kapitulation des Gegners (am 3. März 1991) einem Abenteuer vor, das leicht in einem Schlamassel («*quagmire*») im Stile des Vietnamkrieges hätte enden können, wie man damals fürchtete. Stattdessen feierte man am 8. Juni bei einer großen Parade in Washington den Sieg.

Keine Verschwörung: Die Gegner dieser Entscheidung gaben sich damit aber nicht zufrieden. In einem Leitfaden für die Verteidigung aus dem Jahre 1992 (*Defense Policy Guidance*) entwickelte der heutige stellvertretende Vereidigungsminister Paul Wolfowitz bereits einen groben Plan für einen neuerlichen Krieg gegen den Irak, sollte dieser wegen des Zugangs zum Öl der Region, zur Beseitigung von Massenvernichtungswaffen oder als Maßnahme gegen den Terrorismus «nötig» werden. Als Mittel wurden präventive Schläge der USA diskutiert, allein («*unilateral*») oder in Koalitionen von willigen Staaten. Die Ideen dieses Papiers schienen damals derart extrem, dass man es rasch aus dem Verkehr zog, als Kopien davon an die Presse gelangten (Cirincione 2003). Nach dem Wechsel in der Regierung zu Clinton organisierten sich die führenden Neokonservativen der ersten Regierung Bush in einem Netzwerk und arbeiteten weiter an der Idee eines Machtwechsels im Irak und darüber hinaus einer generell offensiveren und militanteren Politik der USA auf der internationalen Bühne. Das Ganze schmeckt nach Verschwörung, aber eine solche war es kaum, denn 1997 forderten eben dieser Kreis, d. h. neben Wolfowitz auch Richard Perle, Richard B. Cheney, Donald Rumsfeld und andere, in einem offenen Brief an Präsident Clinton den Sturz Saddam Husseins und weniger Rücksichtnahme auf die UNO. Die Absichten der Neokonservativen waren damit also allgemein bekannt.

Der 11. September: Mit der Übernahme der Präsidentschaft durch den Sohn Bushs schien die Stunde der Neokonservativen gekommen; sämtliche der Genannten rückten in hohe Regierungsposten vor. Die Realisierung der weitreichenden Pläne kam damit in greifbare Nähe. Glaubte man auch Grund genug für ein Vorgehen gegen den Irak zu haben, so fehlte doch der Anlass. Dies änderte sich schlagartig mit dem Terrorakt des 11. September 2001. Sofort geriet als potenzieller Urheber Irak ins Visier, auch wenn alles auf einen Anschlag der Terrororganisation al-Kaida Osama bin Ladens und seiner Helfershelfer in Afghanistan hindeutete. Auf Anraten der moderaten Kräfte in der Regierung und ihrer Verbündeten wandten sich die USA aber im

Herbst 2001 zunächst gegen *al-Kaida* und die Taliban-Regierung Afghanistans (vgl. 3.5.), auch um sich militärisch nicht zu verzetteln. Parallel dazu wurde im Herbst 2001 und Frühjahr 2002 ein militärischer Schlag gegen den Irak öffentlich diskutiert, ohne dass die Weltmeinung dies besonders missbilligt hätte: Zu groß war das Mitgefühl mit den USA angesichts der Katastrophe von *Ground Zero*, zu frisch wohl auch die Erinnerung an den weitgehend als «gerecht» empfundenen Krieg gegen Serbien vom Frühjahr 1999; was recht für Milosević war, schien billig im Falle Saddams. In seiner Pressekonferenz vom 26. November 2001 antwortete Präsident Bush auf die Frage, ob nach Afghanistan der Irak an der Reihe sei, «eines nach dem anderen» (*first things first*). Ende Januar 2002 sprach Bush in seiner Rede zur Lage der Nation dann von der «Achse des Bösen». Offen wurde nun unter Intellektuellen in den USA im Frühjahr 2002 ein potenzieller Krieg gegen den Irak diskutiert (vgl. etwa Pollock 2002). Nach dem Abschluss des Afghanistan-Krieges im März 2002 mit der Operation «Anaconda» geriet der Irak sofort auf den ersten Platz der amerikanischen Traktandenliste.

Konflikt in der UNO: Unter dem Eindruck der in Realzeit auf die TV-Bildschirme projizierten Grausamkeiten des Afghanistan-Krieges hatte sich die öffentliche Meinung in Europa und auch in den USA aber um 180 Grad gedreht. Ein Regimewechsel im Irak schien manchem *per se* noch sinnvoll, ein Krieg gegen den Irak zu diesem Zweck war aber weit herum kaum mehr plausibel zu machen, auch weil es an Beweisen für eine Mittäterschaft Saddam Husseins am Anschlag des 11. September 2001 mangelte und vom Irak nach Einschätzung der meisten Experten keine direkte Gefahr für die USA ausging. Die US-Regierung entschied sich daraufhin für den Weg durch den Sicherheitsrat der UNO, der gemäß Kapitel VII der Charta der UNO auch militärische Maßnahmen anordnen kann. Tatsächlich war im Sicherheitsrat der UNO mit Blick auf den Irak ein Problem anhängig, nämlich die Wiederaufnahme der Waffeninspektionen, zu denen das Land nach dem Ende des ersten Golfkrieges mit Resolution 687 verurteilt worden war, die seit November 1998 aber nicht mehr stattfinden konnten, nachdem die Inspektoren den Irak angesichts dessen andauernder Obstruktion frustriert verlassen hatten (im Dezember folgte dann ein amerikanischer Angriff auf vermutete Lager von Massenvernichtungswaffen mit Marschflugkörpern). Nach wochenlangen Beratungen stellt der Sicherheitsrat am 8. November 2002 dem Irak mit Resolution 1441 schließlich ein Ultimatum: Wiederaufnahme der Inspektionen und vollständige Kooperation bei der Suche nach Massenvernichtungswaffen oder «schwerwiegende Konsequenzen», was in der Diplomatensprache «Krieg» bedeutet. In den USA rechnete man fest damit, dass der Irak wie in den 1990er Jahren kaum vollständig kooperieren und damit selbst den *casus belli* liefern werde. Allerdings sah Resolution 1441 zum Leidwesen der USA keine Automatik der «Konsequenzen» vor, sondern vorgängig die neuerliche Autorisierung durch den Sicherheitsrat.

Showdown und Krieg: Der Irak ließ die Inspektoren der UNO zwar wieder einreisen, verfolgte dann jedoch eine Politik der begrenzten Kooperation: Mal wurde bei der Suche nach Massenvernichtungswaffen kooperiert, mal wieder blockiert. Gefunden wurde außer etlichen Raketen, von ihrer Kapazität her knapp über der erlaubten Reichweite und damit verboten, aber nichts von Bedeutung. Im Sicherheitsrat der UNO standen sich zwei Fronten gegenüber: Die USA sahen angesichts der irakischen Intransigenz die Zeit für «Konsequenzen» gekommen; Frankreich, Russland und China, als ständige Mitglieder mit Veto-Macht, waren mit dem Fortgang der Arbeit der Inspektoren zufrieden und forderten mehr Zeit für diese. Die Militärs warnten vor einem Hinauszögern der Entscheidung, weil in der Sommerhitze im Irak ein Krieg kaum zu führen sei. Die Berater des US-Präsidenten waren gegen die Vertagung der Entscheidung bis in das Jahr 2004 und damit in die Zeit des amerikanischen Wahlkampfes. Als letzte Gespräche über die Autorisierung militärischer Maßnahmen durch den Sicherheitsrat zu Beginn des März 2003 keine Resultate erbrachten, entschloss sich die Regierung Bush zum Handeln. Hastig wurde ein letztes Gipfeltreffen mit den gleich gesonnenen Regierungschefs Großbritanniens, Spaniens und Portugals auf den Azoren für den 17. März 2003 arrangiert und diese Gelegenheit für ein 24-Stunden-Ultimatum benutzt: an den Sicherheitsrat, militärische Maßnahmen zu beschließen, und an Saddam Hussein, seinen Verpflichtungen aus Resolution 1441 nachzukommen oder mit Krieg rechnen zu müssen. Ein zweiter Satz in Bushs Erklärung verwies dann auf das eigentliche Ziel der USA, den Regimewechsel: Saddam könne das Land noch verlassen, wenn er am Frieden interessiert sei. Am 19. März 2003 begann der Krieg mit einem «Enthauptungsschlag» gegen die Führung des Irak (Nr. 165). Am 9. April fiel Bagdad, symbolisiert durch den Sturz der Saddam-Statue auf dem Firdos-Platz, und zum 1. Mai erklärte Bush den Krieg für offiziell beendet.

Fehlkalkulationen: Was bewog Saddam Hussein dazu, wie ein Pokerspieler trotz schlechter «Karten» die größte Militärmacht der Welt herauszufordern und alle Warnungen in den Wind zu schlagen? Bisherige Funde von Dokumenten, soweit zugänglich, lassen auf krasse Fehlkalkulationen in der Bagdader Führung schließen, die bis zuletzt wohl der Überzeugung gewesen sein muss, die USA würden ohne UNO-Mandat und gegen die überwiegende Weltmeinung militärisch nichts unternehmen, alles sei bloßer Bluff. Das Interesse der USA am Regimewechsel in Bagdad andererseits wird in Europa immer noch nicht recht verstanden, zumal weil die USA so oft und so rasch die Argumente austauschten: War es nun Saddams Komplizenschaft mit dem Terrorismus, seine Menschenrechtsverletzungen, die Missachtung des Sicherheitsrates und seiner Auflagen, die Massenvernichtungswaffen oder sein Nuklearwaffenprogramm (Rubin 2003:63 ff.)? Natürlich gab es US-Unternehmen, die aufs Ölgeschäft mit den Nachfolgern Saddams spekulierten. Und es gab jene Illusionen, die sich vom Sturz des Regimes und dem Aufbau eines Musterlandes im Nachkriegsirak Signalwirkung für die gesamte islamische Welt versprachen.

«Vorsorglicher» (präemptiver) Krieg: Angesichts der realen Gefahren, die ein Krieg am Golf trotz riesiger Übermacht auch für die USA, ihre Truppen und ihren Präsidenten implizierten, erklärt all dies noch nicht die Risikobereitschaft der US-Regierung, zumal eine akute Gefahr für die USA vom Irak kaum ausging; die Konzentration auf die Frage der Massenvernichtungswaffen im Herbst des Jahres 2002 und im Frühjahr 2003 war ja eine Frage der diplomatischen Taktik. Es ging wohl um etwas anderes, nämlich die vorsorgliche Beseitigung einer *potenziellen* Gefahr. Saddam Hussein wurde zum Testobjekt jener neuen US-Doktrin, die ein Recht auf Notwehr nicht nur bei Gefahr im Verzuge reklamiert, was noch von Artikel 51 der UNO-Charta gedeckt wäre, sondern das Notwehr-Recht auch auf vorsorgliche, also präventive militärische Maßnahmen ausdehnt, die sie verschämt als «präemptiv» bezeichnet (vgl. 9.2).

8.   Entfesselung von Weltkriegen

8.1.   Wie Weltkriege beginnen

Vier Weltkriege: Von den 164 in dieser Untersuchung beschriebenen Kriegen lassen sich zumindest vier Gruppen von Kriegen als Weltkriege einstufen (und zwei davon werden im Sprachgebrauch auch Weltkriege genannt): 1. Die Koalitions- und napoleonischen Kriege; 2. der Krimkrieg; 3. der Erste Weltkrieg und 4. der Zweite Weltkrieg. Insgesamt gehören 22 Kriege dieser Untersuchung (ca. 13 %) in diesen Kontext. Weltkriege beginnen wie andere Kriege auch: durch Risikopolitik, katalytische Vorgänge, Überfall. Die Frage nach den Umständen des Kriegsbeginns zielt allerdings an dem vorbei, was einen «gewöhnlichen» Krieg vom Weltkrieg unterscheidet, auch bei seiner Entstehung. Im Vergleich der vier genannten Fälle lassen sich einige gemeinsame Merkmale der historischen Ausgangssituation von Weltkriegen ermitteln: Voraussetzung ist offenbar eine politisch-ideologische Spaltung des jeweiligen Staatensystems in zwei Lager, die jeweils von rivalisierenden Großmächten geführt werden. Notwendig ist ferner Konfliktstoff zwischen den beiden Lagern, dessen Beseitigung mit friedlichen Mitteln fehlschlägt, aber mindestens für ein wichtiges Mitglied eines der beiden Lager tatsächlich oder vermeintlich eine Lebens- oder Überlebensfrage darstellt und deshalb keinen Aufschub verträgt; die Kumulation gravierender innen- und außenpolitischer Probleme, namentlich drastische Verschiebungen im internationalen Kräftegleichgewicht sind derartige Überlebensfragen. Die führenden Großmächte beider Seiten müssen zudem entschlossen sein, sich in diesem Konflikt auch militärisch zu engagieren. Sie müssen zudem davon überzeugt sein, dass die Lösung des anstehenden Konflikts mit militärischen Mitteln möglich oder mindestens einem demütigenden Einlenken in der fraglichen Sache vorzuziehen sei.

Entfesselung: Ein Weltkrieg hat dann begonnen, wenn alle maßgeblich Beteiligten in diesem militärisch engagiert sind; dies lässt sich nur ex post entscheiden. Weltkriege beginnen jedoch in jedem

Falle dadurch, dass sich «gewöhnliche» Kriege auf dritte und weitere Parteien ausweiten. Diesen Vorgang bezeichnet man als Entfesselung eines Weltkrieges, weil nach und nach alle Hemmnisse verschwinden, bis der Krieg umfassend und bezüglich der angewandten Mittel total geworden ist.

8.2. Die Koalitionskriege: Folge der französischen Revolution

Negative Integration: Am 20. April 1792 erklärte die französische Nationalversammlung Österreich den Krieg; sie setzte damit dem Nervenkrieg (vgl. 7.6.) mit den Repräsentanten der alten Ordnung im Inneren des Landes wie im Äußeren ein abruptes Ende und schuf klare Verhältnisse. Dies hatte zumal innenpolitisch eine enorm integrierende Wirkung (vgl. 6.2.) und zwang den König nun ganz offen Partei zu bekennen – für Frankreich und gegen die Monarchien Europas oder umgekehrt. Preußen hatte sich bereits am 7. Februar 1792 mit Österreich verbündet und zusammen mit diesem offen Kriegsvorbereitungen getroffen. Ob die französische Republik damit lediglich einem Angriff der Koalition zuvorkam, lässt sich auch im Rückblick kaum überzeugend beweisen.

Ende des Kabinettskrieges: Da im Verlauf der Revolution die militärische Infrastruktur Frankreichs gründlich in Unordnung gebracht worden war, fühlten sich Preußen und Österreich der jungen Republik in jeder Weise überlegen. Mag sein, dass es nur darum ging, der in Pillnitz ausgesprochenen Warnung vom Juli 1791 mit militärischer Drohgebärde den notwendigen Nachdruck zu verschaffen. Wenn überhaupt beabsichtigt, dann sollte es wohl aus preußisch-österreichischer Sicht ein Krieg nach ihren «Spielregeln» werden, ein Kampf im Stil der Kabinettskriege des 18. Jahrhunderts, also Politik mit «Einmischung anderer Mittel» (Clausewitz). Der «Sport der Könige» bestand ja darin, die eigenen Truppen wie die Schachfiguren zu bewegen, also den Gegner matt zu setzen und zur Annahme des eigenen Rechtsstandpunkts zu zwingen, und zwar ohne dass es zum großen Gemetzel kommen musste (vgl. 6.1.).

Weltkrieg: Die Revolutionäre Frankreichs waren nun aber von anderer Art. An diese «Spielregeln» fühlten sie sich nicht gebunden. Für sie war die Auseinandersetzung mit dem Absolutismus kein Rechtsstreit, sondern eine historische Pflicht, an die sie sich mit Sendungsbewusstsein und Enthusiasmus machten. So wurde aus dem bösen Spiel schließlich blutiger Ernst. Große Schlachten wurden geschlagen, die Zahl der Opfer stieg in die Hunderttausende, und der Konflikt eskalierte zum ersten eigentlichen Weltkrieg der Geschichte mit Auswirkungen bis nach Amerika, Indien und die hintersten Winkel der damals bekannten Welt.

Fünf Kriege nach demselben Muster: Es begann nun eine ganze Serie von Kriegen zwischen den damaligen Staaten Europas, die erst im Jahre 1815 ein endgültiges Ende fand. Die ersten fünf dieser Kriege bezeichnet die Geschichtsschreibung als die sog. Koalitionskriege, was insofern berechtigt ist, als sie alle mit Ausnahme des ersten weitgehend nach demselben Muster verliefen (vgl. 6.2.): Frankreich jeweils gegen Koalitionen von *ancien régimes*. Beide Seiten waren zwar stark genug, den Gegner schwer zu schädigen, es mangelte aber an der Kraft, ihn niederzuwerfen. Dies hatte vor allem geostrategische Gründe: England, der eigentliche Gegner Frankreichs, war auf seiner Insel und von der Flotte geschützt nur schwer angreifbar (eine Erfahrung, die später auch Hitler machte) und besaß mit seinem Weltreich große Ressourcen; Frankreich und seine europäischen Satellitenstaaten waren für England allein ein zu großer «Brocken». So schloss man jeweils geschwächt einen Frieden, nur um die gewonnene Zeit für neue Kriegsvorbereitungen zu nutzen. Unter der maßgeblichen Leitung und weitgehend auch mit dem Geld der Handelsmacht England wurden neue antifranzösische Koalitionen geschmiedet und Angriffspläne ausgedacht. Frankreich meisterte diese Herausforderungen aber dank des militärischen Genies seiner Feldherrn, Konsuln und (ab 1804) Kaisers Napoleon und der Uneinigkeit und Brüchigkeit der Koalitionen, ja es machte sogar Geländegewinne und eroberte halb Europa.

Lange Dauer: Mit der wachsenden Ausdehnung des französischen Machtbereichs nahmen aber auch die Probleme zu. Auf der iberischen Halbinsel entstand ein blutiger Aufstand, der auch bei größten Anstrengungen nicht unter Kontrolle gebracht werden konnte, während das restliche Europa auf seine Chance wartete, die Hegemonie Frankreichs zu beseitigen. Der Beginn des «napoleonischen» Weltkrieges war bereits mit dem Kriegseintritt Englands in den ersten Koalitionskrieg gekommen; bis zu seinem Ende vergingen über 20 Jahre.

8.3. Der Krimkrieg

Misstrauen: Der Mönchsstreit, der zum Krimkrieg (Nr. 42) führte (vgl. 4.7.), wäre ohne seine wahre Ursache, das abgrundtiefe Misstrauen der europäischen Großmächte gegeneinander, eine kaum erinnernswerte Episode geblieben. Frankreich und Großbritannien nahmen nun aber nicht ganz zu Unrecht an, der Zar betreibe mit seinem Druck auf das osmanische Reich nur dessen Zusammenbruch, womöglich die Besetzung Istanbuls und der Meerengen. An Machtverschiebungen im östlichen Mittelmeer waren Frankreich und Großbritannien aber nicht interessiert. Der Zugang Russlands zum Mittelmeer hingegen war dauernd vom Wohlwollen der Türken und ihrer europäischen «Drahtzieher» abhängig; so vermutete man in St. Petersburg hinter jeder Intrige Frankreichs und Großbritanniens sofort ein Komplott, seiner Schifffahrt den Weg vom Schwarzen Meer ins Mittelmeer abzuschneiden. Für Napoleon III. war der Konflikt zudem eine Prestigesache ersten Ranges und eine Chance, Frankreichs Machtposition in Europa auszubauen. Die Öffentlichkeit Englands und Frankreichs schließlich, die in diesem Krieg zum ersten Mal (von der Presse mehr inspiriert als informiert) eine wichtige Rolle spielte, sah in Russland vor allem das osteuropäisch-asiatische Riesenreich, das die Regime Preußens und Österreichs in der Revolution von 1848 gestützt hatte, Polen knechtete und als Hort der Unfreiheit eine Lektion verdient hatte – auch wenn man damit der osmanischen Despotie einen Gefallen tat.

Stellungskrieg: Ohne diesen Hintergrund wäre der Konflikt eine merkwürdige Episode geblieben, löste aber so den Krimkrieg aus, dessen erste Phase nicht auf der Krim, sondern dem Balkan stattfand und unter dem Eindruck der drohenden österreichischen Einmischung in den Konflikt zunächst beendet schien; danach aber begann erst jene Phase, die man heute im Rückblick mit dem Krimkrieg assoziiert. Dies hatte vor allem zwei Gründe. Der Zar akzeptierte die Friedensbedingungen nicht, die sog. vier Punkte von Wien vom 8. August 1854, die Garantien für das osmanische Reich gegen russische Übergriffe hätten bieten sollen; Großbritannien und Frankreich, darüber verärgert, beschlossen Russland zu bestrafen und die vermeintliche Gelegenheit zu nutzen, die russischen Pläne für einen Vorstoß ins Mittelmeer ein für allemal zu vereiteln. Zu diesem Zweck sollte die russische Marinebasis Sewastopol auf der Krim zerstört werden, ein Unternehmen, das schlecht geplant war, lustlos und schleppend durchgeführt wurde und dann im ersten modernen Stellungskrieg endete. Die Verluste auf beiden Seiten waren riesig (250000 Mann) und nur zum geringeren Teil auf Kampftätigkeit zurückzuführen, zum größeren Teil auf Krankheit und schlechte Versorgung.

8.4. Erster Weltkrieg

Rasche Ausweitung: Im Vergleich zu den Koalitionskriegen und dem Krimkrieg entwickelte sich der Konflikt Österreichs mit Serbien über den Thronfolgermord vom 28. Juni 1914 mit geradezu atemberaubender Geschwindigkeit zum großen europäischen Krieg (Nr. 90). Zunächst vergingen aber noch vier Wochen, in denen nicht einmal hektische diplomatische Aktivität zu verzeichnen war. Das Deutsche Reich hatte Österreich-Ungarn mit dem berühmten Blankoscheck am 6. Juli zwar Rückendeckung bei Aktionen gegen Serbien, den «Prügelknaben» für den Mordanschlag, versprochen, aber wenig geschah (vgl. 4.8.). Der Anschlag wurde untersucht, der Besuch des französischen Präsidenten beim Zaren in Petersburg abgewartet, das weitere Vorgehen bedacht. Ende der dritten Juliwoche übergab man dann Serbien, durch das Deutsche Reich dazu gedrängt, ein Ultimatum, und damit kam die Entwicklung richtig in Gang. Die serbische Antwort auf das Ultimatum wurde durch Österreich als ungenügend eingestuft, die diplomatischen Beziehungen wurden abgebrochen, beide Länder verfügten die Teilmobilmachung und Österreich erklärte Serbien am 28. Juli 1914 den Krieg.

Beschleunigung: In Russland war man zu der Überzeugung gekommen, Serbien gegen Österreich unterstützten zu müssen. Großbritannien versuchte zu vermitteln und regte eine Konferenz aller Beteiligten an, ja unterstützte die österreichischen Forderungen und war bereit, eine zeitweilige österreichische Besetzung serbischer Gebiete hinzunehmen. Dies passte aber nicht in das Konzept deutscher Risikopolitik (vgl. 7.2.), deren Ziel eine vollständige Demütigung Russlands war. Statt aber wie erwartet zurückzustecken, trat Russland nun die Flucht nach vorne an und verkündete seinerseits am 29. Juli zunächst die Teilmobilmachung und einen Tag später die Generalmobilmachung. Wenn die deutsche Diplomatie Herr der Lage gewesen wäre, so hätte sie diese auch jetzt noch meistern können. So aber nahm in Berlin nach dem Versagen der Politik das Militär die Zügel in die Hand und befahl die deutsche Mobilmachung, was *de facto* Vorgehen gemäß Schlieffenplan und damit Krieg gegen Frankreich bedeutete (vgl. 4.8.). Der Diplomatie fiel dabei nur noch die Rolle zu, das militärische Vorgehen abzusichern: Russland erhielt ein auf 12 Stunden befristetes Ultimatum, die Mobilmachung einzustellen, und Frankreich ein auf 18 Stunden befristetes Ultimatum, seine Neutralität zu erklären. Erwartungsgemäß ließen beide Staaten die Ultimaten verstreichen, und damit begann der Krieg, wie vorgesehen, mit der Durchquerung Belgiens unter Verletzung seiner Neutralität, was Großbritannien in den Konflikt hineinzog (vgl. 4.4.). Vier Wochen hatte die Julikrise gedauert, aber 4 Tage reichten aus, den großen europäischen Krieg in Gang zu bringen.

Ausweitung zum Weltkrieg: Zum «Großen Krieg», wie man den Ersten Weltkrieg damals nannte, wurde der europäische Krieg aber erst nach und nach: Zunächst nutzte Japan die Chance, erklärte bereits am 23. August Deutschland den Krieg und brachte sich in Besitz der deutschen Gebiete in China. Das osmanische Reich erklärte zunächst seine bewaffnete Neutralität; der Beschuss russischer Schwarzmeerstädte durch die formell türkischen (aber deutsch bemannt und kommandierten) Kriegsschiffe «Göben» und «Breslau» führte zur Kriegserklärung der Alliierten (Russland, Frankreich, Großbritannien) im November 1914. Italien schloss sich den Alliierten gegen territoriale Zugeständnisse an, Bulgarien, der alte Feind Serbiens, hingegen den Mittelmächten. Rumänien trat auf der Seite Russlands in den Krieg ein, Griechenland wurde zum Kriegseintritt auf der Seite der Alliierten durch deren Blockade gezwungen. Seit 1916 bemühte sich der amerikanische Präsident Wilson, einen «Frieden ohne Sieger» zu vermitteln. Der im Februar 1917 einsetzende uneingeschränkte deutsche U-Boot-Krieg provozierte am 6. April 1917 den Kriegseintritt der USA.

8.5. Zweiter Weltkrieg

Teilung Europas: Mit dem Aufstieg des Nationalsozialismus in Deutschland gewann die im Versailler System verankerte faktische Teilung Europas (in ehemalige Kriegsverlierer und -gewinner) eine den latenten Konflikt über die Wirtschaftskrise hinaus noch verstärkende ideologische Komponente. Die zunächst heimlich und dann ganz offen betriebene Wiederaufrüstung Deutschlands und der Zusammenbruch des Versailler Systems gingen Hand in Hand. Frankreich und Großbritannien sahen zu, wie Hitler 1936 das entmilitarisierte Rheinland wieder besetzen ließ, im März 1938 gewaltsam den Anschluss Österreichs vollzog und dann einen Nervenkrieg mit der Tschechoslowakei um das Sudetenland begann. Frankreich und England hatten der tschechoslowakischen Regierung Rückendeckung gegen Hitler versprochen; am 27. September befahl die britische Regierung sogar die Teilmobilmachung. Aber keine Taten folgten, sondern die Münchner Konferenz, die Hitler um den Preis eines weiteren Friedensjahres das Sudentenland überließ. Im März übernahm das Deutsche Reich unter dubiosen Umständen die sog. Rest-Tschechei als Protektorat – zwar unter Protest aus den westlichen Hauptstädten, aber wiederum ohne dass greifbare Repressalien folgten. So wandte sich Hitler 1939 dann eines weiteren Erfolges gewiss der «polnischen Frage» zu (Nr. 104).

Verbündete: 1938 hätte ein entschiedenes Auftreten der Westmächte womöglich noch die Annexion des Sudetenlandes verhindern können; im Sommer 1939 beeindruckte ihre nun wesentlich schärfere Sprache Hitler aber kaum mehr. Die Sowjetunion hatte es im Grunde allein in der Hand, der Expansionspolitik Hitlers durch ein Zusammengehen mit den Westmächten einen Riegel vorzuschieben; deren Verlässlichkeit war jedoch seit München 1938 nicht über alle Zweifel erhaben. Stalin schloss also einen Pakt mit dem ideologischen Erzfeind, wartete dessen Überfall auf Polen ab, um dann selbst die Gebiete östlich der Curzon-Linie zu besetzen.

Ausweitung zum Weltkrieg: Der Blitzkrieg gegen Polen selbst, der jene Serie militärischer Auseinandersetzungen auslöste, die man später summarisch als Zweiten Weltkrieg bezeichnete (vgl. 5.3.), dauerte nicht viel länger als 14 Tage. Bis in den Sommer des folgenden Jahres hatten deutsche Truppen zudem fast das gesamte West- und

Mitteleuropa erobert. Nazi-Deutschland stand auf der Höhe seiner Macht, Frankreich war geschlagen und Großbritannien, einigermaßen sicher hinter dem Ärmelkanal gelegen, trotzte den Angriffen nur dank kräftiger amerikanischer Unterstützung. Von Juni 1940 bis Juni 1941 herrschte in Europa wenn nicht Frieden (Taylor 1979:126), so doch abgesehen vom Balkanfeldzug praktisch Waffenstillstand, zumindest auf dem Lande. Der Seekrieg ging freilich weiter, und in der Luft fand im Spätsommer 1940 die Schlacht um England statt. Zum Weltkrieg wurde der europäische Konflikt erst 1941, als Hitler den lange voraus geplanten Überfall auf Russland («Barbarossa») befahl (22. Juni) und das seit 1940 mit Hitler-Deutschland verbündete Japan mit der Bombardierung von Pearl Harbor (7. Dezember 1941) den Krieg im Pazifik eröffnete. Der Kriegseintritt der USA markierte zwar nicht wie im Ersten Weltkrieg den Anfang vom Ende des Krieges; er war vielmehr, wie Churchill später schrieb, das Ende vom Anfang.

8.6. Kalter Krieg und Szenarien des «Dritten Weltkrieges»

Enorme Risiken: Eine militärische Konfrontation von USA und Sowjetunion, das Umschlagen des Kalten Krieges in einen heißen Krieg, hätte womöglich den Dritten Weltkrieg ausgelöst; alle strukturellen Bedingungen dazu waren gegeben. Die Welt war in zwei ideologische Lager gespalten, die sich hochgerüstet gegenüberstanden. Konfliktstoff gab es genügend, die Bereitschaft, allenfalls militärisch vorzugehen, ebenfalls. Mit den angehäuften sog. Overkill-Kapazitäten hätten sich allerdings beide Lager nuklear gleich mehrfach gegenseitig vernichten können. Der Welt ist dieses Drama erspart geblieben, obschon der Supermachtkonflikt mehrfach bis an die Schwelle des Krieges eskalierte, etwa in der Kubakrise 1962. Angesichts des enormen Risikos einer militärischen Auseinandersetzung zwischen Ost und West schien beiden Seiten wohl große Vorsicht geraten; die Guillotine schärft das Denken. Ob die nukleare Abschreckung wirklich funktionierte, ist weiterhin Gegenstand akademischer Diskussionen (vgl. Lebow/Stein 1995). Eine gewisse Stabilität kann dem System des Kalten Krieges aber nicht abgesprochen werden. Es hat die Weltpolitik gleich doppelt diszipliniert (Czempiel 1993): durch das Gleichgewicht des Schreckens zwischen den Supermächten und durch die Kontrolle der beiden «Lager» durch die jeweilige Führungsmacht. Der Welt wurde damit zwar eine lange Zeit des Friedens (Gaddis 1989) verschafft, aber das nukleare «Gleichgewicht des Schreckens» war ein sehr labiles und der Frieden prekär. Die Charta von Paris, die 1990 auf dem Gipfeltreffen der Konferenz für Sicherheit und Zusammenarbeit (KSZE), der Vorläufer-Organisation der OSZE, verabschiedet wurde, erklärte den Kalten Krieg für beendet: Die Welt konnte aufatmen (vgl. auch 10.2.).

Polizeiaktion: Natürlich haben sich die Militärplaner in Ost und West immer wieder gefragt, wie ein Krieg zwischen Ost und West hätte entstehen können und verlaufen wäre. Zwei solche Szenarien seien hier kurz vorgestellt. Das vom britischen General Shelford Bidwell und einem Mitarbeiterstab erarbeitete Szenarium (Bidwell 1980) stellt die fiktive atomare Aufrüstung der Bundesrepublik Deutschland in den Mittelpunkt einer ebenso fiktiven Krise im Sommer 1983, in deren Verlauf die Sowjetunion zunächst ultimativ den Verzicht der Bundeswehr auf Nuklearwaffen verlangt und dann in einer Polizeiaktion ihre Forderung mit Waffengewalt durchzusetzen versucht. Das Unheil beginnt mit wachsenden Querelen innerhalb der NATO: Großbritannien vernachlässigt aus wirtschaftlichen Gründen seine Verteidigung, Dänen und Norweger frönen pazifistischen Neigungen, in den USA gewinnen isolationistische Tendenzen die Oberhand, und Frankreich ist wie üblich intransigent. Das Verhältnis der Bundesrepublik zu seinen Bündnispartnern, darunter vor allem zu Frankreich, kühlt sich zudem rapide ab, als Neonazis infolge wirtschaftlicher Probleme bei regionalen Wahlen starken Zulauf erhalten. In wachsendem Maße auf sich allein gestellt und als «Frontstaat» des Westens sehr sensibel gegenüber allen Entwicklungen, die seine Sicherheit gefährden, entwickelt die Bundesrepublik auf eigene Faust heimlich Nuklearwaffen. Als diese Nachricht durchsickert, ist die Krise da. Die Sowjetunion fordert ultimativ den Verzicht der Bundesrepublik auf Nuklearwaffen. Diese weist das sowjetische Ansinnen jedoch zurück, und als auch die Vereinigten Staaten zurückhaltend reagieren, wird die sowjetische «Polizeiaktion» gegen die Bundesrepublik beschlossen. Briten und Franzosen, vorweg davon in Kenntnis gesetzt, beschließen, sich aus dem Konflikt herauszuhalten. Die Sowjetunion trifft jedoch ebenfalls Vorbereitungen für den Eventualfall eines umfassenden Schlagabtauschs mit der NATO und setzt ihre Flotte in Richtung Nordatlantik in Marsch. In der Bundesrepublik stationierte amerikanische Truppen kommen im Verlauf der Kämpfe der bedrängten Bundeswehr zur Hilfe, und damit weitet sich der Krieg schließlich aus. Sein Ende beschreibt das Szenario nicht; die Autoren beschränken sich darauf, die Folgen eines Einsatzes von Nuklearwaffen in Europa zu schildern.

Vorsätzliche Aggression: Das bekannteste Szenarium des «Dritten Weltkrieges» hat der britische General a. D., Sir John Hackett, unter Mithilfe einiger hochkarätiger Militärexperten entwickelt und als fiktiven Rückblick auf die Ereignisse des «August 1985» gestaltet. Der erste Band (Hackett 1978) schildert in großen Zügen die politischen Ereignisse im Vorfeld des «Dritten Weltkrieges» und seinen Verlauf auf dem «Hauptschauplatz Deutschland», wie der Untertitel der deutschsprachigen Ausgabe lautet. Andere Kriegsschauplätze werden nur am Rande behandelt. Der nachfolgende Band (Hackett 1982) bietet militärische Präzisierungen. Bei Hackett entwickelt sich der Dritte Weltkrieg aus dem sowjetischen Versuch heraus, das abtrünnige Jugoslawien wieder unter Kontrolle zu bekommen. Nach dem Tode Titos nehmen gemäß Szenarium die zentrifugalen Kräfte in dem Balkanstaat enorm zu und die Chance für ein sowjetisches Eingreifen entsteht. Die innere Schwäche des eigenen Lagers bei Fehleinschätzung der Geschlossenheit und Widerstandskraft des Westens veranlassen die Sowjetunion, die sich bietende Gelegenheit zum Griff nach Jugoslawien zu nutzen und dabei den großen Krieg mit den NATO-Staaten zu riskieren. Unter dem Vorwand eines Manövers war längst die allgemeine Mobilmachung angelaufen. Als die jugoslawische Operation nicht wie vorgesehen verläuft und amerikanische Truppen Jugoslawien zur Hilfe kommen, entschließt sich die sowjetische Führung zu einem sorgsam den Einsatz nuklearer Waffen vermeidenden Überfall auf die NATO, der freilich für diese nicht mehr überraschend kommt und auf erbitterten Widerstand stößt. Es kommt in der Folge zu einem «für den Westen glücklichen Ausgang» des Dritten Weltkrieges, wie der deutsche General a. D. und ehemaliger NATO-Vorgesetzte Hacketts, Graf von Kielmannsegg, in seiner Einführung zur deutschen Ausgabe des ersten Buches schreibt: Nuklearwaffen kommen «nur» zweimal zum Einsatz (gegen Birmingham und, im Gegenzug, Minsk), während die Sowjetunion an ihrem militärischen Abenteuer zerbricht: Ein Putsch verdrängte die sowjetischen Kriegstreiber von den Hebeln der Macht und den nuklearen Befehlspositionen, ein Waffenstillstand wird vereinbart und die nichtrussischen Teilrepubliken verlassen die sowjetische Föderation.

Planung des Ostblocks für den Ernstfall: Nach dem Ende des Kalten Krieges erhielt die Forschung Zugang zu bedeutsamen Quellen, etwa den Protokollen des Nationalen Verteidigungsrates der DDR, die im Großen und Ganzen die Vermutungen des Westens über die Planungen des Warschauer Paktes für einen Krieg mit der NATO bestätigen. Als Lehre aus den Erfahrungen der Sowjetunion wollte man im Krisenfalle eine Art Blitzkrieg führen und mit starken mobilen Kräften rasch bis an den Atlantik vorstoßen. Während man in den 1950er und frühen 1960er Jahren noch von der zwangsläufigen Eskalation eines solchen Krieges in den nuklearen Bereich ausging (Wenger 1997, Zubuk/Pleshakov 1997), ähnlich wie dies Kahns «Denken des Undenkbaren» (1962 und 1965) annahm, kam die sowjetische Führung aber gegen Ende der 1960er Jahre von der Idee ab, als erste «präemptiv» Nuklearwaffen einzusetzen (Garthoff 1990). Ein Krieg mit der NATO sollte so lang wie möglich konventionell geführt werden und hätte sich auf die starken Panzerverbände des Warschauer Paktes stützen sollen. Die NATO-Planung hingegen schloss genau für diesen Fall den frühen Ersteinsatz von taktischen Nuklearwaffen nicht aus. Rückblickend betrachtet muten die Szenarien der beiden Bündnisse für den Kriegsfall bizarr und unwirklich an; man darf aber nicht vergessen, dass die sowjetische Führung noch in den frühen 1980er Jahren im Konflikt um die NATO-Nachrüstung sehr nervös geworden war, wie man heute weiß. Die Sichtung der Hinterlassenschaften des DDR-Regimes, etwa die Bereitstellung von Besatzungsgeld (es handelte sich hier um DDR-Geld der zweiten Serie, das man nach seiner Rückname mit einem Stempel «Militärgeld» versehen hatte und in den zu erobernden Gebieten einführen wollte), lassen an der Ernsthaftigkeit der Planungen keinen Zweifel.

8.7. Der Kampf der Kulturen: Ein «Weltkrieg» neuer Art?

Neue Risiken: Die Zeit der großen Weltkriege ist vorbei. Aber das einundzwanzigste Jahrhundert birgt neue Risiken globaler Konfrontation. 1993 veröffentlichte der Harvard-Politologe Samuel Huntington in *Foreign Affairs*, dem Organ des einflussreichen amerikanischen *Council on Foreign Relations*, seine Vision eines großen Kampfes der Kulturen (Huntington 1993). Der Aufsatz machte Huntington weit über die Disziplin der Politikwissenschaft hinaus mit einem

Schlag berühmt. «*Clash of Civilizations*» traf sozusagen den Nerv des Zeitgeistes: Neue Kriege und Konflikte, besonders die Entstehung eines vollkommen unerwarteten und z. T. hässlichen Neonationalismus in Mittel- und Osteuropa, enttäuschten anfängliche Hoffnungen, das Ende des Kalten Krieges bringe eine stabile neue Weltordnung, ein goldenes Zeitalter des Friedens und ein *happy end* der Geschichte (Fukuyama 1989 und 1992). Ein Übriges tat die Angst vor den unabsehbaren Folgen einer rückwärts gewandten Radikalisierung der islamischen Welt.

Kulturelle statt ideologische Konflikte: Am Beginn der Überlegungen Huntingtons stand die für ihn überraschende Feststellung, dass die Fronten in den Konflikten auf dem Balkan und in Mitteleuropa der frühen 1990er Jahre genau entlang jener kulturellen «Faltungslinien» liefen, die schon seit dem frühen 16. Jahrhundert Europa in Ost und West teilen. Huntington überträgt diese Einsicht nun auf den Rest der Welt, unterteilt diese in insgesamt acht Kulturen (die westliche, die slavisch-orthodoxe, die lateinamerikanische, die afrikanische, die islamische, die hinduistische, die konfuzianische und die japanische) und ortet zwischen einigen von diesen tiefe Brüche. Während die Konflikte des 19. und 20. Jahrhunderts ideologische Ursachen hatten, werde es im 21. Jahrhundert um kulturelle Differenzen gehen. Hauptschauplatz sei der Graben zwischen westlicher und islamischer Kultur, der seit 1300 Jahren existiere. In diesem Konflikt werde es nun Allianzen geben, namentlich jene zwischen konfuzianischer und islamischer Kultur («*confucian-islamic connection*»), so dass am Ende der Westen gegen den Rest der Welt stehe: «*the west versus the rest*» (Huntington 1993:39 f.). Hier wäre also wiederum jene Teilung der Welt in zwei Lager, wie sie für Weltkriege konstitutiv ist.

Der 11. September als neuer Beweis: Huntington malte zweifellos mit dem dicken Pinsel und verlor sich nicht in den schwierigen (weil widersprüchlichen) Details; drei Jahre später präzisierte er seine Ideen in einem Buch (Huntington 1996), bot damit aber auch viel neue Angriffsfläche für seine Kritiker: Allzu pauschal wird die Welt in Kulturen aufgeteilt und über bedeutsame Differenzen etwa in der islamischen Welt hinweggegangen. Die Kriegsursachenforschung stellte rasch klar, dass historisch gesehen nur wenige Kriege tatsächlich an jenen kulturellen Faltungslinien stattgefunden haben, die Huntington für gefährlich hält. Nur schwer erklärbar ist aus der Perspektive Huntingtons auch die alliierte Koalition im ersten Golfkrieg, der auch bedeutende arabische Staaten angehörten; das ganze Unternehmen diente ja letztlich der Wiederherstellung der Souveränität eines islamischen Landes (Kuwait) und dem Schutze eines anderen (Saudi Arabien), auch wenn die Versorgungssicherheit des Westens mit Öl im Hintergrund die Sache motivierte. Auch das Engagement der NATO im (überwiegend muslimischen) Kosovo passt nicht ins Bild. Huntingtons Thesen wären ohne den 11. September 2001 wohl langsam aus dem Bewusstsein der Öffentlichkeit verschwunden. Vielerorts wird der monströse Anschlag auf die beiden Türme des World Trade Centers und das Pentagon nun jedoch als jenes Stück Evidenz gewertet, dessen es noch bedurfte. Zudem bestätigen die Täter in ihren Video-Botschaften laufend selbst die These Huntingtons; man sieht sich selbst im Krieg mit dem Westen und seiner «dekadenten» Kultur.

Ein weltumspannender Konflikt, aber kein Weltkrieg: Wenige Tage nach dem Anschlag vom 11. September stufte auch der amerikanische Präsident die Auseinandersetzung mit dem internationalen Terrorismus als «Krieg» ein (vgl. 5.6.). Dies war keine Metaphorik, wie sich mit den Militäroperationen gegen Afghanistan bald zeigen sollte; am 7. Oktober 2001 begannen die USA mit der Bombardierung von Zielen in Afghanistan (vgl. 3.5.). Auch der Präventivkrieg gegen den Irak vom Frühjahr 2003 hatte wesentlich den Zweck, ein mögliches Zusammengehen Saddam Husseins mit dem internationalen Terrorismus zu verhindern. Die scharfe Gangart der Regierung Bush im Konflikt mit Nordkorea und dem Iran, die man beide der Komplizenschaft mit dem Terrorismus verdächtigt, unterstreicht den Ernst der Lage. Der Krieg gegen den vorwiegend muslimischen Terrorismus ist also weltumspannend, aber die Bezeichnung Weltkrieg verdient er nicht. Nach den dramatischen Militäroperationen wird sich der Kampf gegen den Terrorismus in den nächsten Jahren vorwiegend im Bereich der unspektakulären Polizeiarbeit abspielen. Die Zusammenarbeit der USA und Europas auch mit muslimischen Staaten wie Indonesien und Malaysia ist hierbei von großer Bedeutung. Kulturelle Unterschiede spielen hierbei keine besondere Rolle. Die Fronten dieses Krieges verlaufen quer zu den Kulturen.

9. Ungewollter und zufälliger Krieg – Zähmung des Krieges

9.1. Verlauf und Folgen von Kriegen: Selten wie geplant

Irrtum inbegriffen: Im strikten Sinne des Wortes waren Verlauf und Resultate der wenigsten Kriege tatsächlich gewollt. Irrtümer und Fehleinschätzungen beherrschten in großem Umfang die Szene. Bereits die eigenen Zielvorstellungen wurden von vielen Kriegsparteien oft nicht klar definiert. Die großen Zielvorstellungen des Gegners auf der anderen Seite wurden zwar selten völlig falsch interpretiert; umso häufiger waren Irrtümer in der Einschätzung seiner konkreten Absichten. Die Emser Depesche z.B. wurde 1870 von Frankreich nicht als Falle Bismarcks durchschaut. Auch Stalin wurde vom Überfall Hitlers auf Russland im Juni 1941 vollkommen überrascht, obschon vom KGB und den Alliierten rechtzeitig vorgewarnt.

Selbstüberschätzung: Falsch eingeschätzt wurden nicht selten auch die eigenen Fähigkeiten und die Stärke der eigenen Streitkräfte im Vergleich zu jenen des Gegners. Napoleon III. vertraute im Krieg mit Preußen vor allem dem Klang seines Namens, der zweifellos Assoziationen mit den militärischen Erfolgen des ersten Napoleon erzeugte (Taylor 1979:98); er hätte besser den Fähigkeiten der eigenen Armee misstraut, die sich in äußerst schlechtem Zustand befand und im Krieg schließlich eine Niederlage nach der anderen einstecken musste. Preußen begann den vierten Koalitionskrieg 1806–07 in völliger Verkennung seiner politischen Lage und militärischen Schwäche; die Große Armee, die im Fränkischen bereitstand, zog in Eilmärschen nach Norden und schlug Preußen und seine Verbündeten bei Jena und Auerstedt am 14. Oktober 1806 vernichtend.

Falsches Szenarium: Fehleinschätzungen des möglichen Verlaufs eines Krieges waren ebenfalls mehr Regel als Ausnahme. Frankreich und England z.B. waren bei Beginn des Krimkrieges 1853–56 nicht darauf gefasst, vom Osmanischen Reich mit ihren Garantien beim Wort genommen zu werden. Statt geringes Profil zu zeigen, schlugen die Türken gegen Russland los und gerieten durch die russische Reaktion – Versenkung der türkischen Flotte bei Sinope am 30. November 1853 – nun erst Recht in Bedrängnis. Die Intervention der Westmächte war damit dringender geworden als vordem. Die größten und folgenschwersten Irrtümer betrafen aber ohne Zweifel die nicht erwartete Einmischung dritter Parteien. Der große La Plata-Krieg (López-Krieg) 1864–70 begann als kleinere Entlastungsaktion Paraguays für die uruguayischen «Blancos»; zufällig unterstützten Brasilien und Argentinien genau die Gegenseite, die «Colorados», und verbündeten sich mit dieser in der Tripel-Allianz. Damit war Paraguay ein Gegner erwachsen, mit dem es das Land militärisch nicht aufnehmen konnte.

Unverständnis: Selten sind militärische Konflikte also genau so verlaufen, wie die Beteiligten sich dies vorweg ausgemalt hatten. Besonders bei Eskalation, katalytischem Kriegsbeginn und fehlgeschlagenem *brinkmanship* (Risikopolitik) spielen Irrtümer eine besondere Rolle. Von ungewolltem Krieg kann sinnvoll aber nur dann gesprochen werden, wenn alle Beteiligten nach bestem Wissen und Gewissen ihre Entscheidung trafen und entgegen aller Erwartung und Erfahrung ein Krieg entstand. In diesem überhaupt nur angemessenen Sinn kann von den hier untersuchten Kriegen kein einziger als ungewollt bezeichnet werden. In allen Fällen geschah der Griff zur Waffe bewusst und vorsätzlich, wenn auch nicht selten in völliger Verkennung der möglichen oder gar wahrscheinlichen Konsequenzen. Man spricht also besser in jenen Fällen gravierender Irrtümer von Krieg durch Unverständnis.

Hineingeschlittert: Als die Vereinigten Staaten ihr Engagement in Vietnam begannen, war keinem Beteiligten bewusst, dass hier der erste Schritt in eine große militärische Auseinandersetzung getan worden war; die Möglichkeit zum Abbruch der Eskalation und Rückzug war aber immer gegeben und wurde endlich, wenn auch spät, genutzt. Der katalytische Beginn von Krieg verdient die Bezeichnung «ungewollt» ebenfalls nicht; der «Funken» verursacht physikalisch gesehen zwar die Explosion, verantwortlich sind jedoch jene, die den Sprengstoff zusammentrugen und dann mit dem Feuer spielten. Dasselbe gilt für Krieg durch fehlgeschlagene Risikopolitik. Man habe sich in den Krieg «hineingewurstelt», sagte später der liberale britische Premier Lloyd George über den Beginn des Ersten Weltkrieges («*we all muddled into war*»). In der Tat unterliefen allen Beteiligten bei der Handhabung der Julikrise Pannen, voran der deutschen Reichsregierung. Die Frage nach den Ursachen des Kriegsbeginns ist aber nicht damit beantwortet, dass schlecht und nachlässig, vor allem aber viel zu hoch gepokert wurde. Entscheidend ist vielmehr, dass überhaupt mit der Möglichkeit des Krieges «gespielt» wurde.

9.2. Krieg durch Zufall

Falscher Alarm: Kriegsbeginn und Kriegsverlauf waren üblicherweise nicht nur von Irrtümern und Fehleinschätzungen, sondern auch von technischen Schwierigkeiten und Pannen aller Art begleitet. Besonders kritisch und störungsanfällig erwies sich während des gesamten neunzehnten und frühen zwanzigsten Jahrhunderts die Informationsbeschaffung und -weitergabe. Die von ihren Folgen her gravierendste Panne dieser Art war zweifellos jene, die den Doggerbank-Zwischenfall auslöste. Zu Beginn des russisch-japanischen Krieges 1904–05 hatte Japan mit seinem Überfall auf Port Arthur die russische Pazifikflotte fast vollkommen zerstört. Daraufhin wurde die russische Ostseeflotte mit Ziel Ostasien in Marsch gesetzt. Die Reise der Flotte hätte aber fast bereits nach wenigen Tagen in der Nordsee ihr Ende gefunden. Im Bereich der Doggerbank wurde falscher Alarm ausgelöst, weil man britische Fischereischiffe für japanische Torpedoboote hielt; wie diese hätten in die Nordsee gelangen können, war in der Eile und angesichts des Schocks der Nachricht gar nicht bedacht worden. So ging denn ein regelrechter Hagel russischen Geschützfeuers auf die britischen Trawler nieder und löste fast einen russisch-britischen Krieg aus. Britische Kriegsschiffe eskortierten die russische Flotte zur Sicherheit bis in die Biskaya.

Transatlantische Zeitverzögerung: Schwierig gestaltete sich oft die Kommunikation zwischen den Parteien eines Konflikts. Probleme dieser Art begleiteten z. B. Beginn und Verlauf des amerikanisch-britischen Krieges 1812–14, dessen Anlass Übergriffe britischer Kriegsschiffe auf den Seehandel der USA waren (Nr. 16). Im Dezember 1811 wurde der amerikanische Segler «Hornet» über den Atlantik geschickt, um die britische Meinung zu den anhängigen Fragen in Erfahrung zu bringen; während der Abwesenheit der «Hornet» gelangte man in Washington zu der Überzeugung, dass Krieg mit Großbritannien wohl unvermeidlich werde, falls die «Hornet» schlechte Nachrichten zurückbrächte. Im Mai des folgenden Jahres 1812 kehrte die «Hornet» mit widersprüchlichen Meldungen zurück, die allerdings bereits überholt waren: Kurz nachdem das Schiff England verlassen hatte, änderte die britische Regierung ihre Meinung und widerrief die Befehle an ihre Kriegsschiffe. Unter dem Eindruck der durch die «Hornet» gesammelten Information begann Präsident Madison, die Weichen in Richtung Krieg zu stellen, was rasch geschehen musste, denn die Sommerferien des Kongresses standen bevor und dieser musste die Kriegserklärung gutheißen; bei der Größe des Landes und seinen prekären Verkehrsverbindungen wäre es so gut wie unmöglich gewesen, den Kongress vor dem Herbst nach Washington wieder einzuberufen. Die Nachricht von der Niederlage Napoleons lag damals in Washington ebenfalls noch nicht vor; andernfalls, so später Madison, hätte man den Krieg nie begonnen. Bezeichnenderweise fand die Schlacht von New Orleans vom 24. Dezember 1814 wenige Tage nach dem Abschluss des Friedensvertrags von Gent statt (Small 1980:61 ff.).

Kein Telegraph: Kommunikationsprobleme, wenn auch von geringerer Tragweite, waren ebenfalls beim Beginn des Krimkrieges (Nr. 42) von Bedeutung. Von Wien, wo die Konferenz der interessierten Mächte stattfand und ein Kompromiss über die vordergründige Streitfrage der Rechte an den heiligen Stätten Jerusalems tatsächlich gefunden wurde (vgl. 4.7), gab es zwar Telegraphenleitungen in alle Himmelsrichtungen und europäischen Hauptstädte, nur nicht nach Konstantinopel zu den vom ausgehandelten Kompromiss betroffenen Türken. Es dauerte mehr als eine Woche, bis diese informiert waren, und mehr als eine weitere Woche, bis die türkische Antwort, eine glatte Absage, in Wien wieder vorlag. Der Zar fühlte sich nun hingehalten und hintergangen und ließ seine Truppen zur Drohung in die Donaufürstentümer einmarschieren, was wiederum die türkische Kriegserklärung provozierte. Der Rückschluss, dass bessere Kommunikation zwischen den Streitparteien den Krieg hätte verhindern können, ginge allerdings wohl zu weit; andere historische Beispiele lassen das genaue Gegenteil vermuten.

Kriegsrat im Kurort: So zeigt die Vorgeschichte des preußisch-österreichischen Krieges vom Juni/Juli 1866, dass selbst engste diplomatische Kontakte nicht unbedingt eine Friedensgarantie sind (Nr. 57). Zwischen Preußen und Österreich war ein Nervenkrieg entstanden, bei dem es vordergründig um die Frage der Verwaltung Schleswig-Holsteins ging, das beide 1864 von Dänemark annektiert hatten, tatsächlich aber um die Führung im Deutschen Bund und eher nebenbei auch um die Modalitäten der deutschen Einigung. Die diplomatischen Kontakte zwischen Preußen und Österreich waren in den Jahren 1864 bis 1866 außerordentlich eng und trotz aller Differenzen auch nicht unbedingt unfreundlich; dennoch schien zweifelhaft, ob die schwerfällige Donaumonarchie ohne Krieg dazu gebracht werden könnte, den Weg für Preußen an die Spitze des Deutschen Bundes frei zu machen. Der preußische König versammelte also seine Minister im Sommer 1865 im österreichischen Kurort Gastein, um (auf dem Gebiet des wahrscheinlichen Gegners) Kriegsrat zu halten. Er traf bei der Gelegenheit auch mit dem österreichischen Kaiser zusammen, der ebenfalls in Gastein kurte. Man einigte sich im Vertrag von Gastein über die Nebensache, die Verwaltung Schleswig-Holsteins; über die Hauptfrage, die gar nicht zur Diskussion gestanden hatte, führte man dann im nächsten Sommer Krieg.

Nuklearkrieg durch Zufall: Ein gefürchtetes Szenarium während der gesamten Zeit des Kalten Krieges war der Nuklearkrieg durch Zufall, den man sich vorzugsweise wie folgt vorstellte: Technische Komplikationen, unzuverlässige Nachrichtenübermittlung oder subalterne Offiziere, die auf eigene Faust operieren, verursachen einen Schlag mit Nuklearwaffen (vorzugsweise Raketen) auf den Gegner, der Vergeltung übt. In der Folge schlittert die Welt in den Nuklearkrieg. Derartige Szenarien haben immer wieder den Stoff für Filme abgegeben – am berühmtesten vielleicht die Satire «Dr. Seltsam oder Wie ich lernte, die Bombe zu lieben» mit Peter Sellers aus dem Jahre 1964, der Herman Kahn und seine Anstrengungen beim Denken des Undenkbaren (Kahn 1962) karikiert; oder der (sehr ernst gemeinte) Film «*Fail Safe*» nach dem Buch von Harvey Wheeler und Eugene Burdick, ebenfalls aus dem Jahre 1964. Den Verantwortlichen auf beiden Seiten des Kalten Krieges war das Problem sehr wohl bewusst und es wurden große Anstrengungen unternommen, den Zugang zu Nuklearwaffen mit technischen Mitteln, Verschlüsselung und komplizierten Autorisierungsprozeduren abzusichern. Eine Untersuchung sowohl auf westlicher wie östlicher Seite vom Beginn der 1980er Jahre zeigt hingegen (Frei 1983), dass die Sicherung der Nuklearwaffen vor allem gegen unautorisierten Gebrauch ein Maß erreicht hatte, dass die Verantwortlichen bereits an deren zuverlässiger Einsatzfähigkeit im Krisenfalle zweifeln ließ: Man hätte womöglich die eigenen Sicherungen nicht überwunden. Ob in Ländern wie Indien oder Pakistan in ähnlicher Weise Perfektionismus bei der Absicherung der Nuklearwaffen herrscht, wird allerdings von Experten bezweifelt. Generell gilt wohl auch für *failsafe*-Systeme das Gesetz des Raketen-Ingenieurs Edward A. Murphy, Jr. (*Murphy's law*): Wenn etwas schief gehen kann, dann wird es auch schief gehen (irgendwann). So sind der Forschung mindestens 20 Fälle von Pannen beim Umgang mit Nuklearwaffen bekannt, die katastrophale Folgen hätten haben können (vgl. Sagan 1993).

Banaler Defekt – gravierende Konsequenzen: Bei den bekannten Pannen handelt es sich meist um eine Kombination von menschlichem und technischem Versagen. Ein Beispiel: Am 24. November 1961 fielen beim Hauptquartier der strategischen Luftstreitkräfte der USA (SAC, *Strategic Air Command*) und bei NORAD, der nordamerikanischen Luftverteidigung, alle Daten- und Telefonleitungen aus. Damit war das SAC auch von seinen drei Frühwarn-Einrichtungen (*Ballistic Missile Early Warning Sites*, BMEWS) Thule (Grönland), Clear (Alaska) und Filingdales (England) abgeschnitten. Für den damals verantwortlichen Offizier, General Power, ergaben sich zwei Möglichkeiten: Feindeinwirkung oder eine gleichzeitige Panne aller drei Systeme, die allerdings mit Hilfe redundanter, d. h. voneinander vollkommen unabhängiger Datenlinien gegen eben eine solche Eventualität gesichert worden waren. Der General versetzte etliche B-52-Bomber in Alarmbereitschaft, allerdings mit der Weisung, nur auf strikten Befehl hin abzuheben. Einem Überwachungsflugzeug, das über Grönland unterwegs war, gelang schließlich ein Kontakt mit der Frühwarnstation in Thule, die daraufhin Entwarnung gab. Als Ursache stellte sich dann ein überhitzter Elektromotor in einer Relaisstation in Colorado heraus, über die alle (auch die redundanten) Datenleitungen geschaltet waren.

9.3. Exkurs: Einstellungen zum Krieg – Zähmung des Krieges

Wenn nicht gewollt, so doch riskiert: «Krieg beginnt in den Köpfen der Menschen», wie es in der Präambel der UNESCO-Charta heißt; er beginnt mit der Entscheidung, zu den Waffen zu greifen. Krieg war in allen hier untersuchten Fällen in seinem so verstandenen Beginn immer intendiert oder zumindest riskiert, in seinen Folgen hingegen oft ungewollt. Der ganze Vorgang des Kriegsbeginns litt aber nicht selten am Unverständnis jener, die daran beteiligt waren. Dies hängt mit den Grenzen menschlichen Vorstellungsvermögens zusammen, der Unfähigkeit oder Unmöglichkeit also, komplexe politisch-militärische Vorgänge exakt zu antizipieren. Technische Schwierigkeiten und Zufälle taten ein Übriges. Diese Probleme in den Vordergrund zu schieben und zur Kriegsursache zu erklären, lenkt aber bloß vom Kern des Problems auf Nebensächlichkeiten ab. Jede verantwortliche politische Entscheidung, erst recht jene zwischen Frieden und Krieg, muss die Möglichkeit falscher Information, technischer Pannen, Insubordination usw. mit in ihr Kalkül einbeziehen. Geschieht dies nicht, so muss von Verantwortungslosigkeit gesprochen werden, nicht von ungewolltem oder zufälligem Krieg. Wenn also der Krieg in den Köpfen der Menschen beginnt, indem sie diesen planen oder auch nur riskieren, dann muss der Krieg auch in den Köpfen der Menschen beendet werden. Wie steht es also mit der Einstellung zum Krieg? Dieser Exkurs gibt einige Antworten.

Einstellungssache: Dass Krieg kein Mittel der Politik sein kann oder nur letztes Mittel in sehr wenigen Fällen (etwa jenem der Selbstverteidigung), ist eine der Lehren aus der Geschichte, die in Europa nach dem Ende des Zweiten Weltkrieges u. a. auch die europäische Einigung motiviert haben. Auch wenn fast alle Staaten der Welt als UNO-Mitglieder deren Charta ratifiziert und damit dem Krieg als Mittel abgeschworen haben, dem Geist einer kompromisslos negativen Einstellung zum Krieg und zur Gewalt in der Politik vermag man nicht unbedingt zu folgen. Die Freiheitskämpfer der einen sind die Terroristen der anderen. Und wenn das eigene Land in den Krieg zieht, dann gelten meist andere Maßstäbe. Mit großem Jubel wurde das britische Expeditionskorps von Southampton aus 1982 in den Südatlantik zum Kampf um die Falkland-Inseln geschickt (Nr. 148). Der Krieg der NATO gegen Serbien vom Sommer 1999 (Nr. 162) fand sogar die Zustimmung der Grünen im deutschen Bundestag. Wenn britische und amerikanische Truppen in fernen Ländern kämpfen, ist Patriotismus selbstverständlich: «*My country, right or wrong*», eine Redewendung, die auf den Deutsch-Amerikaner Carl Schurz zurückgeht. Die im Vorfeld des zweiten Golfkrieges im Herbst 2001 und Frühjahr 2002 (Nr. 165) geführte Debatte um den «gerechten Krieg» zeigt, dass bei der Einstellung zum Krieg auch in der westlichen Welt einiges in Bewegung geraten ist.

Vater aller Dinge: Krieg ist seit Menschengedenken eine Institution der Politik, wenn man als «Institution» nicht nur politische Organisationen, sondern auch stabile Formen politischen Verhaltens versteht. Die Bestätigung findet sich bereits bei Heraklit (ca. 500 v. Chr.): «Der Krieg ist aller Dinge Vater, aller Dinge König». Der stark relativierende Rest des Gedankens wird aber üblicherweise nicht zitiert: «Die einen erweist er als Götter, die anderen als Menschen, – die einen lässt er Sklaven werden, die anderen Freie» (Liessmann 2001:8). Bei Homer ist es Eris, die Göttin der Zwietracht und des Streits, die zum Kriege führt, der dann einerseits das Beste im Menschen (Heldentum) als auch das Schlimmste (Hass und Brutalität) hervorkehrt. Aufopferung und Heldentum auf der einen Seite, Kriegsgräuel und Zerstörung auf der anderen gehören bis heute zu den Erfahrungen mit dem Krieg. Ebenfalls seit dem Altertum befassen sich die Wissenschaft, d. h. Philosophie, Recht und (seit es sie gibt) auch die Sozialwissenschaften und die weitere Öffentlichkeit (und ab und zu auch die politische Praxis) mit der Frage, ob Krieg als Institution abzuschaffen sei bzw. abgeschafft werden könnte, oder – falls sich dies als unmöglich erweisen sollte – zumindest gezähmt und reguliert werden könnte.

Krieg zwangsläufig? Ebenfalls seit dem Altertum herrscht in dieser Hinsicht Skepsis. Was macht die Abschaffung des Krieges als Institution aber so schwierig? Thukydides (460–400) verweist in seiner «Geschichte des Peloponnesischen Krieges» auf die menschliche Natur: «Viel schweres Leid befiel infolge des Bürgerzwistes die Städte, wie es sich ergibt und immer sein wird, solange die menschliche Natur dieselbe bleibt.» Für Platon war Krieg namentlich zwischen Griechen ein Übel und wenn schon nicht ganz zu vermeiden, so doch von den Mitteln her einzugrenzen. Aristoteles befürwortete den Krieg nur dann, wenn er die Wiederherstellung des Friedens bezwecke. Für Cicero war Krieg nur gerechtfertigt, wenn er der Wiederherstellung von Frieden, Gerechtigkeit und Ehre diene. Die Notwendigkeit, sich gegen Feinde schützen zu müssen, stellte niemand in Frage. In seinen «*Historiae*» lässt Tacituts (55–116) den römischen General Cerialis Petilius argumentieren, Frieden verlange ein Heer, dieses Militärdienst und der wiederum Steuern: «*neque quies gentium sine armis; neque arma sine stipendiis; neque stipendia sine tributis.*» (vgl. Maier 1987). Der spätrömische Militärtheoretiker Vegetius Renatus (~375 AD) bestätigt dies sehr pointiert in seinem mehrbändigen Militärhandbuch «*de re militari*»: Wer Frieden wolle, müsse sich auf den Krieg vorbereiten: «*qui desiderat pacem, praeparet bellum*», üblicherweise als «*si vis pacem, para bellum*» abgekürzt.

Gerechter Krieg: Das Christentum hatte seit seiner Entstehung Mühe, die gängige Praxis des Krieges mit seiner Ethik des Pazifismus, dem Gebot der Friedfertigkeit bis hin zur Feindesliebe zu verbinden (vgl. Drewermann 1991), gerade auch weil es seit 313 Staatsreligion geworden war und den Kaiser in seinen militärischen Aktivitäten kaum kritisieren konnte. In seiner Lehre vom gerechten Krieg (*bellum iustum*) unterscheidet der Kirchenvater Augustinus (354–430), im Rückgriff auf das römische Rechtsverständnis (bei Cicero) und auf Vorstellungen der griechischen Philosophie in einer bis heute gültigen Weise zwei Problembereiche: 1. Die Frage nach dem Recht, zum Mittel des Krieges zu greifen (*ius ad bellum*), und 2. die Frage nach den rechtmäßigen Formen des Kriegsaustrages (*ius in bello*). Ein Krieg sei dann gerecht, wenn er fünf Kriterien erfüllt: Er muss einen gerechten Grund haben (*iusta causa*); dazu zählen bei Augustinus die Verteidigung, die Wiederbeschaffung einer geraubten Sache, die Wiederherstellung des Rechts und die Vergeltung erlittenen Unrechts. Der Krieg muss darüber hinaus von einer dazu legitimierten Autorität erklärt werden (*legitima auctoritas*); der Entscheid zum Krieg muss verhältnis- und zweckmäßig sein (*proportionalitas*); er darf nur letztes Mittel sein (*ultima ratio*); und schließlich muss der Krieg einer ehrlichen Absicht folgen (*recta intentio*), also den oben genannten Zielen und keinen anderen. Krieg um der bloßen Zerstörung willen ist bei Augustinus verboten. Beim *ius in bello* sind zwei Dinge zu beachten: Der Einsatz von Gewalt muss strikt verhältnismäßig sein und Unbeteiligte schonen.

Fehdewesen – Krieg als Privatangelegenheit: Mit dem in der Spätantike beginnenden, sukzessiven Zusammenbruch zentraler politischer Ordnung in Europa wurde die Frage der *legitima auctoritas* problematisch: Da der Zentralstaat (soweit er überhaupt noch existierte) das Recht immer weniger zu schützen in der Lage war, nahm man es mit der Fehde in die eigene Hand. Die Fehde, die auf germanische Gebräuche zurückgeht, proklamierte diese als Recht freier Personen und ihrer Sippen, falls übergeordnete Autoritäten zur Durchsetzung des Rechts nicht in der Lage waren. Auch hierbei gab es Regeln, die sich an den Vorstellungen vom gerechten Krieg orientierten; sie verhinderten jedoch nicht Missbrauch, Exzesse (wie das Raubrittertum) und schließlich ein generelles Ausufern des Fehdewesens. Fehden wurden nicht nur beim Landadel üblich, sondern auch bei Bauern und zwischen Stadt und Adel. Je mächtiger die Streitparteien, je größer die von ihnen mobilisierten Mittel, umso gewaltsamer die Fehde. Der Krieg wurde damit zur Privatangelegenheit. Versuche der Kirche und des Staates, das Fehdewesen einzudämmen (wie im ewigen Landfrieden von 1495) fruchteten wenig. Fehden waren bis in die frühe Neuzeit hinein üblich. Erst die «Verstaatung» (Janssen 1982) der mittelalterlichen *civitates* und *res publicae*, namentlich der Aufstieg des Absolutismus, machte diesem mit der Durchsetzung des staatlichen Gewaltmonopols ein Ende.

Ausbau des Völkerrechts: Die Lehre vom gerechten Krieg wurde von der Scholastik aufgegriffen, namentlich bei Thomas von Aquin (1225 oder 26–1274), und über die spanische Spätscholastik (Vitoria und Suarez) an das frühneuzeitliche Völkerrecht weitergereicht, wobei allerdings der erste Teil der Problematik, nämlich die Frage nach der Berechtigung zur Kriegsführung (*ius ad bellum*) und ihrer Rechtmäßigkeit (*iusta causa*) ein Opfer der normativen Kraft des Faktischen wurde; der zunehmend stärkere Zentralstaat reklamierte für sich ganz selbstverständlich das Recht, Krieg zu führen. Für den Absolutismus war Kriegsführung ein durchaus übliches wenn auch das letzte Mittel der Politik (vgl. 6.1.); wenn es die Staatsräson erforderte und alle anderen Möglichkeiten ausgeschöpft waren, lag es im Ermessen des Königs, Krieg zu führen. Das Völkerrecht der Zeit (z.B. bei Hugo Grotius oder dem Neuenburger Emeric de Vattel) klammerte die Frage nach der Berechtigung (*iusta causa*) vollkommen aus; man überwies sie der Sphäre moralischer Betrachtung (Janssen

1982:583) und wandte sich dem Problem der Kriegsregulierung (*ius in bello*) und Schadensbegrenzung zu. Von hier geht die Entwicklung nahtlos über die Haager Landkriegsordnung (1899 und 1907) bis hin zum modernen humanitären Völkerrecht der Genfer Konventionen (1949 und 1977).

Unzivilisiert: Die auf den Haager Konferenzen verabredeten Regeln der Kriegsführung galten jedoch nur für den Umgang der europäischen Staaten untereinander; irreguläre Gruppen und koloniale Gebiete gelangten nicht in den Genuss dieser Regulierung des Krieges. Bis Ende des 19. Jahrhunderts gab es nur mehr das europäische System von Staaten, dessen Mitglieder zwar mit außereuropäischen Ländern Beziehungen der verschiedensten Art pflegten, aber nicht auf der Basis anerkannter Staatlichkeit der Gegenseite (mit Ausnahme Nord- und Südamerikas), selbst wenn es sich um die Staaten europäischer Siedler handelte (wie im Falle der Buren-Republiken). Grund und zugleich Rechtfertigung dieser Betrachtungs- und Handlungsweise waren Standards «zivilisierten» zwischenmenschlichen und zwischenstaatlichen Umgangs, vor allem aber Standards zivilisierter Kriegsführung, denen diese Länder und Völker tatsächlich oder auch vermeintlich nicht genügten (Gong 1984). Der Kolonialismus bediente sich gern des Deckmantels der zivilisatorischen Aufgaben; die Asymmetrie der Beziehungen brachte es aber mit sich, dass dabei die eigenen Standards von Zivilisation vor allem im Krieg nicht eingehalten wurden. Entsprechend brutal verliefen die Kolonialkriege.

Ewiger Friede: Während das Völkerrecht auf die Zivilisierung des Krieges setzte, verfolgte die Philosophie jenen Strang des Denkens über den Krieg, der hierbei verloren gegangen war (siehe oben), nämlich die Abschaffung des Krieges als Institution und den Umbau der politischen Ordnung in einer Weise, die dies möglich macht (vgl. Kurt v. Raumer 1953). Emeric Crucé (1590–1648) verlangte einen permanente Rat aller Herrscher zur Schlichtung von Streitigkeiten und Vermeidung von Krieg; der Herzog von Sully (1560–1641), Berater des franz. Königs Heinrichs IV., forderte eine Föderation europäischer Staaten zur Schaffung eines dauerhaften Friedens, natürlich unter französischer Führung. Der Abbé de Saint-Pierre (1658–1743), ein Kritiker von Klerus und Staat, sah im Anschluss an den Frieden von Utrecht (1713) die Chance für einen europäischen Staatenbund als Garant eines «ewigen Friedens» (*paix perpétuelle en Europe*). Hauptsächlicher Träger des aufklärerischen Vernunftgedankens und kosmopolitischer Ideale ist natürlich der Königsberger Philosoph Immanuel Kant (1724–1804) mit seinem Traktat «Zum Ewigen Frieden». Kant fordert einen «Föderalismus freier Staaten» mit «republikanischer Verfassung», die miteinander durch Handel verbunden seien. Denn, so Kant: «es ist der *Handelsgeist*, der mit dem Kriege nicht zusammen bestehen kann, und der früher oder später sich jedes Volks bemächtigt…» (Immanuel Kant, in Raumer 1953:442).

Völkerbund: 114 Jahre nach dem Tode Kants macht die Politik den ersten Anlauf, seinem Rezept zu folgen. Treibende Kraft war hierbei der amerikanische Idealismus. Bis in das zwanzigste Jahrhundert hinein war es die Politik der amerikanischen Regierungen, sich aus den machtpolitischen Intrigen der Alten Welt heraus- und diese, sowie ihre zwangsläufige Folge, den Krieg, von der westlichen Hemisphäre fern zu halten. Widerstrebend engagierten sich die USA in den beiden Weltkriegen. Nach dem fehlgeschlagenen Versuchen, einen «Frieden ohne Sieger» zu vermitteln, traten sie in den Krieg gegen die Mittelmächte ein, die ihnen als Monarchien ohnehin suspekt waren. Präsident Wilsons Programm der «14 Punkte» für eine friedliche neue Ordnung der internationalen Politik nach dem Ende des Ersten Weltkrieges und die Gründung des Völkerbundes wurden in Europa begeistert aufgenommen. War dies nicht eben jenes Völkerparlament zur friedlichen Regelung von Streitigkeiten unter den Staaten, das Kant propagiert hatte? Der Völkerbund hatte jedoch erhebliche Geburtsfehler. Mitglieder waren die 32 Siegermächte des Krieges und 13 neutrale Staaten; dem Deutschen Reich blieb der Zugang bis 1926 verwehrt. Die USA selbst, deren Idee das Projekt gewesen war, blieben dem Völkerbund fern; der mehr denn je isolationistisch gestimmte Kongress lehnte eine Mitgliedschaft ab. In den Krisen und Kriegen der 1930er Jahre versagte der Völkerbund vollkommen.

UNO: Im Gegensatz zum Ersten Weltkrieg bezogen die USA im Zweiten Weltkrieg bereits zu dessen Beginn eine klare Position und traten schließlich 1941 mit der Absicht in diesen ein, die Kriegstreiber Europas und Ostasiens, die Aggressor-Nationen, wie man sie nannte, für immer in die Knie zu zwingen. Die Vorstellung aber, auf diese Weise der Welt den Frieden zu bescheren, herkömmliche Machtpolitik durch internationales Recht und ein System kollektiver Sicherheit zu ersetzen, erwies sich spätestens nach Ende des Krieges als vollkommene Illusion. Die UNO scheiterte zwar nicht dermaßen kläglich wie der Völkerbund, denn von Beginn an engagierten sich die Vereinigten Staaten in der Weltorganisation sehr stark; die Sowjetunion hingegen war nach der Erfahrung des Zweiten Weltkrieges nicht bereit, sich auf das UNO-Experiment kollektiver Sicherheit einzulassen; statt dessen begann sie nach Kriegsende ganz im Stile herkömmlicher Machtpolitik mit dem Aufbau eines *cordon sanitaire* von abhängigen Staaten, die sie auch politisch-ideologisch in wenigen Monaten auf ihre Linie brachte. In seiner berühmten Rede vom März 1946 in Fulton (Missouri) musste Churchill dann feststellen, dass die Entwicklung schief gegangen war: «Ein Schatten ist auf die Erde gefallen, die erst vor kurzem durch den Sieg der Alliierten hell erleuchtet worden ist. Niemand weiß, was Sowjetrussland und die kommunistische internationale Organisation in der nächsten Zukunft zu tun gedenken oder was für Grenzen ihren expansionistischen und Bekehrungstendenzen gesetzt sind, wenn ihnen überhaupt Grenzen gesetzt sind. Von Stettin an der Ostsee bis hinunter nach Triest an der Adria ist ein eiserner Vorhang über den Kontinent gezogen».

Notwehr und Zwangsmaßnahmen: Die UNO-Gründung und die Weiterentwicklung internationalen Rechts in ihr war dennoch ein gewaltiger Schritt nach vorne. Die Charta der Vereinten Nationen verbietet die Androhung oder Anwendung von Gewalt kategorisch (Art. 2) und reduziert die lange Liste der gerechten Kriegsgründe des «*ius ad bellum*» auf den einzigen Fall der Notwehr bei Angriff (Art. 51), das «naturgegebene Recht zur individuellen oder kollektiven Selbstverteidigung», wie es wörtlich heißt. Bei «Bedrohung oder Bruch des Friedens» kann der Sicherheitsrat darüber hinaus gemäß Kapitel VII «die zur Wahrung oder Wiederherstellung des Weltfriedens und der internationalen Sicherheit erforderlichen Maßnahmen durchführen», was den Einsatz von Militär ausdrücklich einschließt. Die Staatengemeinschaft oder von ihr dazu beauftragte Staaten dürfen also Krieg führen, wenn dies der Wiederherstellung des Friedens dient. Nach neuem Rechtsverständnis gehören dazu tendenziell auch humanitäre Interventionen bei schwerer Verletzung der Menschenrechte, deren Achtung und Förderung die UNO-Charta ebenfalls vorschreibt (Art. 1 u.a.).

Probleme kollektiver Sicherheit: Das zentrale Problem von Systemen kollektiver Sicherheit wie dem der UNO ist damit aber nicht gelöst: Was wenn gerade jene mächtigen Staaten oder ihre Verbündeten die Regeln missachten und den Frieden brechen, die im Sicherheitsrat das Sagen haben? Sie werden kaum gegen sich selbst oder ihre Verbündeten Zwangsmaßnahmen beschließen, sondern ihr Veto einlegen. Zu Beginn des Koreakrieges nahm sich die Generalversammlung der UNO mit Resolution 377 (A) (V) *«Uniting for Peace»* deshalb das Recht, für den Fall der Blockade des Sicherheitsrates Fragen der Friedenssicherung selbst zu behandeln. Seit 1950 ist dieser Mechanismus zehnmal zur Anwendung gekommen, im Wesentlichen auf Drängen der USA. Aber nur einmal wurden militärische Zwangsmaßnahmen beschlossen (im Falle des Korea-Krieges, vgl. 5.5); in den übrigen Fällen blieb es bei Appellen (etwa angesichts der sowjetischen Intervention in Ungarn 1956, vgl. 3.5.). Gegen eine Supermacht wird auch die Generalversammlung keine militärischen Aktionen beschließen; welches Mitglied der UNO würde es riskieren, sich hieran zu beteiligen? So wurde auch nichts aus der Idee, im Vorfeld des zweiten Golfkrieges im März 2003 von der Möglichkeit des *Uniting for Peace* Gebrauch zu machen und die USA und Großbritannien – angesichts der Blockade im Sicherheitsrat – bei ihren Kriegsvorbereitungen in der Generalversammlung zu bremsen. Gegen die letzte Supermacht richtet der Rest der Welt selbst dann wenig aus, wenn er sich einig wäre.

9.4. Die USA, der Krieg, die UNO und der Pazifismus

Macht des Präsidenten: Für die weitere Entwicklung beim Umgang der Politik mit dem Krieg sind nun in der Tat die USA ganz entscheidend. Zwischen Idealismus und pragmatischem Realismus schwankend war die Einstellung der USA zum Mittel des Krieges immer schon recht ambivalent. Als *first new nation* (Lipset 1973) vollzogen die USA bei ihrer Gründung bereits einen klaren Bruch mit dem Kriegsverständnis des alten Kontinents, das man für ebenso unmoralisch wie rückständig hielt. In der Annahme, dass Krieg die Folge stark konzentrierter Macht in den Händen Einzelner sei, entzogen die Gründungsväter dem sonst überreich mit Befugnissen ausgestatteten Präsidenten der USA das Recht, Krieg zu erklären. Dazu ist nach der Verfassung der USA allein der Kongress befugt. Dies hat die Präsidenten der USA von Jefferson bis Bush aber nicht daran gehindert, die Anwendung bewaffneter Gewalt wenn nötig auch ohne die Zustimmung durch den Kongress zu befehlen.

Schlechtes Gewissen: Die Bewältigung dieser, den eigenen Überzeugungen nicht selten zuwiderlaufenden Vergangenheit beschäftigt bis heute die amerikanische Geschichtsforschung (Small 1980); das schlechte Gewissen dokumentiert sich dabei nicht selten in dem Versuch, die betreffenden Vorgänge zur nicht verfassungskonformen Privatsache des jeweiligen Präsidenten umzudeuten: Der Krieg gegen England 1812–14 wird oft «Mr. Madison's war» genannt; jener mit Mexiko ist als «Polk's war» in die Geschichte eingegangen, der Krieg gegen Spanien als «McKinley's war». Als der Koreakrieg ein böses Ende zu nehmen drohte, sprach man ohne zu zögern von «Mr. Truman's war». Wird der zweite Golfkrieg einst als «Mr. Bush's war» die Gemüter bewegen? Auch die Legitimation dieses Krieges dokumentiert das schlechte Gewissen der Verantwortlichen. Eine direkte Bedrohung war Saddam Hussein für die USA nach der Implementation der Sicherheitsrats-Resolution 1441 nicht mehr. Es ging ganz offensichtlich um mehr, nämlich die vorsorgliche Beseitigung einer *potenziellen* Gefahr, konkret um die Verhinderung eines neuerlichen 11. September 2001 mit Massenvernichtungswaffen. Saddam Hussein wurde zum Testobjekt jener neuen US-Doktrin, die ein Recht auf Notwehr nicht nur bei Gefahr im Verzuge reklamiert (was noch von Artikel 51 der UNO-Charta gedeckt wäre), sondern problematischerweise das Notwehr-Recht auch auf vorsorgliche, *präventive* militärische Maßnahmen ausdehnt, diese aber verschämt als *präemptiv* bezeichnet. «*To forestall or prevent such hostile acts by our adversaries, the United States will, if necessary, act preemptively*» (Weißes Haus 2002:15). Von Präventivkrieg sprechen die USA wohlweißlich nicht, nachdem im Nürnberger Prozess der von den dort Angeklagten als «Präventivkrieg» gerechtfertige Angriff auf die Sowjetunion als Kriegsverbrechen gebrandmarkt worden war.

Kein besseres System: Für das UNO-System der kollektiven Sicherheit gilt, was Churchill einst über die Demokratie bemerkte: Es ist ein schlechtes System, aber es gibt kein besseres. Umso mehr muss die Tatsache alarmieren, dass gerade die USA, der Schöpfer des Systems, zunehmend das Interesse an diesem verliert und sich über seine Regeln hinwegzusetzen versucht. Die in den USA auflebende Diskussion um den gerechten Krieg, die einen angestaubten Begriff der spätantiken bzw. scholastischen Philosophie wieder beleben möchte (siehe oben), nur um Gründe für ein Umgehen der Regeln des UNO-Systems zu finden, muss als Alarmzeichen gewertet werden. Selbst wenn man die Prävention als «*iusta causa*» dem völkerrechtlich einzig legitimen Grund der Gewaltanwendung, der Selbstverteidigung, hinzufügen würde, bliebe immer noch die Frage, wer den Entscheid zum Präventivkrieg abzusegnen hätte (*legitima auctoritas*, siehe oben). Hier kann es auch im Interesse der USA nicht sein, dies jedem Belieben jeden Staates selbst zu überlassen.

Grenzen des Pazifismus: Die Frage, ob Krieg ein Mittel der Politik sein kann, allenfalls das letzte, ist immer noch bzw. überraschenderweise wieder ganz aktuell. Patentlösungen gibt es nicht, entziehen kann sich ihr niemand. Pazifismus taugt als Leitfaden individueller, persönlicher Einstellung zum Krieg; die «geistige Hygiene» wird Sache jedes Einzelnen sein. Als Maxime verantwortlichen politischen Handelns aber stößt Pazifismus rasch an Grenzen. In den großen Demonstrationen gegen die Nachrüstung der Jahre 1979 ff. wurde gerne Brecht zitiert: «Stellt euch vor, es ist Krieg und keiner geht hin ...» Die Fortsetzung dieses Satzes aus der «Mutter Courage» hat man verschwiegen: «Dann kommt der Krieg zu Euch. Wer zu Hause bleibt, wenn der Kampf beginnt und lässt andere kämpfen für seine Sache, der muss sich vorsehen: denn wer den Kampf nicht geteilt hat, wird teilen die Niederlage. Nicht einmal der den Kampf vermeidet, der den Kampf vermeiden will. Denn er wird kämpfen für die Sache des Feindes.» Nach dem Schrumpfen der Welt zum globalen Dorf (McLuhan) ist jeder von Krieg wenn nicht direkt so doch indirekt betroffen, egal wo er stattfindet, egal wer ihn führt, die Supermacht oder der *warlord*, der Terrorist oder der Despot. Wer wegschaut und nichts tut, macht sich womöglich genauso schuldig wie jener, der im Namen der Menschlichkeit interveniert und dabei das Leben Unschuldiger aufs Spiel setzt.

10. Krieg im Zeitalter der Globalisierung: Rückblick und Ausblick

10.1. Kriegshäufigkeit und Kriegsformen: Trends

«Neue Kriege» in der Dritten Welt: Zwei Trends werden in der Kriegsursachenforschung immer wieder genannt, was Geographie und Form des Krieges betrifft: Krieg finde zunehmend nicht mehr in Europa statt, und er finde nicht mehr als zwischenstaatlicher «traditioneller», sondern als innerstaatlicher «neuer» Krieg statt (vgl. dazu Wallensteen/Sollenberg 2003). Auch die Auswahl der Kriege dieser Untersuchung stützt zunächst die erstgenannte These. Bis zum Ersten Weltkrieg dominieren die Kriege in Europa, darüber hinaus jene Kriege in der übrigen Welt, an denen Europäer beteiligt waren. Wie schon betont gibt es eine Dunkelziffer, was Kriege ohne europäische Beteiligung und vor allem solche *innerhalb* von Staaten und Territorien betrifft. Man muss davon ausgehen, dass diese Zahl doch beträchtlich höher liegt als das, was in den Kriegs- und Konfliktlisten berichtet wird (vgl. dazu 1.3.). Die Zeit der beiden Weltkriege und die Zwischenkriegszeit bringt Europa in der Zahl der Kriege ganz nach vorne, gefolgt von Asien, wo namentlich der Zweite Weltkrieg seinen zweiten großen Schauplatz hatte. Danach verlagert sich der Krieg auch gemäß der vorliegenden Auswahl zumindest weg von Westeuropa, und zwar in die Dritte Welt, den Balkan und den Kaukasus. Asien war immer ein bedeutsamer Kriegsschauplatz, ist seit 1989 aber schwächer in dieser Auswahl vertreten als Afrika und der arabische Raum.

Tabelle 4: Geographische Verteilung der untersuchten Kriege

	1792–2003		bis 1. WK		1914–1945		nach 1945		1989 ff.	
West- und Mitteleuropa	36	21,8 %	26	29,2 %	9	39,1 %	1	1,9 %	0	0,0 %
Balkan und Kaukasus	20	12,1 %	13	14,6 %	2	8,7 %	5	9,4 %	5	31,3 %
Naher Osten und Nordafrika	22	13,3 %	6	6,7 %	2	8,7 %	14	26,4 %	3	18,8 %
Asien	47	28,5 %	23	25,8 %	7	30,4 %	17	32,1 %	1	6,3 %
Nordamerika	7	4,2 %	5	5,6 %	1	4,3 %	1	1,9 %	1	6,3 %
Mittel und Südamerika einschl. Karibik	16	9,7 %	12	13,5 %	1	4,3 %	3	5,7 %	1	6,3 %
Afrika	17	10,3 %	4	4,5 %	1	4,3 %	12	22,6 %	5	31,3 %
Total	165	100,0 %	89	100,0 %	23	100,0 %	53	100,0 %	16	100,0 %

Wachsende Bedeutung von Bürgerkriegen: Auch die These von der wachsenden Bedeutung innerstaatlicher Konflikte wird von der vorliegenden Auswahl von Kriegen gestützt. Tabelle 5 zeigt die Verteilung der Kriegsformen für ausgewählte Perioden (das Total entspricht in dieser Tabelle nicht der Zahl der untersuchten Kriege, sondern der vergebenen Codes). Dabei wird deutlich, dass zwischenstaatliche Kriege in der hier vorgelegten Auswahl auch nach 1945 bedeutsam waren, selbst nach 1989 mit noch um 30 %. Allerdings sind nur die Hälfte «reine» zwischenstaatliche Kriege (der Überfall Saddam Husseins auf Kuwait, die beiden Golfkriege und der Krieg zwischen Äthiopien und Eritrea); bei der anderen Hälfte handelt es sich um innerstaatliche Konflikte, die sich in ihrem Verlauf zu zwischenstaatlichen Kriegen verschärften. (Es sind dies die drei Kriege im ehemaligen Jugoslawien und der Afghanistan-Krieg, in dem die USA sich auf die Seite der Nordallianz stellten, um den Druck auf die Taliban zu verstärken, bevor sie dann die Kriegsführung übernahmen.) Die große Bedeutung zwischenstaatlicher Kriege in der vorliegenden Auswahl hat natürlich mit dem benutzten Auswahlkriterium zu tun; es wurden ja solche Konflikte ausgewählt, die das Merkmal der Internationalisierung aufweisen (vgl. 1.3.). Man kann dennoch umgekehrt argumentieren: Auch im Bereich internationalisierter Konflikte ist die Bedeutung von Bürgerkriegen stark gewachsen, und zwar von einem Zehntel von vor 1914 auf etwa ein Viertel nach 1945 und seit 1989 auf gut ein Drittel. Bedeutsam sind in allen Perioden auch Interventionen.

Tabelle 5: Verteilung der Kriegsformen

	1792–2003		bis 1. WK		1914–1945		nach 1945		1989 ff.	
Zwischenstaatlicher Krieg	105	63,64 %	60	51,28 %	17	54,84 %	28	32,18 %	8	30,77 %
Intervention	51	30,91 %	22	18,80 %	8	25,81 %	21	24,14 %	6	23,08 %
Unabhängigkeitskrieg	9	5,45 %	5	4,27 %	0	0,00 %	4	4,60 %	0	0,00 %
Bürgerkrieg	35	21,21 %	11	9,40 %	3	9,68 %	21	24,14 %	9	34,62 %
Aufstände	25	15,15 %	16	13,68 %	2	6,45 %	7	8,05 %	0	0,00 %
Sezession	5	3,03 %	1	0,85 %	0	0,00 %	4	4,60 %	2	7,69 %
Terrorismus	5	3,03 %	2	1,71 %	1	3,23 %	2	2,30 %	1	3,85 %
Total (verteilte Codes)	235	100,00 %	117	100,00 %	31	100,00 %	87	100,00 %	26	100,00 %

Wachsende Bedeutung der Eskalation: Weniger dramatisch sind Änderungen im Bereich des Kriegsbeginns. Etwa ein Viertel der Kriege wurden als begrenzte Kriege geplant oder blieben wegen der Schwäche der Beteiligten begrenzt. Zugenommen hat der eskalatorische Beginn von Kriegen, und zwar von unter einem Viertel auf ein

Drittel. Es wird zunehmend schwieriger, Kriege begrenzt zu halten. Risikopolitik ist weiterhin bedeutsam; alle drei Fälle nach 1989 gehen auf das Konto der USA, die in den beiden Golfkriegen und im Konflikt mit Slobodan Milosević 1999 mit Ultimaten operierten. Überraschungsangriffe sind als Kriegsbeginn weiterhin wichtig. Dreimal gab es nach 1989 einen überraschenden Kriegsbeginn: Die Intervention der USA in Panama 1989, der Überfall Saddam Husseins auf Kuwait 1990 und der 11. September 2001.

Tabelle 6: Kriegsbeginn

	1792–2003		bis 1. WK		1914–1945		nach 1945		1989 ff.	
Begrenzter Krieg	50	23,26 %	33	27,97 %	9	23,68 %	8	13,56 %	4	22,22 %
Eskalation	54	25,12 %	26	22,03 %	5	13,16 %	23	38,98 %	6	33,33 %
Überraschungsangriff	23	10,70 %	6	5,08 %	8	21,05 %	9	15,25 %	3	16,67 %
Katalytischer Kriegsbeginn	26	12,09 %	13	11,02 %	4	10,53 %	9	15,25 %	2	11,11 %
Duellkrieg	26	12,09 %	23	19,49 %	0	0,00 %	3	5,08 %	0	0,00 %
Risikopolitik	14	6,51 %	5	4,24 %	2	5,26 %	7	11,86 %	3	16,67 %
Krieg als Teil von Weltkriegen	22	10,23 %	12	10,17 %	10	26,32 %	0	0,00 %	0	0,00 %
Total (verteilte Codes)	215	100,00 %	118	100,00 %	38	100,00 %	59	100,00 %	18	100,00 %

Was Gegenwart und Zukunft des Krieges betrifft, so stellen sich also drei wichtige Fragen:

1. Wie lässt sich die abnehmende Häufigkeit rein zwischenstaatlicher Kriege erklären, obschon die Zahl der Staaten enorm zugenommen hat (bei Gründung hatte die UNO 51 Mitglieder, im Jahre 2003 sind es 191)?
2. Was führte zur Verlagerung des Krieges in die Dritte Welt und warum ist Krieg in der entwickelten Welt (zwischen den Mitgliedstaaten der Organisation für Wirtschaftliche Entwicklung und Zusammenarbeit OECD) so gut wie undenkbar?
3. Worauf geht die wachsende internationale Bedeutung von innerstaatlichen Konflikten zurück und wie lässt sich deren Internationalisierung erklären?

Mit diesen Fragen befasst sich der Rest dieses letzten Kapitels. Die erstgenannte Frage hängt eng mit dem zweiten Teil von Frage 2 zusammen, der Undenkbarkeit von Krieg zwischen und innerhalb der Staaten der entwickelten Welt seit dem Ende des Zweiten Weltkrieges, und zwar trotz Kaltem Krieg. Deshalb muss man präzisieren: 1 a. Warum ist der Ost-West-Konflikt nicht vom kalten in einen heißen Krieg eskaliert; 1 b. Warum kam das Ende der Sowjetunion nicht wie befürchtet als militärische Explosion, sondern als Implosion; und 1 c. Warum lösen die entwickelten Staaten ihre Konflikte innerstaatlich und untereinander auf friedliche statt auf militärische Weise?

10.2. Das Ende der Sowjetunion – ohne Krieg

Kalten Krieg – langer Friede: Zunächst einige Bemerkungen zur «Friedlichkeit» des Kalten Krieges (Frage 1 a.), in Ergänzung zu den Ausführungen im achten Kapitel (vgl. 8.6.). Die Forschung hat in der Tat einige Hinweise, dass bipolare Systeme mit starker Machtkonzentration stabil sind; der «lange Friede» (Gaddis 1989) der bipolaren Ordnung des Kalten Krieges gilt als Beispiel und ist als solches auch maßgeblich in die Daten der entsprechenden Untersuchungen eingegangen (was deren Verlässlichkeit damit natürlich relativiert, weil genau dieses Beispiel nicht unumstritten ist). Czempiel (1993) hat die Stabilität der bipolaren, ost-westlichen Konstellation auf einen Mechanismus der «doppelten Disziplinierung» zurückgeführt: Erstens hielt das «Gleichgewicht des Schreckens» zwischen den beiden Supermächten diese von direkten Konfrontationen miteinander ab; ein Krieg hätte sich für beide Seiten zur Katastrophe ausgewachsen. Und zweitens hielten beide Supermächte aus demselben Grund die Mitglieder des jeweils eigenen Lagers von Abenteuern ab, die in Konfrontationen zwischen Ost und West hätten eskalieren können. Dennoch gab es genügend Reibungen an den Grenzen zwischen beiden Lagern; bei einigen davon haben die Supermächte in gemeinsamem Krisenmanagement die Situation kontrollieren können (so 1973 im Yom-Kippur-Krieg, vgl. Kissinger 2003).

Prekäres Gleichgewicht des Schreckens: Tatsächlich ist der Kalte Krieg zu oft bis an den Rand des «heißen» Krieges eskaliert, als dass man rückblickend von einer robusten Stabilität sprechen könnte. Auf beiden Seiten wurde bis in die 1960er Jahre noch über einen Präventivkrieg nachgedacht, d. h. die vorsorgliche («präemptive») Vernichtung der nuklearen Arsenale der Gegenseite, bevor diese zu einem Gegenschlag hätte ausholen können. Mit dem fortschreitenden Aufbau von «gehärteten» Zweitschlagskapazitäten (Verbunkerung von

Nuklearwaffen oder deren Verlagerung auf Atom-U-Boote) wurden diese Optionen jedoch unrealistisch. Indizien sprechen dafür, dass beim Krisenmanagement das Abschreckungskalkül der Supermächte eher hinderlich als nützlich war (Lebow/Stein 1995). Insgesamt liegt man wohl mit der Ansicht nicht allzu falsch, dass niemand den Kalten Krieg für sich als Sieg reklamieren kann (Lebow/Risse-Kappen 1995), dass die Welt vielmehr mit dem Ende des Kalten Krieges eine extrem gefährliche Phase ihrer Geschichte mit viel Glück überstanden hat. Niemand wünscht sich auch angesichts der aktuellen «Weltunordnung» im Ernst das prekäre Gleichgewicht des Schreckens zurück, auch wenn Propheten wie Mearsheimer (1990 b) sofort glaubten, das Gegenteil behaupten zu müssen.

Nachrüstung und Krieg der Sterne: Die sog. Nachrüstung der NATO in den frühen 1980er Jahren war die vorletzte prekäre und gefährliche Episode der Ost-West-Beziehungen, die zur Logik der nachfolgenden Entwicklung gehört und deshalb hier noch kurz erwähnt werden soll (die letzte risikoreiche Phase war das Ende der Sowjetunion; dazu weiter unten). 1979 hatte sich die NATO zur Aufstellung von Mittelstreckenwaffen in Europa entschlossen, und zwar 464 Marschflugkörper und 108 Raketen vom Typ Pershing II (Letztere sämtlich auf dem Boden der Bundesrepublik Deutschland), ab 1983 wurde der Beschluss umgesetzt. Vorausgegangen waren gescheiterte Verhandlungen mit der Sowjetunion über deren «Vorrüstung» mit entsprechenden Waffen (den sog. SS-20). Die Sowjetunion versetzte diese Wendung im rüstungspolitischen Tauziehen mit dem Westen nun in höchste Alarmbereitschaft. Michail Gorbatschow, seit 1980 Mitglied des Politbüros und Teilnehmer der dortigen Diskussionen, berichtete später über die Ängste der Sowjetführung: «Die Pershings bedrohten den bevölkerungsreichsten Teil des Landes. Sie erreichten Ziele in nicht mehr als fünf Minuten. Einen Schutz gegen sie gab es praktisch nicht» (Interview mit der Berliner Morgenpost, Jubiläumsausgabe vom 20. September 1988). Zudem hatten die USA im März 1983 Pläne zum Bau eines Raketenschutzes im Weltraum (SDI, *strategic defence initiative*) bekannt gemacht, ein Projekt, das in der Umgangssprache in Anlehnung an Kinofilm-Phantasien kurz *Star Wars* genannt wurde. Diese Aussichten beunruhigten die Sowjetunion zusätzlich, weil sie ihre sog. Zweitschlagskapazität erodieren sahen; d. h. die USA wären rein hypothetisch in der Lage gewesen, einen «präemptiven» Entwaffnungsschlag gegen das Nuklearwaffenpotenzial der Sowjetunion zu führen, weil Vergeltungsmaßnahmen der Sowjetunion im Weltraumschutz der USA hängen geblieben wären. Mit einem Mal war die Angst vor Präventivkriegszenarien wieder aktuell (vgl. auch das Vorwort zu dieser Ausgabe).

Umbruch in der Sowjetführung: Diese sicherheitspolitischen Herausforderungen trafen den Machtapparat der Sowjetunion nun in einer Zeit prekären Umbruchs. Der allgewaltige Generalsekretär des Zentralkomitees der KPdSU und unumschränkte Herrscher der Sowjetunion, Leonid Breschnew, war von Krankheit und Alter gezeichnet und zunehmend handlungsunfähig. Nach seinem Tode im November 1982 stand kein Nachfolger mit der notwendigen Statur zur Verfügung. Zur Vermeidung offener Machtkämpfe wählte man den 68jährigen KGB-Chef Juri Andropow, zu dessen «Seilschaft» Michail Gorbatschow gehörte, der damit im Politbüro mehr Macht gewann. Als Andropow im Februar 1984 starb, kam zunächst noch einmal ein Verlegenheitskandidat zum Zuge, der Breschnew-Vertraute Konstantin Tschernenko. Erst nach seinem Tode im März 1985, d.h. nach nur gut einem Jahr im Amte, wurde der Reformer Gorbatschow zum Generalsekretär gewählt. Eine militärische Konfrontation mit dem Westen über die Nachrüstungsfrage hielt er für zu riskant; einen neuerlichen Rüstungswettlauf mit den USA (zumal bei den Weltraumwaffen) hätte die morsche sowjetische Wirtschaft womöglich nicht überlebt. Folglich suchte er den Ausgleich mit dem Westen, um die Gefahr einer Militärkonfrontation unter Kontrolle zu bekommen und Spielraum für innere Reformen zu gewinnen. Bereits im Dezember 1985 traf sich Gorbatschow mit Präsident Reagan in Genf zu einem ersten Gipfelgespräch. In der Abschlusserklärung beider Seiten hieß es damals wörtlich: «Ein Atomkrieg darf nicht geführt und kann nicht gewonnen werden», womit allen Präventivkriegs-Spekulationen eine klare Absage erteilt wurde. Ende 1987 wurde in Washington das Raketenproblem mit dem sog. INF-Vertrag im Sinne einer Beseitigung aller nuklearen Kurz- und Mittelstreckenraketen in Europa gelöst. Gorbatschow im schon zitierten Interview: «Als wir 1987 den INF-Vertrag über den Abbau der Mittelstreckenraketen unterzeichneten, nahmen wir *de facto* die Pistole von der Schläfe unseres Landes.»

Zerfall des Ostblocks als Implosion: Die Reform der sowjetischen Wirtschaft und Gesellschaft verlief nun weit weniger erfolgreich als die Entspannung mit dem Westen (womit zu Frage 1 b. übergeleitet wird). Die Kommandowirtschaft rutschte beim Versuch ihres Umbaus zu einer Marktwirtschaft in die Krise, einerseits weil die nötigen Voraussetzungen fehlten, andererseits durch Sabotage konservativer Kreise. Glasnost (Offenheit) und Perestroika (Umgestaltung) brachte den Bürgern mehr Freiheiten, die sie zum Protest gegen die Zustände nutzten, und den Teilrepubliken mehr eigenen Gestaltungsspielraum, den sie zum sukzessiven Absprung aus der Union verwandten. Estland erklärte sich bereits im November 1988 für «souverän», im Mai 1989 dann Litauen und im Juli Lettland. Im Februar 1990 folgte die Unabhängigkeitserklärung Lettlands und im März jene Litauens. Zu Beginn des turbulenten Jahres 1991 erreichte die Entwicklung mit der Intervention von Truppen des Moskauer Innenministeriums in Lettland und Litauen einen ersten gefährlichen Höhepunkt. Es kam zu schweren Zwischenfällen, aber die Moskauer Führung schreckte angesichts der großen Risiken vor einer gewaltsamen Restauration der alten Ordnung in den baltischen Staaten zurück. Insgesamt war die Entwicklung bereits zu weit fortgeschritten: In den «Bruderländern» Ungarn, Polen, der Tschechoslowakei und Rumänien waren bereits 1989 nacheinander die kommunistischen Regimes gestürzt worden, mit dem symbolträchtigen Fall der Berliner Mauer im November als Höhepunkt. Innerhalb der Sowjetunion hatten sich die meisten Republiken und Teilrepubliken bereits 1990 für «souverän», «autonom» oder «unabhängig» erklärt (die Russische Föderation und die Ukraine im Juni, Weißrussland im Juli).

Putsch und Ende der Sowjetunion: Ein zweiter gefährlicher Höhepunkt des Jahres 1991 war der August-Putsch konservativer Kräfte gegen Gorbatschow. Am 18. August wurde Gorbatschow durch ein «Notstandskomitee» aus konservativen Kräften, darunter auch einige seiner engsten Mitarbeiter, gefangen genommen; die sog. *black box*, der Koffer mit den Codes für den Einsatz der sowjetischen Nuklearwaffen, fiel in die Hände der Putschisten. Am 19. August gingen die Putschisten mit der Erklärung an die Öffentlichkeit, Gorbatschow sei aus gesundheitlichen Gründen seines Amtes enthoben. Sofort entstanden Massendemonstrationen gegen den Putsch in Moskau, St. Petersburg und an anderen Orten, worauf hin eine Ausgangssperre verkündet wurde, an die sich aber niemand hielt. Boris Jelzin der russische Präsident, organisierte den Widerstand. Gegen anrückende Truppen wurden Barrikaden vor dem Weißen Haus, dem Gebäude des russischen Parlamentes, errichtet. Als die meisten dieser Soldaten zu Jelzin überliefen, beorderten die Putschisten neue Truppen mit Panzern nach Moskau. Der Riss *pro* oder *contra* neue oder alte Ordnung verlief quer durch die Streitkräfte; die Sowjetunion, die militärisch stärkste Nuklearmacht nach den USA, stand damit am Rand eines Bürgerkrieges. Angesichts dieser Lage gaben die Putschisten auf. Gorbatschow kehrte nach Moskau zurück, aber die Macht im Staate war faktisch an Boris Jelzin, den Helden des August-Putsches, übergegangen. Am 21. Dezember löste er die Sowjetunion auf, am 25. Dezember trat Gorbatschow, ein Präsident ohne Land, von seinen Ämtern zurück. Mit viel Glück war dem Land und dem Rest der Welt ein Ende der Sowjetunion in einem Bürgerkrieg mit unabsehbaren Konsequenzen erspart geblieben.

Kein Ende mit Schrecken: Der Streit um die Nachrüstung, der Umbruch im Osten Europas 1989–1991 und das Ende der Sowjetunion waren die letzten gefährlichen Episoden in den Ost-West-Beziehungen. Sie trafen die Politikwissenschaft vollkommen unvorbereitet. Kaum ein Experte hatte auf ein relativ friedliches Ende der kommunistischen Regimes Mittel- und Osteuropas zu hoffen gewagt, kaum jemand der alten Sowjetunion große Entwicklungschancen eingeräumt. Viele verfolgten das Reformexperiment Gorbatschows mit Sympathie, andere auch mit Skepsis. Ein Aphorismus aus der Zeit der NATO-Nachrüstung zu Beginn der 1980er Jahre brachte die Erwartungen der Politikwissenschaft zur Zukunft der Sowjetunion auf den Punkt: «*In brief, one reasonable way to look at the Soviet prospect is as a race between internal collapse and external victory. Either one can happen and the one that comes first may prevent the other.*» (Singer 1983:175). Das abrupte Ende der sozialistischen Welt «*not with a bang, but with a whimper*»*, als Implosion und nicht als Explosion wie befürchtet, traf die meisten Beobachter dann vollkommen überraschend. Rückblickend muss man nochmals eingestehen: Die Welt hatte Glück, es hätte auch anders kommen können.

* T. S. Eliot, The Hollow Men: «This is the way the world ends …»

Stabilität durch Demokratie, Zivilgesellschaft, Wohlstand: Der oben bereits präzisierte dritte Teil von Frage 1 (1 c. Warum lösen die entwickelten Staaten ihre Konflikte auf friedliche statt auf militärische Weise?) hat wiederum zwei Teile, einen zwischenstaatlichen und einen innerstaatlichen. Solider innerer Frieden in den entwickelten Ländern ist natürlich eine historisch sehr junge Errungenschaft. Sie hat mit der Stabilisierung demokratischer Strukturen und der Festigung der Zivilgesellschaft genauso viel zu tun wie mit dem marktwirtschaftlichen Wohlstand, der eine dramatische Entschärfung jener großen sozialen Probleme brachte, die das 19. und auch noch die erste Hälfte des 20. Jahrhunderts so sichtbar prägten. Demokratische Strukturen lenken politische Konflikte in wohl institutionalisierte Kanäle, wo diese gewaltfrei abgearbeitet werden können. Minderheiten genießen meist nicht nur Schutz, sondern Förderung. Die Teilhabe am demokratischen Prozess legitimiert die Exekutiven und damit deren Herrschaft auf Zeit. Als «soziales Kapital» (Putnam u. a. 1992) ist die Zivilgesellschaft (Vereine, Verbände, Gewerkschaften, Kirchen, Netzwerke usw.) für die Leistungsfähigkeit und den Zusammenhalt jedes Gemeinwesens unabdingbar; in den entwickelten Ländern hat sie eine lange Tradition und ist fest etabliert. Protest bleibt legitim, er kann und darf sich auch in Massenveranstaltungen manifestieren und ist überwiegend friedlich. Zwar gibt es Gewalt in Form von Kriminalität, z. T. auch Terrorismus, aber die Eskalation politischer Konflikte in den Bürgerkrieg ist so gut wie ausgeschlossen. Die Frage nach der Dauerhaftigkeit und Belastbarkeit dieser Strukturen ist dennoch legitim und nicht einfach zu beantworten. Befürchtungen, die Zivilgesellschaft könne unter dem rasanten Wachstum des Unterhaltungsangebots bei den alten und neuen Medien leiden (Putnam 2000), sind vermutlich überzogen. Ob die politischen Institutionen der entwickelten Länder jedoch eine große wirtschaftliche Krise (sehr hohe Massenarbeitslosigkeit und dramatische Risse im sozialen Netz) ohne schwere Schäden überstehen würden, müsste sich erst erweisen. (Natürlich wünscht sich niemand ein solches Experiment, und deshalb ist der Schutz der Wirtschaft vor politischer Strangulierung im ureigensten Interesse der Demokratie.) In allen Industrieländern steht die Demokratie jedoch vor neuen großen Herausforderungen, und zwar ironischerweise mindestens z. T. infolge genau jener Entwicklungen, die für den Frieden *zwischen* den demokratischen Industriestaaten ursächlich sind (dazu gleich anschließend).

Demokratischer Frieden: In der Kriegsursachenforschung scheint ein Befund relativ stabil und fast so etwas wie ein sozialwissenschaftliches «Gesetz» (vgl. auch 1.2.): Demokratien führen mit anderen Demokratien keine Kriege. Wer in Europa Angst vor der amerikanischen Militärmacht haben sollte, kann also beruhigt werden: Im Umgang mit ihren Verbündeten werden die USA auch in Zukunft nur jene sanften Formen der Überzeugung nutzen, die Jospeh Nye (2003) als *soft power* bezeichnet hat. Allerdings: Die These vom demokratischen Frieden verdankt ihre Gültigkeit nicht den Sympathien der Demokratien füreinander – die wurden auch im Vorfeld des Golfkrieges 2003 bekanntlich arg strapaziert –, sondern enger wirtschaftlicher Verflechtung und der gemeinsamen langfristigen Mitgliedschaft in Internationalen Organisationen. Die Politikwissenschaft bezeichnet dieses Phänomen als komplexe Interdependenz. Entwickelt wurde der Gedanke durch die amerikanischen Politologen Keohane und Nye bereits in den 1970er Jahren (Keohane/Nye 1977), und er hat seine Gültigkeit behalten (Keohane/Nye 1998): Die industrialisierte Welt ist in einer Weise wirtschaftlich verflochten, die Krieg untereinander zum sinnlosen Schuss in das eigene Bein macht. Diese Verflechtung verhindert keine Konflikte, aber die geschaffenen internationalen Institutionen (wie etwa die Welthandelsorganisation WTO) wirken als Leitplanken bei deren friedlicher Abarbeitung.

Handelsgeist und Geldmacht: Immanuel Kant hatte dies in seinem Traktat zum Ewigen Frieden vor gut 200 Jahren vorausgesehen: «Es ist der *Handelsgeist*, der mit dem Kriege nicht zusammen bestehen kann, und der früher oder später sich jedes Volks bemächtigt. Weil nämlich unter allen der Staatsmacht untergeordneten Mächten (Mitteln) die *Geldmacht* wohl die zuverlässigste sein möchte, so sehen sich Staaten (freilich wohl nicht eben durch Triebfedern der Moralität) gedrungen, den edeln Frieden zu befördern und, wo auch immer in der Welt Krieg auszubrechen droht, ihn durch Vermittelungen abzuwehren ...» Zur Illustration seien zwei Episoden aus dem Vorfeld des Golfkrieges 2003 angefügt. Mitglieder des Repräsentantenhauses verlangten im Frühjahr 2003 in einem Brief an das Pentagon, die *U. S. Marines* sollten ihre Geschäftsbeziehung zur Versorgungsfirma

Sodexho Alliance beenden, weil diese sich in französischem Besitz befinde (Frankreich war wegen seiner antiamerikanischen Politik im Sicherheitsrat der UNO damals zum Objekt öffentlichen Hasses in den USA geworden). Der Abgeordnete Chris Van Hollen erklärte daraufhin, *Sodexhos* amerikanische Tochterfirma befinde sich in seinem Heimatstaat Maryland, beschäftige 110000 Personen in den gesamten USA und zahle fast 650 Mio. US $ Steuern. Damit war die Frage erledigt. Das Parlament von South Carolina verabschiedete eine Resolution, die einen Boykott französischer Produkte forderte. Das Gesetz scheiterte, als sich herausstellte, dass nur schon der französische Reifenproduzent *Michelin* Kapitalinvestitionen von ca. 2 Mrd. US $ allein in South Carolina besitzt und dort 6000 Mitarbeiter beschäftigt. (Wall Street Journal Europe, 9.4.2003, S. A8).

Demokratiedefizite: Allerdings hat die hochgradige Vernetzung und Verschränkung der Wirtschaft der Industrieländer zu einem globalen Markt, die Entgrenzung der Welt, auch ihre Schattenseiten, wie weiter oben bereits angedeutet, und zwar weil mit ihr der Demokratie eine Herausforderung allererster Art erwachsen ist. Demokratie ist an den Staat gebunden, sie operiert national; bedeutsame Entscheidungskompetenzen sind jedoch längst auf die supranationale Ebene «abgewandert». Regiert wird zunehmend jenseits des Nationalstaates (Zürn 1998), und zwar ohne (ausreichende) demokratische Legitimation. Zum Demokratiedefizit der Europäischen Union bedarf es keiner weiteren Ausführungen. Darüber hinaus stellt sich die Frage, wer die Welthandelsorganisation, die Weltbank und den Internationalen Währungsfonds legitimiert (konkret also jene Staaten, die dort den Ton angeben). Die Erfahrung zunehmenden Bedeutungsverlustes nationaler demokratischer Prozesse führt zu Verdrossenheit; Verfahren funktionstüchtiger Legitimation supranationaler Politik gibt es noch nicht. Der Globalisierungsprotest, der seit der Ministerkonferenz der WTO in Seattle im Herbst 1999 jede multilaterale Konferenz begleitet, hat hier seine Wurzeln.

10.4. Krieg und Dritte Welt

Stabilität und good governance: Mehr als ein weiterer Schönheitsfehler dieser neuen hoch vernetzten Welt ist die Tatsache, dass der den Krieg eindämmende globale Markt zwar weltumspannend, aber nicht flächendeckend ist. Er umfasst nur etwa 20 % der Menschheit, konkret die Industriestaaten, die in der Organisation für wirtschaftliche Entwicklung und Zusammenarbeit (OECD) an einem Tisch sitzen. Auf sie entfällt über 80 % des Welthandels und über 90 % der Börsenkapitalisierung (d. h. des Wertes aller an den Börsen der Welt gehandelter Aktien). Der Rest der Welt, konkret jener Teil, der dem Vorschlage Alfred Sauvys (1952) folgend als «Dritte Welt» bezeichnet wird, ist schlicht nicht dabei (Sauvy benutzte den Begriff in Anspielung auf den Dritten Stand, *tiers état*, der vorrevolutionären französischen Gesellschaft). Damit ist die zweite der oben aufgeworfenen Fragen angesprochen: Was führt zur Verlagerung des Krieges in die Dritte Welt? Die Antwort kann kurz ausfallen: es ist die weitgehende Abwesenheit jener politischer Strukturen, die in der industrialisierten (globalisierten) Welt die Eskalation politischer Konflikte in die Gewalt verhindert. Im «schwachen Staat» (Migdal 1988) werden Konflikte mangels etablierter, stabiler Institutionen vor allem dann rasch gewaltsam, wenn dessen Exponenten in Gegensatz zur traditionalen «starken Gesellschaft» geraten (vgl. 1.2.). Die Situation ist generell schwierig: Entwicklung setzt in erster Linie saubere und kompetente Regierungsführung (*good governance*) voraus (Dollard/Pritchett 1998), sie verlangt eine funktionstüchtige Zivilgesellschaft und die Etablierung von Recht, darüber hinaus nicht nur Besitz, sondern staatlich garantierte und durchsetzbare Besitzrechte (de Soto 2000). Dies alles ist unter den Randbedingungen der Armut aber schwer zu etablieren, weil Not zu Verteilungskonflikten führt, die wiederum in Gewalt eskalieren und Aufbauleistungen in kürzester Frist zunichte machen. Gelingt Entwicklung hingegen, führt ihre Folge, sozialer Wandel, zu Konflikten mit der «starken» Gesellschaft (vgl. Huntington 1968).

Einfluss der Esten Welt: Von den 28 zwischenstaatlichen Kriegen nach 1945, die hier untersucht wurden, sind genau die Hälfte «reine» zwischenstaatliche Konflikte. Diese 14 Kriege fanden alle außerhalb der OECD-Welt statt: die israelisch-arabischen Kriege, der indisch-pakistanische Krieg von 1965, der Korea-Krieg, die Kriege Chinas mit Indien und Vietnam, der tansanisch-ugandische Krieg, die Kriege am Persischen Golf und der Krieg Äthiopiens mit Eritrea. Dies ist eine Minderheit der Kriege seit 1945, aber es zeigt immerhin, dass auch in der Dritten Welt Formen des Krieges weiterexistieren, wie sie in Europa bis zum Ende des Zweiten Weltkrieges die Lage kennzeichneten. Angesichts der wachsenden Zahl von Staaten in der Dritten Welt hätte man jedoch damit rechnen können, dass der Anteil zwischenstaatlicher Kriege höher liegt. Dass dies nicht der Fall ist, hängt vermutlich mit drei Dingen zusammen: *Erstens* dem Einfluss der entwickelten Länder. Auf die disziplinierende Wirkung des Kalten Krieges wurde schon oben verwiesen: Die Supermächte unternahmen alle Anstrengungen, Konflikte innerhalb ihres Lagers und vor allem zwischen Mitgliedern der beiden Lager zu verhindern, weil diese womöglich eine ost-westliche Konfrontation auf höherem Niveau hätten auslösen können, die wegen der angesammelten nuklearen Vernichtungsmittel extrem gefährlich geworden wäre. Czempiel (1993) hat vermutlich Recht, wenn er betont, dass vor 1989 ein Überfall Saddam Husseins auf Kuwait nicht möglich gewesen wäre; die Sowjetunion hätte ihn «an die Kette gelegt».

Peace-keeping: Der *zweite* Grund für die doch geringe Zahl rein zwischenstaatlicher Kriege in der Dritten Welt ist wohl die Wirkung der UNO und ihrer Streitschlichtungs- und Konfliktmanagement-Mechanismen. Zu nennen wären hier in erster Linie die bislang 55 friedenserhaltenden Operationen (*peace-keeping operations*) seit 1948, bei denen Truppen im Auftrage der UNO zwischen die Linien verfeindeter Parteien positioniert wurden, um den Ausbruch oder die Weiterführung von Feindseligkeiten zu verhindern. Der *dritte* Grund für die geringe Zahl von zwischenstaatlichen Kriegen in der Dritten Welt ist wohl die Schwäche der meisten dieser Staaten, die Kriegsführung in größerem Stile gegen einen auswärtigen staatlichen Gegner sehr schwierig macht. In den 14 rein zwischenstaatlichen Kriegen nach 1945, die in die Auswahl dieser Untersuchung Eingang fanden, waren jeweils größere Schwellenländer beteiligt (Staaten des Nahen Ostens, China, Indien, Pakistan), also jene Staaten, die von den beiden Supermächten nur schwer zu beeinflussen waren.

Aufrüstung und Rüstungskontrolle: Insgesamt hat die entwickelte Welt eine ambivalente Rolle gespielt: Einerseits wurden etliche Staaten der Dritten Welt von der Sowjetunion bzw. Russland, den USA und den europäischen Staaten mit Rüstungsmaterial versorgt, andererseits wurde doch auch viel unternommen, um Krieg zwischen den Staaten der Dritten Welt zu verhindern. War Rüstungskontrolle und Abrüstung zunächst ein Projekt der ost-westlichen Entspannung, so wurde bereits mit dem Nuklearsperrvertrag von 1968 (NPT, *non-proliferation treaty*) und weiteren Abrüstungsregimes (z. B. dem Verbot biologischer und chemischer Waffen) beträchtliche Anstrengungen unternommen, die sich in erster Linie gegen die Aufrüstung der Dritten Welt wandten. Die neueste UNO-Initiative zur Kontrolle von Kleinwaffen nimmt nun genau jene Militärgüter ins Visier, die in der Dritten Welt zu wahren Massenvernichtungsmitteln geworden sind, die automatischen Waffen wie die AK-47 («Kalaschnikow»). Ein anderes Projekt ist die Konvention gegen Landminen, Waffen also, die exklusiv in Konflikten in der Dritten Welt (sowie auf dem Balkan und im Kaukasus) im Einsatz sind.

Sonderfall Lateinamerika: Im 19. Jahrhundert hatte Lateinamerika etliche zwischenstaatliche Kriege zu verzeichnen, nach 1945 dann jedoch keinen. Grund ist hier vermutlich der Einfluss der USA, die seit Verkündung der Monroe-Doktrin 1823 die westliche Hemisphäre als ihr Einflussgebiet betrachten und im 20. Jahrhundert mäßigend wirkten, nachdem sie im 19. Jahrhundert noch mehrfach als Kriegspartei aufgetreten waren. Rivalitäten zwischen den großen Staaten Lateinamerikas gab es auch noch nach 1945 (etwa zwischen Chile und Argentinien über Gebietsansprüche in der Antarktis), aber zu Kriegen zwischen ihnen kam es vor allem wegen des Einflusses der USA nicht (in den innerstaatlichen Konflikten und Kriegen in Lateinamerika spielten die USA aber mitunter eine fragwürdige Rolle). In der vorliegenden Auswahl gibt es nur zwei Ausnahmen von rein zwischenstaatlichen Kriegen schwacher Staaten der Dritten Welt gegeneinander: Der Krieg Tansanias gegen Uganda (Nr. 145) und der Krieg Äthiopiens gegen Eritrea (Nr. 161).

10.5. Globalisierung des Krieges

Teilweises Ende der Geographie: Zu beantworten wäre abschließend noch die dritte der oben aufgeworfenen Fragen: Warum kommt es zur Internationalisierung des zumeist inneren Krieges in der Dritten Welt? Warum kommt der Krieg zu uns, auch wenn wir selbst nicht hingehen? Wie schon weiter vorne angedeutet (vgl. 9.4.) hängt dies ganz ursächlich mit dem Schrumpfen der Welt zum «globalen

Dorf» zusammen. Globalisierung meint die abnehmende Bedeutung von Grenzen und Distanzen für weltumspannende Finanz- und Wirtschaftsbeziehungen als Folge technologischer Revolution (vor allem in den Bereichen Kommunikation und Transport) und das Zusammenwachsen der regionalen Märkte zu einem globalen Markt. Was die technische Seite betrifft, handelt es sich hierbei um einen naturwüchsigen Prozess, was die politische Seite betrifft, war und ist die Globalisierung ein politisches Programm. Es braucht den politischen Willen zur Öffnung der Grenzen und zur Liberalisierung und Deregulierung. Treibende Kräfte sind die USA, die EU, Japan und auch die ostasiatischen Schwellenländer. Die Globalisierung ist eine Realität, an der kein Land der Welt vorbeikommt. Es wäre dennoch voreilig, vom kompletten «Ende der Geographie» zu sprechen (Cairncross 1997: *death of distance*), zumal weil die Globalisierung Gegenkräfte, Widerstände und Kritik ausgelöst hat. Viele der mit der Globalisierung einhergehenden Befürchtungen sind angesichts der Exzesse der späten 1990er Jahre (*new economy*-Phantasien, «irrationaler Überschwang» der Finanz- und Kapitalmärkte, Liberalisierungs- und Deregulierungs-Rhetorik der Regierungen, Mega-Fusionen usw.) wohl verständlich, waren aber vollkommen überzogen und erwiesen sich im konjunkturellen Tief nach der Jahrhundertwende mit seinen z. T. brutalen Korrekturen dann auch als übertrieben.

Verheißungen und Schatten der Globalisierung: Auf eine segensreichen Wirkung der Globalisierung wurde oben schon verwiesen: Die effektive Befriedung der entwickelten Welt (vgl. dazu auch Schneider/Barbieri/Gleditsch 2003). Auch eine Schattenseite wurde schon benannt: Der Ausschluss von gut vier Fünfteln der Menschheit vom globalen Markt. Die Entwicklungsländer drängen auf eine Korrektur dieser Verhältnisse, und dies hat in der Tat seine Logik: Kofi Annan, der UNO-Generalsekretär, hat das Notwendige dazu in einem Artikel für die Herald Tribune geschrieben: «*Open markets offer the only realistic hope of pulling billions of people in developing countries out of abject poverty, while sustaining prosperity in the industrialized world ... all the world's people (must) share the benefits of globalization.*» (Intern. Herald Tribune, 26.7.00, S. 8). Horst Köhler, der *Managing Director* des Internationalen Währungsfonds (IWF), hat den Gedanken auf eine noch einfachere Form gebracht: «*In the end, trade is better than aid.*» (Intern. Herald Tribune, 11.8.00, S. 6). Der

Währungsfonds schätzt, dass eine weltweite Senkung der Handelsbarrieren um 50 % für alle Entwicklungsländer einen Wohlstandsgewinn im Umfange von 110–140 Mrd. US $ bedeuten würde. Dies wäre ein Mehrfaches des heutigen Aufwandes an staatlicher Entwicklungshilfe für diese Länder. Prinzipiell wäre eine Teilnahme der Dritten Welt am globalen Markt auch für die entwickelte Welt von großem Interesse, weil sich neue geschäftliche Möglichkeiten ergeben würden. Eine rasche Öffnung der Märkte der entwickelten Welt für jene Produkte, bei denen die Dritte Welt konkurrenzfähig ist, dürfte jedoch an starken Partikularinteressen in der Ersten Welt scheitern. Zudem wäre die rasche Einbindung der Dritten Welt in die Globalisierung natürlich auch eine Quelle neuer Instabilität (dazu ebenfalls Schneider/Barbieri/Gleditsch 2003). Die Asienkrise von 1997 zeigt, dass selbst relativ reichen Schwellenländern die wirtschaftliche Verflechtung mit der entwickelten Welt nicht nur Chancen, sondern auch Risiken bringt.

Globalisierung der Gefahren: Eine weitere Kehrseite der Globalisierung betrifft die entwickelten Länder. Geschrumpfte Distanzen bedeuten auch für sie einerseits einen ökonomischen Vorteil, andererseits aber auch eine Globalisierung der Risiken. Der hochgradig vernetzte globale Mark ist enorm krisenanfällig. Unruhen in Öl exportierenden Staaten schlagen sofort auf die Energiepreise in den entwickelten Ländern durch. Kriege und Konflikte lösen nicht nur Flüchtlingswellen aus, die angesichts des effizienten Transportnetzes der Welt zunehmend auch in den entwickelten Ländern ankommen, sie verunsichern auch die Finanzmärkte. Das internationale Verbrechen operiert global und bedient sich bei seinen Aktivitäten der Errungenschaften der Globalisierung. Dies gilt auch für den Terrorismus, der sich zunehmend weltumspannend organisiert und überall zuschlägt. Zur Standardausrüstung der Kriegsherren in allen Teilen der Welt gehört das Satellitentelefon, das es ihm erlaubt, Verstärkung von befreundeter Seite anzufordern oder auch dem Gegner je nachdem seine Friedensbedingungen oder Lösegeldforderungen durchzugeben. Die offenen Gesellschaften der entwickelten Welt tun sich schwer darin, diese Risiken zuhause zu bekämpfen. Die Neigung zur Intervention dort, wo die Risiken ihre Ursache haben, wächst zunehmend.

Humanitäre Intervention: Ebenfalls mit der Globalisierung hängt die Neigung der Industriestaaten zusammen, aus humanitären

Erwägungen in Konflikten in der Dritten Welt zu intervenieren. Die global operierenden Nachrichtenkanäle liefern schreckliche Bilder von Menschenrechtsverletzungen und vom Bürgerkrieg ferner Länder in die Wohnzimmer der entwickelten Welt, wo der Druck auf die eigenen Regierungen entsteht, etwas zu unternehmen. Die humanitäre Begründung von Interventionen ist inzwischen derart unstrittig, dass man sich ihrer zunehmend auch zur Begründung des zweiten Golfkrieges bedient. In der Rede des britischen Premiers Blair vom 18. Juli 2003 vor beiden Kammern des amerikanischen Kongresses erscheint der Feldzug gegen den irakischen Diktator als humanitäre Aktion. Es gebe da Mythen, so Blair: dass wir die Freiheit lieben und andere nicht, dass die Frauen Afghanistans mit den Taliban zufrieden seien, dass Saddam vom Volk geliebt werde, dass Milosević der Retter Serbiens sei ... und dann zitierte Blair Abraham Lincoln: «*Those that deny freedom to others deserve it not for themselves.*» Nicht umsonst wählte Blair einen Hinweis auf Milosević, denn die Intervention der NATO im Kosovo vom Frühjahr 1999 (Nr. 162) war damals enorm populär.

Der bessere Krieg? Kritiker mokierten sich 1999 darüber, dass gerade die Vertreter der Vietnam-Generation, nach langem Marsch durch die Institutionen, «kaum selbst an die Schalthebel der Macht gelangt, selbst die Bomber ins Gefecht schickten,» und zwar mit der Rechtfertigung, «Kosovo sei ein ‹besserer› Krieg als einer, der bloß aus nationalstaatlichen Interessen geführt werde» (Neue Zürcher Zeitung, 17./18. Juli 1999, S. 79). Tatsächlich reicht zumindest im Selbstverständnis der USA die Tradition der Intervention aus humanitären Erwägungen weiter zurück, bis zur Intervention in Kuba 1898 (Nr. 78) und dem Eingreifen in beide Weltkriege des 20. Jahrhunderts (vgl. auch 9.4.). Mit humanitären Argumenten begründete auch Indien seine Intervention in Ostpakistan 1971 (Nr. 133), Tansania seinen Krieg gegen das Uganda Idi Amins 1978–79 (Nr. 145) und Vietnam seine Intervention in Kambodscha zum Zweck der Beseitigung des Pot-Pot-Regimes 1975–78 (Nr. 142), alles Aktionen ohne Mandat des UNO-Sicherheitsrates, die jedoch kaum auf internationalen Protest stießen. Die Gründe waren zu offensichtlich. Nach dem Ende des Kalten Krieges gab es bald eine Anzahl von Fällen humanitärer Intervention, etwa die Intervention der ECOWAS-Staaten (*Economic Community of West African States*) in Liberia ab August 1990 (vgl. 2.7.), die Errichtung der kurdischen Schutzzone im Irak 1991, die Mission der UNPROFOR in Bosnien (vgl. 3.3.) und andere. Hier lag jeweils ein Mandat des UNO-Sicherheitsrates vor.

Völkerrechtliches Neuland: Im Vergleich dazu war der Kosovo-Krieg 1993 (Nr. 162, vgl. 7.3.) nun ein Vorstoß in unbekanntes Gelände, und zwar in mancher Hinsicht. Da wäre vor allem die Frage der völkerrechtlichen Legitimation. In Expertenkreisen ist seit längerem eine Diskussion darüber im Gang, ob die Ermächtigung des Sicherheitsrates ausdrücklich *vor* einer Intervention erfolgen müsse; man argumentiert mit Notrecht, Nothandeln, Recht auf Nothilfe usw. – alles völkerrechtliche Kategorien aus der Zeit vor der UNO-Charta. Diese selbst ist nun eindeutig: Artikel 53 besagt ausdrücklich, dass Zwangsmaßnahmen auf Grund regionaler Abmachungen oder seitens regionaler Organisationen ohne Ermächtigung des Sicherheitsrates nicht ergriffen werden dürfen. Die sog. Selbstmandatierung der NATO ist damit sicher auf den ersten Blick nicht in Einklang zu bringen. Die entscheidende Frage sei, so Jochen Frowein vom Max-Plack-Institut für Völkerrecht in Heidelberg, «ob dieses auch dann gilt, wenn die Bedrohung des Menschen die Qualität eines Völkermordes erreicht» (in Neue Zürcher Zeitung, 17./18. Juli 1999, S. 80). In einem solchen Fall scheine der Waffeneinsatz zum Schutze der betroffenen Bevölkerung vom Grundsystem der heutigen Völkerrechtsordnung her gerechtfertigt zu sein. Die NATO war der Gewinner des Krieges, aber mit Glück. Der Notwendigkeit einer militärischen Intervention zu Lande war man gefährlich nahe; sie wäre ohne große Opfer auch unter den NATO-Truppen nicht zu führen gewesen.

Neue Akzeptanz des Krieges als Mittel der Politik: Angesichts der Risiken und der Folgeprobleme im Kosovo war zunächst allenthalben Ernüchterung festzustellen. Der Kosovo-Krieg, so schien es, war möglicherweise der erste «postnationale Krieg», aber angesichts der Folgen war die Lust auf eine Fortsetzung an anderem Ort nicht sonderlich groß. (Ohnehin ist die Empörung über Menschenrechtsverletzungen und menschliches Leid ja leider sehr eklektisch; es zählt wohl in erster Linie das, was medial aufbereitet die Öffentlichkeit zu erreichen vermag.) Der 11. September 2001, der Krieg gegen den Terrorismus, das wider Erwarten rasche und höchst erfolgreiche Ende des Afghanistan-Krieges vom Winter 2002/03 haben hier zu einem Wandel geführt; die neue Militärdoktrin der Regierung Bush mit seiner

Selbstmandatierung «präemptiver» militärischer Maßnahmen (vgl. 9.3.) dokumentieren diesen Wandel. Krieg als letztes Mittel der Politik ist überraschenderweise wieder salonfähig. Darüber können auch die Demonstrationen vom Frühjahr 2003 gegen den Golfkrieg nicht hinwegtäuschen, die so rasch wieder verschwanden wie sie auftauchten. Allerdings: Nur in der Dritten Welt. Denn hier folgt die Politik weitgehend den Regeln des politischen Realismus, wie sie vor gut 50 Jahren Hans Morgenthau (1948) beschrieben hat, sie ist Kampf um die Macht, inner- und zwischenstaatlich. Dies sagt etwas aus über den Zustand dieses Teils der Welt. Es erlaubt auch eine Prognose: Der Kampf um die Macht wird sich hier inner- und zwischenstaatlich in manchen Fällen weiterhin zum offenen Krieg steigern, und zunehmend werden Koalitionen von willigen Staaten der Ersten Welt auch in diese Konflikte hineingezogen. Das Thema Krieg bleibt damit leider aktuell.

Literatur

Adorno, Theodor W. 1969. «Soziologie und empirische Forschung.» In: Adorno, Theodor W., u. a. 1969, Der Positivismusstreit in der deutschen Soziologie. Neuwied und Berlin: Luchterhand.

AKUF – Arbeitsgemeinschaft für Konflikt- und Friedensforschung: http://www.sozialwiss.uni-hamburg.de/Ipw/Akuf/home.htm.

Atkinson, Rick 1993. Crusade: The Untold Story of the Persian Gulf War. Boston: Houghton Mifflin Company.

Aumann, Robert J. und Hart, Sergiu 1994. Handbook of Game Theory, Bd. II. New York: Elsevier Science.

Berdal, Mats und Malone, David (Hg.) 2000. Greed & Grievance: Economic Agendas in Civil Wars. Boulder und London: Lynne Rienner.

Bernauer, Thomas und Ruloff, Dieter 1999 (Hg.). Positive Incentives in Arms Control. Columbia: University of South Carolina Press.

Betts, Richard K. 1982. Surprise Attack. Lessons for Defense Planning. Washington, DC: Brookings Institution.

Bidwell, Shelford (Hg.) 1980. World War 3. A Terrifying Military Projection Founded on Today's Facts. Feltham und London: Random House.

Brams, Steven J. 1981. Superpower Games: Applying Game Theory to Superpower Conflict. New Haven und London: Yale University Press.

Brecher, Michael und Jonathan Wilkenfeld 1997. A Study of Crisis. Ann Arbor: The University of Michigan Press.

Bremer, Stuart und Cusack, Thomas (Hg.) 1996. The Process of War. Advancing the Scientfic Study of War, New York: Gorden&Breach.

Bueno de Mesquita, Bruce und Lalman, David 1992. War and Reason. New Haven/London: Yale University Press.

Bueno de Mesquita, Bruce 1981. The War Trap. New Haven/London: Yale University Press.

Bullough, Vern L., Naroll, Raoul und Naroll, Frada 1974. Deterrence in History. A Pilot Cross-Historical Survey. New York: State University of New York Press.

Cairncross, Frances 1997. The Death of Distance. How the Communcations Revolution will Change our Lives. Boston, Mass.: Harvard Business School Press.

Carment, David und James, Patrick 1997. Wars in the Midst of Peace: The International Politics of Ethnic Conflict. Pittsburgh.: University of Pittsburgh Press.

Choucri, Nazli und North, Robert 1975. Nations in Conflict. San Francisco: Freeman.

Cirincione, Joseph 2003. Origins of Regime Change in Iraq. Proliferation Brief, Bd. 6, Nr. 5, 19. März. Washington: Carnegie Endowment.

Clausewitz, Carl von 1966. Vom Kriege. Bonn: F. Dümmler (1. Ausgabe Berlin 1832–34).

Collier, Paul und Hoeffler, Anke 2002 a. Greed and Grievance in Civil war. Oxford: Centre for the Study of African Economies (CSAE).

Collier, Paul, und Hoeffler, Anke, 2002 b. «On the Incidence of Civil War in Africa.» In: Journal of Conflict Resolution 46 (1):13–28.

Collier, Paul und Sambanis, Nicholas 2002. «Understanding Civil War: A New Agenda.» In: The Journal of Conflict Resolution 46 (1): 3–12.

Czempiel, Ernst Otto 1993. Weltpolitik im Umbruch. Das internationale System nach dem Ende des Ost-West-Konflikts. München: Beck (3. Auflage).

de Soto, Hernando 2000. The Mystery of Capital. Why Capitalism Triumphs in the West and Fails Everywhere Else. New York: Basic Books.

Dollard, David und Pritchett, Lant 1998. Assessing Aid: What Works, What doesn't, and Why. Washington: World Bank.

Drewermann, Eugen 1991. Die Spirale der Angst. Der Krieg und das Christentum. Freiburg, Basel und Wien: Herder Verlag.

Dupuy, R. Ernest und Dupuy, Trevor N. 1986. The Encyclopedia of Military History. London: Jane's (2. Aufl.).

East, Maurice D. 1977. «Statusdiskrepanz und Gewalt im internationalen System.» In: Daniel Frei (Hg.), Theorien der internationalen Beziehungen. München: Piper, 140–149.

Fearon, James D. 1995. «Rationalist Explanations for War.» In: International Organization 49: 379–414.

Frei, Daniel 1983. Der ungewollte Atomkrieg. Eine Risiko-Analyse. München: Beck.

Fukuyama, Francis 1989. «The End of History.» In: The National Interest 16: 3–18.

Fukuyama, Francis 1992. The End of History and the Last Man. New York: Free Press.

Gaddis, John Lewis 1982. Strategies of Containment: A Critical Appraisal of Postwar American National Security. Oxford und New York: Oxford University Press.

Gaddis, John Lewis 1989. The Long Peace. Inquiries into the History of the Cold War. Oxford und New York: Oxford University Press.

Gantzel, Klaus Jürgen (Hg.) 1988. Krieg in der Dritten Welt. Baden-Baden: Nomos Verlagsgesellschaft.

Garthoff, Raymond L. 1990. Deterrence and the Revolution in Soviet Military Doctrine. Washington: Brookings Institution Press.

Geller, Daniel S. und Singer, J. David 1998. Nations at War: A Scientific Study of International Conflict. Cambridge: Cambridge University Press.

Gochman, Charles und Maoz, Zeev. 1984. «Militarized Interstate Disputes, 1816–1976: Procedures, Patterns, and Insights.» In: Journal of Conflict Resolution 28: 585–615.

Gong, Gerrit W. 1984. The Standard of ‹Civilization› in International Society. Oxford und New York: Oxford University Press.

Gurr, Ted Robert 2000. People Versus States. Minorities at Risk in the New Century. Washington: Institute of Peace Press.

Hackett, Sir John 1978. The Third World War: August 1985. New York: McMillan.

Hackett, Sir John 1982. The Third World War: The Untold Story. New York: McMillan.

Halle, Louis J. 1967. Der Kalte Krieg. Ursachen, Verlauf, Abschluss. Frankfurt am Main: Fischer.

Hillgruber, Andreas 1979. Deutschlands Rolle in der Vorgeschichte der beiden Weltkriege. Göttingen: Vandenhoeck und Ruprecht.

Hobbes, Thomas 1965. Leviathan oder Stoff, Form und Gewalt des kirchlichen und bürgerlichen Staates. Reinbek b. Hamburg: Rowohlt (rororo Klassiker 187–189).

Hobsbawm, Eric J. 1995. Das Zeitalter der Extreme: Weltgeschichte des 20. Jahrhunderts. München und Wien: Hanser

Holsti, Kalevi J. 1996. The State, War, and the State of War. Cambridge: Cambridge University Press.

Howard, Michael 1976. War in European History. Oxford und New York: Oxford University Press.

Howard, Michael 1983. The Causes of Wars (and other essays). Cambridge, Mass.: Harvard University Press.

Huntington, Samuel P. 1968. Political Order in Changing Societies. New Haven: Yale University Press.

Huntington, Samuel P. 1991. The Third Wave. Democratization in the Late Twentieth Century. Norman: University of Oklahoma Press.

Huntington, Samuel P. 1993. «The Clash of Civilizations.» In: Foreign Affairs, 72 (3): 22– 49.

Huntington, Samuel 1996. The Clash of Civilizations and the Remaking of World Order. New York: Simon & Schuster. Deutsche Ausgabe: Kampf der Kulturen. Die Neugestaltung der Weltpolitik im 21. Jahrhundert. München und Wien: Europa-Verlag 1996.

Janis Irving L. 1982. Groupthink. Psychological Studies of Policy Decisions and Fiascoes. Boston: Houghton Mifflin (2. Aufl.).

Janssen, Wilhelm 1982. Artikel «Krieg» In: Otto Brunner, Werner Conze und Reinhart Koselleck (Hg.), Geschichtliche Grundbegriffe, Bd. 3, Stuttgart: Klett-Cotta, S. 567–615.

Kahn, Herman 1962. Thinking About the Unthinkable. New York: Horizon Press.

Kahn, Herman 1965. On Escalation. New York: Praeger.

Kahn, Herman 1966. Eskalation. Die Politik mit der Vernichtungsspirale. Mit einer Einleitung von Helmut Schmidt. Berlin: Propyläen Verlag (deutsche Ausgabe von Kahn 1965).

Kaldor, Mary 1999. New and Old Wars: Organized Violence in a Global Era. Cambridge: Polity Press.

Kaplan, Robert D. 1997. The Ends of the Earth: From Togo to Turkmenistan, from Iran to Cambodia – A Journey to the Frontiers of Anarchy. New York: Vintage Books, Random House.

Kaufmann, Stuart J. 2001. Modern Hatreds. The Symbolic Politics of Ethnic War. Ithaca: Cornell University Press.

Kegley, Charles W. 1991. The Long Postwar Peace: Contending Explanations and Projections. New York, NY: HarperCollins.

Kende Istvan 1982. Über die Kriege seit 1945. DGFK-Hefte 16, Bad Godesberg (Deutsche Gesellschaft für Friedens- und Konfliktforschung DGFK).

Keohane, Robert O. und Nye, Joseph S. (1998). «Power and Interdependence in the Information Age.» In: Foreign Affairs 77 (5): 81–94.

Keohane, Robert O. und Nye, Joseph S. 1977. Power and Interdependence: World Politics in Transition. Boston: Little, Brown.

Kissinger, Henry 2003. Crisis: The Anatomy of Two Major Foreign Policy Crises. New York: Simon & Schuster.

Krauthammer, Charles 1991. «The Unipolar Moment.» In: Foreign Affairs 70(1): 23–34.

Krauthammer, Charles 2002. «The Unipolar Moment Revisited,» In: The National Interest 70: 5–17.

Kugler, Jacek und Lemke, Douglas (Hg.) 1996. Parity and War. Evaluations and Extensions of The War Ledger. Ann Arbor: University of Michigan Press.

Kugler, Jacek und Lemke, Douglas 2000. «The Power Transition Research Program: Assessing Theoretical and Empirical Advances.» In: Manus Midlarsky (Hg.), The Handbook of War Studies II., Ann Arbor: Michigan University Press, 129–163 (Kap. 5).

Laquer, Walter 1999. The New Terrorism: Fanaticism and the Arms of Mass Destruction. Oxford und New York: Oxford University Press.

Lebow, Richard Ned 1981. Between Peace and War. The Nature of International Crisis. Baltimore und London: Johns Hopkins University Press.

Lebow, Richard Ned und Risse-Kappen, Thomas 1995. International Relations Theory and the End of the Cold War. New York: Columbia University Press.

Lebow, Richard Ned und Janice Gross Stein 1995. We All Lost the Cold War. Princeton: Princeton University Press.

Levi, Werner 1981. The Coming End of War. Beverly Hills: Sage Publications.

Levy, Jack S. 1985. «The Polarity of the System and International Stability: An Empirical Analysis.» In: Alan Ned Sabrosky (Hg.), Polarity and War. Boulder: Westview, 41–66.

Levy, Jack S. 1988: «Domestic Politics and War.» In: Journal of Interdisciplinary History, 18: 653–673.

Lichbach, Mark Irving 1995. The Rebel's Dilemma. Ann Arbor: The University of Michigan Press.

Liessmann, Konrad Paul (Hg.) 2001. Der Vater aller Dinge. Nachdenken über den Krieg. Wien: Paul Zsolnay Verlag.

Lipset, Seymour Martin 1973. The First New Nation: The United States in Historical and Comparative Perspective. New York: WW Norton.

Maier, Franz Georg 1987. Neque quies gentium sine armis: Krieg und Gesellschaft im Altertum. Opladen: Westdeutscher Verlag.

Mansfield, Edward D. 1992. «The Concentration of Capabilities and the Onset of War.» In: Journal of Conflict Resolution 36: 3–24.

Maoz, Zeev 1990. National Choices and International Processes. Cambridge und New York: Cambridge University Press.

Maoz, Zeev und Russett, Bruce M. 1992. «Alliance, Contiguity, Wealth, and Political Stability: Is the Lack of Conflict Among Democracies a Statistical Artifact?» In: International Interactions 17:245–267.

Maoz, Zeev, Russett, Bruce M. 1993. «Normative and Structural Causes of Democratic Peace, 1946–1986.» In: American Political Science Review 87: 639–656.

Migdal, Joel S. 1988. Strong Societies and Weak States: State-Society Relations and State Capabilities in the Third World. Princeton: Princeton University Press.

Montgomery of Alamein, Field-Marshal Viscount [Bernard Law Montgomery] 2003. Kriegsgeschichte: Weltgeschichte der Schlachten und Kriegszüge. Frechen: Komet-Verlag. Engl. Ausgabe: A History of Warfare. Ware, Hertfortshire: Wordsworth Editions (2000).

Morgenthau, Hans J. 1948. Politics Among Nations: The Struggle for Power and Peace. New York: Alfred A. Knopf (5. Aufl., 1978).

Münkler, Herfried 2001 a. «Die privatisierten Kriege des 21. Jahrhundert.» In: Merkur 55(3): 222–234.

Münkler, Herfried 2001 b. «Sind wir im Krieg? Über Terrorismus, Partisanen und die neuen Formen des Krieges.» In: Politische Vierteljahresschrift, 42 (4): 581–589.

Münkler, Herfried 2002 a. Über den Krieg. Stationen der Kriegsgeschichte im Spiegel ihrer theoretischen Reflexion. Weilerswist: Velbrück.

Münkler, Herfried 2002 b. Die neuen Kriege. Reinbek b. Hamburg: Rowohlt.

Nye, Joseph 2003. «Das dreidimensionale Schachbrett. Über amerikanische Macht im Zeitalter der Informationsrevolution». In: Neue Zürcher Zeitung, 10. März 2003 (57): 25.

Organski, A. F. K./Kugler, Jacek 1980. The War Ledger. Chicago: University of Chicago Press.

Pollack, Kenneth M. 2002. «Nex Stop Bagdad?» In: Foreign Affairs. 81(2): 32–47.

Putnam, Robert D., Leonardi, Robert und Nanetti, Raffaella Y. 1992. Making Democracy Work: Civic Traditions in Modern Italy. Princeton, N.J.: Princeton University Press 1992.

Putnam, Robert D. 2000: Bowling Alone: The Collapse and Revival of American Community. New York: Simon & Schuster.

Rapoport, Anatol 1966 a. «Tolstoi und Clausewitz. Zwei Konfliktmodelle und ihre Abwandlungen.» In: Atomzeitalter, VIII: 257–266.

Rapoport, Anatol 1966 b. «Systemic and Strategic Conflict.» In: Richard A. Falk und Saul H. Mendlovitz (Hg.), Toward a Theory of War Prevention (= Bd. 1. von The Strategy of World Order). New York: World Law Fund, 251–283.

Richardson, James L. 1994. Crisis Diplomacy. The Great Powers since the Mid-Nineteenth Century. Cambridge: Cambridge University Press.

Richardson, Lewis F. 1960 a. Statistics of Deadly Quarrels. Pittsburgh und Chicago: Boxwood Press und Quadrangle Books.

Richardson, Lewis F. 1960 b. Arms and Insecurity. Pittsburgh und Chicago: Boxwood Press und Quadrangle Books.

Rubin, James P. 2003. «Stumbling into War.» In: Foreign Affairs (82)5: 46–66.

Russett, Bruce 1990. Controlling the Sword: The Democratic Governance of National Security. Cambridge, Mass.: Harvard University Press.

Russett, Bruce 1993. Grasping the Democratic Peace. Princeton: Princeton University Press.

Russett, Bruce M. und Oneal, John R. 2001. Triangulating Peace: Democracy Interdependence, and International Organizations. New York: Norton.

Sabin, Philip A. G. 1983. «World War Three: A Historical Mirage?» In: Futures, 272–280.

Sagan, Scott D. 1993. The Limits of Safety. Princeton: Princeton University Press.

Sandler, Todd und Arce M., Daniel 2003. Terrorism and Game Theory. Unpubl. Manuskript. School of International Relations, University of Southern California.

Sauvy, Alfred 1952. «Trois mondes, une planète.» In: L'Observateur, 14. August 1952 (118): 14.

Schelling, Thomas C. 1990, The Strategy of Conflict. Cambridge, Mass.: Harvard University Press.

Schliche, Klaus 2002. «Neues über den Krieg? Einige Anmerkungen zum Stand der Kriegsursachenforschung in den Internationalen Beziehungen.» In Zeitschrift für Internationale Beziehungen (ZIB), 9(1): 113–138).

Schneider, Gerald 1992. «Kriegsursachenforschung Leistungen und Defizite.» In: *Schweizerische Monatshefte* 72 (1992): 274 279.

Schneider, Gerald, Barbieri, Katherine und Gleditsch, Nils Petter 2003. Globalization and Armed Conflict. Oxford: Rowman & Littlefield.

Shubik, Martin 1971. «The Dollar Auction Game: A Paradox in Noncooperative Behavior and Escalation.» In: The Journal of Conflict Resolution, 15(1): 109–111.

Singer, J. David und Small, Melvin 1972. The Wages of War 1816–1965. A Statistical Handbook. New York, London, Sydney und Toronto: John Wiley & Sons.

Singer, J. David und Small, Melvin 1982. Resort to Arms 1916–1980. Beverly Hills: Sage Publications.

Singer, Max 1983. «Dynamic Containment.» In: Aaron Wildavsky (Hg.), Beyond Containment: Alternative American Policies toward the Soviet Union. San Francisco: Institute for Contemporary Studies, 169–200.

Small, Melvin 1980. Was War Necessary? National Security and U.S. Entry into War. Beverly Hills und London: Sage Publications.

Sorokin, Pitirim A. 1937. Social and Cultural Dynamics. Bd. 3: Fluctuation of Social Relationships, War and Revolution. New York: American Book Company.

Szayna, Thomas S. u. a. 2001. The Emergence of Peer Competitors: A Framework for Analysis. Santa Monica: Rand Corporation.

Taylor, A. J. P. 1979. How Wars Begin. London: Hamish Hamilton.

Thompson, William R. 2001. «Identifying Rivals and Rivalries in World Politics.» In: International Studies Quarterly 45(4): 557–586.

Thompson, William R. und Tucker, Richard 1997. «A Tale of Two Democratic Peace Critiques.» In: Journal of Conflict Resolution 41(3): 428–454.

Tilly, Charles 1995. European Revolutions, 1492–1992. Oxford: Blackwell.

Tilly, Charles 2003. The Politics of Collective Violence. Cambridge: Cambridge University Press.

Toynbee, Arnold 1934–1961. A Study of History. 12 Bde. Oxford: Oxford University Press.

van Creveld, Martin L. 1991. The Transformation of War. New York: Free Press.

Vasquez, John A. (Hg.) 2000. What Do We Know About War. Lanham, Maryland: Rowman & Littlefield.

Vasquez, John A. 1993. The War Puzzle. Cambridge: Cambridge University Press.

Vazquez, John A. 1996. «Distinguishing Rivals that Go to War.» In: International Studies Quarterly, 40(4): 531–558.

von Raumer, Kurt 1953. Ewiger Friede. Friedensrufe und Friedenspläne seit der Renaissance. Freiburg und München: Karl Alber.

Wallensteen, Peter und Sollenberg, Margareta 2003. The Uppsala Conflict Data Project (UCDP), http://www.pcr.uu.se/.

Waltz, Kenneth Neal 1979. Theory of International Politics. New York: Random House.

Wayman, Frank Whelon 1984. «Bipolarity and War: The Role of Capability Concentration and Alliance Patterns among Major Powers, 1816–1965.» In: Journal of Peace Research 21(1): 61–78.

Wehler, Hans-Ulrich 1994. Das deutsche Kaiserreich: 1871–1918. Göttingen: Vandenhoeck u. Ruprecht (7. Aufl; Kleine Vandenhoeck-Reihe Nr. 1380).

Weisses Haus 2002. The National Security Strategy of the United States of America. Washington: Weisses Haus, September 2002.

Wenger, Andreas 1997. Living With Peril. Eisenhower, Kennedy, and Nuclear Weapons. Lanham und Boulder: Rowman & Littlefield.

Wirz, Albert 1997. «Hutu oder Tutsi?» In: NZZ Folio Nr. 6 (Juni 1997) verfügbar über http://www.x.nzz.ch/folio/archiv/1997/06/articles/wirz.html.

Wright, Quincy 1942. A Study of War. 2. Auflage, 3. Druck 1971, Chicago und London: University of Chicago Press (1. Auflage 1942).

Zimmermann, Ekkart 1997. «Vergleichende Krisen- und Konfliktforschung.» In: Berg-Schlosser, Dirk und Müller-Rommel, Ferdinand (Hg.), Vergleichende Politikwissenschaft. Ein einführendes Handbuch, Opladen: Leske+Budrich (3. Ergänzte Auflage), 267–286.

Zinnes, Dina 1980. «Why War? Evidence on the Outbreak of War.» In: Ted. R. Gurr (Hg.), Handbook of Political Conflict. New York: Free Press.

Zubuk, Vladislav, und Pleshakov, Constantin V. 1997. Inside the Kremlin's Cold War: From Stalin to Khrushchef. Cambridge, Mass.: Harvard University Press.

Zürn, Michael 1998. Regieren jenseits des Nationalstaats. Frankfurt: Suhrkamp.